POR QUE
LAS MUJERES
NO SABEN
DECIR
NO

Claudia Bepko
y Jo-Ann Krestan

POR QUE
LAS MUJERES
NO SABEN
DECIR
NO

Javier Vergara Editor

Buenos Aires / Madrid / Quito
México / Santiago de Chile
Bogotá / Caracas / Montevideo

Título original: *Too Good For Her Own Good*
Edición original: Harper & Row Publishers, Inc.
Traducción: Adelaida Ruiz

© 1990   Claudia Bepko and Jo-Ann Krestan
© 1992   Javier Vergara Editor S.A.
          Paseo Colón 221 - 6° - Buenos Aires - Argentina

ISBN 950-15-1717-9

Impreso en la Argentina / Printed in Argentine
Depositado de acuerdo a la Ley 11.723

Esta edición se terminó de imprimir en
VERLAP S.A. Comandante Spurr 653
Avellaneda - Prov. de Buenos Aires - Argentina
en el mes de abril de 1997.

En memoria de Patricia Webb

Índice

Prefacio y agradecimientos

En 1985 publicamos un texto acerca de la terapia familiar para pacientes alcohólicos. Ese libro, titulado *La trampa de la responsabilidad*, fue el resultado de la práctica pública y privada que ambas habíamos ejercido con familias de adictos.

Las adicciones nos enseñan mucho. De ellas aprendimos acerca de los procesos de cambio y comenzamos a comprender mejor los efectos del desbalance de las reglas por las que se guían ambos sexos en las familias. Comenzamos a pensar que la adicción constituía una metáfora de los modos como los estereotipos de la masculinidad y la femineidad privan tanto a hombres como a mujeres de la plenitud de su condición humana. Comenzamos a comprender mejor las adicciones, los trastornos de la alimentación, las fobias, la depresión y la codependencia como metáforas de las relaciones entre los sexos. Nos dimos cuenta de que nuestro trabajo con alcohólicos podía ser generalizado al trabajo con familias en general.

Como terapeutas que habíamos comenzado a trabajar desde una perspectiva feminista, pudimos aprender a partir de las familias de alcohólicos que las reglas sociales que se aplican a las mujeres tienen un hondo impacto en la manera como solemos pensar acerca de nosotros mismos. Muchos de los problemas que experimentan las mujeres son un producto del impacto de estas reglas.

11

Este libro representa un esfuerzo para compartir de una manera directa y útil nuestras perspectivas a este respecto. Representa nuestra manera de comprender las cuestiones asociadas con los sexos y las relacionadas con el tratamiento de las familias. Es también una filosofía de cambio. Refleja nuestro objetivo de ayudar a las mujeres y a nosotras mismas a alcanzar una vida más equilibrada y gratificante.

Muchas de las ideas que se incluyen en este libro no son nuevas. Nos hemos basado en los trabajos de las principales figuras en terapia de familias, particularmente los de Murray Bowen y los de sus intérpretes y críticos feministas. Hemos incluido también las ideas de muchos pensadores que han escrito acerca del predicamento social de la mujer.

También contamos las historias de muchas mujeres, amigas y clientas, cuyos comentarios nos han ayudado mucho a configurar nuestra particular idea acerca de los dilemas que implica el hecho de ser mujer. Estas historias hablan por ellas mismas. Prestar atención a las palabras y las experiencias de las mujeres nos ayuda a comprender que "liberarse" sigue siendo el mayor trabajo que deben llevar a cabo las mujeres para poder cambiar.

Este libro también puede interesar a los hombres. A partir de él pueden llegar a comprender mejor las reglas que afectan sus relaciones con las mujeres. Podrán aprender cómo cambiar estas reglas y, ciertamente, se podrán identificar con muchas de las descripciones de "bondad", ya que, como sugeriremos más adelante, los hombres también son víctimas de conflictos y malos entendidos respecto de quién es responsable de qué cosas.

Mientras hablamos acerca de la "bondad" de la mujer, procuramos proveer de un contexto más amplio para pensar acerca del comportamiento que suele denominarse "codependiente". Esperamos haber podido dar una perspectiva que muestre que la codependencia puede ser una manera de ser demasiado buena, pero que no siempre el ser buena implica codependencia. Se trata más bien de una conducta adoptiva: es el comportamiento que nos han enseñado que es el adecuado para una mujer.

Hemos tratado de integrar ideas útiles con consejos útiles para el cambio. Encontrarán a lo largo del libro una serie de ejercicios diseñados para reforzar las ideas que aquí discutimos: están pensados para estimular o para iniciar su proceso de cambio. Algunos de estos ejercicios pueden ser más poderosos de lo que parecen. No dude en discutirlos con un terapeuta o con un consejero si quiere ir con ellos más lejos de lo que aquí sugerimos.

Finalmente nos hemos preocupado por no etiquetar de ningún modo los comportamientos de las mujeres. Sólo hemos dado nombres a los procesos y a los principios. Hemos dado nombres a las ideas acerca del cambio. Deseamos mantener el respeto por los conflictos que como mujeres debemos enfrentar, sin catalogar o y rotular como enfermas a aquellas que los padecemos.

Comenzamos a escribir este libro después de un cambio geográfico y profesional que reubicó y dislocó nuestras vidas. A veces nos parecía que estábamos escribiendo mientras nos enfrentábamos a problemas insolubles: estábamos viviendo los efectos más dramáticos del cambio.

Una mujer cuya historia contamos en este libro dice que "sólo sus amigas la ayudaron". Es verdad que, de no haber sido por el apoyo de nuestras amigas durante esos momentos de transición, seguramente no hubiésemos podido escribir este libro. Consideramos por ello que este trabajo es en realidad fruto de un esfuerzo común. Debemos agradecer a muchas personas.

Expresaremos primero nuestra gratitud hacia Harriet Goldhor Lerner, quien ayudó a dar vida a este libro compartiendo su edición con nosotras, sus conocimientos acerca de los dolores que implica escribir un libro, su humor y su apoyo autoral y emocional en todas las etapas de la producción de esta obra. No solamente nos ofreció dirección y consejo, sino que además nos sostuvo muchas veces cuando los esfuerzos de colaboración parecían insostenibles. Leyó los manuscritos, aun cuando sólo eran bosquejos. Toleró llamadas telefónicas enloquecidas muy temprano en la mañana y muy tarde en la noche. Fue realmente una amiga generosa y nutricia, que hizo de nuestras vidas de escritoras algo mucho más sencillo de lo que hubiesen sido sin ella.

Otras personas también favorecieron este proyecto de incontables maneras. Agradecemos a nuestros amigos Jeff y Marsha Ellias Frankel, Dorothy Smith, Jenny Hanson, Mary Nolan, Barb Schnurr, Betsey Alden y Charlotte Look por su apoyo tanto emocional como técnico. Cada uno de ellos leyó el manuscrito, algunos más de una vez, y nos hizo comentarios útiles que demandaron tiempo y esfuerzo. Ellos también nos prepararon maravillosas cenas, nos hospedaron cuando viajamos y nos apoyaron emocionalmente para poder sobrellevar a un mismo tiempo los cambios y las demandas que nos requería nuestra tarea de escritoras. Además, Jo-Ann está agradecida a Walt Marz por haberle enseñado a pescar como un arte de meditación en el momento en que ella estaba sometida a la máxima presión.

Mary Caplan, Terry Kelleher, Lois Braverman, Ellen Fox, Beth Anderson, Barbara West, Susanne Mastropiero, Madelina Muise y, nuevamente, Jeff y Marsha Ellias Frankel, entre otros, se tomaron el tiempo de discutir extensamente las ideas de este libro y de brindarme la sabiduría de la experiencia personal para poder desarrollarlas. Cada uno de ellos ha hecho contribuciones significativas para configurar el pensamiento de este trabajo y nos ayudó a agregar vida y color a conceptos que de otro modo hubiesen sido menos accesibles.

Nuestro agradecimiento no estaría en modo alguno completo si no lo hiciésemos extensivo a las numerosas mujeres que fueron nuestras pacientes durante años, particularmente a aquellas que nos permitieron incluir sus palabras y sus historias en este libro. Mucha de la energía que hemos puesto en este proyecto proviene de nuestro profundo respeto e identificación con sus esfuerzos. Nuestro trabajo con cada una de ellas ha enriquecido inmensamente nuestras vidas.

Si los amigos enriquecedores son un tesoro, un editor enriquecedor es una bendición para un escritor. Janet Goldstein ha sido una presencia amistosa y comprensiva aun en aquellos momentos en que corríamos serios riesgos de no cumplir con nuestra meta. Ella nos ayudó desde el comienzo a dar forma y contenido a nuestro libro y trabajó juntamente con nosotras para reestructurarlo y refinarlo hasta que alcanzó su forma final. Nos enseñó mucho sobre la mejor forma de escribir y fue siempre entusiasta, generosa y firme. Junto con nuestro agente, Joy Harris, luchó firmemente ante nuestras crisis de confianza. Nos desafió a dar lo mejor de nosotras mismas y durante un año se transformó en nuestro nuevo estándar de "bondad". Estamos muy reconocidas por haber tenido la oportunidad de trabajar con ella.

Finalmente las autoras debemos agradecernos la una a la otra por nuestra mutua perseverancia respecto de una experiencia de trabajo en colaboración, que en sus mejores momentos fue un desafío, y, en los peores, un tormento. Es necesario dar las gracias a Jo-Ann por su humor, su energía, su habilidad para percibir y responder a los dramas de los demás y sus frecuentes destellos de captación de la esencia que subyacía detrás de un problema, que ella podía traducir en una prosa brillantemente descriptiva. Hay que felicitar a Claudia por su habilidad para seguir viendo el bosque como totalidad aun cuando tuviese un árbol delante plantado, enraizado y transplantado. Hay que destacar su excepcional claridad en el pensamiento y en la escritura, su éxito en lograr que su calidez diese un matiz distinto a este libro y su vocación por la excelencia.

Nuestros agradecimientos no son suficientes para con todas las personas que tuvieron parte en esta empresa, incluyendo a nuestras propias familias. No alcanzan a expresar la real profundidad de nuestro reconocimiento. Queremos mucho a todas las personas que llenan nuestras vidas y esperamos que esta energía se extienda a todos aquellos que lean este libro.

Primera Parte

EL PROBLEMA
DE LA BONDAD

1

EL CODIGO FEMENINO
DE LA BONDAD

Nuestra amiga Janet tuvo un sueño. Esto sucedió durante un período de estrés mayor que el habitual.

"Al comienzo del sueño yo estaba procurando renovar completamente un edificio, un gran edificio de apartamentos. Estaba haciendo yo sola todo el trabajo. La siguiente cosa fue que me enteré de que debía ir a Africa para una conferencia de negocios. No sabía a qué lugar debía ir, si a Capetown o a Johannesburgo. Me sentía inquieta, asustada. Mi mejor amiga me decía: 'Tómate un avión y ve. Puedes hacerlo. Seguramente alguien en el avión sabrá darte las indicaciones'. En ese momento el sueño se trasladaba a mi casa. Yo estaba intentando que Jimmy se fuese a la cama. Me decía a mí misma: 'Tengo que lograr que este niño se vaya a dormir', pero Jimmy gritaba que no se quería ir a la cama. El chillaba, y Adam comenzó a gritarme porque el niño chillaba. Entonces yo también comencé a gritar. Me tapé los oídos con las manos y empecé a gritar. El grito era real. Adam me despertó. Yo me di cuenta de que estaba soñando, o tal vez gritando, la historia de mi vida."

Janet es una mujer que vive continuamente preocupada. Nunca siente que es lo suficientemente buena en lo que es o en lo que hace. Maneja su familia, hace lo mejor para estar siempre presente para lo que necesiten sus muchos amigos y se esmera por lograr cada vez más en los negocios. Lo que para nosotros es evidente para ella permanece totalmente oculto: es demasiado buena, en contra de su propio bien. Su respuesta a los problemas es intentar frenéticamente ser cada vez aun mejor. Cuando tratamos de explicarle que ella es una buena persona, replica: "Sí, pero ustedes no me ven cuando me enojo. Varias noches después de ese sueño, desperté a Adam a las cuatro de la mañana. Me sentía sobrecargada y no había dormido en absoluto. Le dije: 'Deberías ayudarme más. No puedo levantarme, pero si no lo hago no sabrás qué darle a Jimmy de desayuno o qué cosa tiene que llevarse a la escuela para comer'. Adam me miró y me dijo: 'Debes estar deprimida o algo por el estilo'. Por un momento pensé que tal vez tenía razón. Que yo estaba mal. Pero enseguida me puse furiosa y le dije: 'Yo no estoy loca, ni perturbada emocionalmente. Por todos los diablos, lo que necesito es más ayuda. Tú tienes que hacer más cosas'. El respondió: 'Trataré'."

"Tienen que comprender. En mi familia ser buena significa hacer lo que se espera de uno. Si uno se queja es porque algo anda mal en uno. Yo aun ahora lo sigo sintiendo así. Cuando hago algo para mí, me digo a mí misma: 'Esto debe de ser algo malo'. Cuando me enojo, siento que soy una loca. Si necesito de alguien o quiero algo para mí, me siento mal."

Entonces, nosotras le preguntamos: "¿Hay algo que te haga sentir bien?"

"Sólo pienso que soy una buena madre. Pero nunca pienso que soy una buena persona. Como en el sueño, siempre siento pánico de no ser capaz de hacer lo suficiente. Algunas veces me siento muy mal por toda la presión que debo soportar, pero sé que si lo expreso sólo lograré tener más trabajo. Entonces me limito a seguir haciendo lo que debo hacer. Siento que tengo la obligación moral de cuidar de ciertas cosas."

Nosotras continuamos preguntándole: "¿Pero es que Adam no te ayuda en absoluto? Seguramente él haría más si tú hicieras menos y esperaras más de él".

"Algunas veces no me es fácil buscar en Adam apoyo emocional o ayuda. Me resulta difícil confiar en que él realmente va a estar allí. Muchas veces mando a Jimmy a ver a Adam por alguna pregunta, y él vuelve corriendo y diciéndome: 'Papá está muy ocupado'. Adam a veces está ocupado, pero, además, a veces pienso que con los hombres es inútil. Una vez estábamos esperando a sus compañeros de oficina. Yo estaba acabando de arreglarme y él estaba afuera jugando al tenis. Cuando regresó, le pregunté si podía encargarse de preparar el café. El dijo: 'No sé cómo hacerlo'. Entonces le pedí que pusiese la ropa limpia en la secadora. El respondió: 'No sé qué ropa debo poner y a qué temperatura'. Unos días después decidí explicarle cómo hacer el café. A la mañana siguiente esperé a que lo preparase, pero él olvidó poner un filtro en la cafetera. ¿Qué obtuve yo entonces? Pues sólo un café con borra. Me enojé y luego me sentí mal, apenada por él."

"Algunas veces, cuando estoy más ocupada que de costumbre, él procura hacer cosas que habitualmente no hace. A él le gusta que yo sea competente. Realmente, cuando yo trabajo, me siento muy competente. Me resulta mucho más fácil que el resto de mi vida y se pueden obtener más satisfacciones. Entonces la tendencia es a trabajar todo el tiempo."

Le preguntamos nuevamente: "¿Pero qué cosas te hacen sentir bien con tu vida?"

"Bueno, creo que tengo una buena vida. Hago muchas de las cosas que deseo hacer. Me gusta mi trabajo y disfruto de mi familia. Cuando terminé la escuela y decidí estudiar una carrera me sentí muy bien conmigo misma. Pero, sinceramente, desde entonces me vengo preguntando cuál es el precio que he debido pagar. Tengo poco tiempo para pensar. No es posible dedicarme un tiempo para mí misma antes de irme a dormir. Nunca se sabe cuándo una sentirá una mano que la toca en medio de la noche y le dice: 'Te necesito'. Cuando tuve ese sueño pensé en abandonarlos a todos e irme. Estaba tan cansada..."

Tal como le sucedía a Janet, cuando una es mujer, el hecho de ser buena es algo que viene de un modo casi instintivo. Se podría decir que ser una mujer significa ser buena. La bondad consiste en todas esas pequeñas cosas que una hace desde que se levanta. Se trata de gestos muy simples y, por serlo, una misma casi no los nota, y tampoco los notan los demás. Una da, crea, trabaja, planifica, limpia, organiza, arregla, se esfuerza y procura estar presente para apoyar emocionalmente a los hombres, a los niños, a los jefes, a los compañeros de trabajo, a los empleados, a los amigos, a los padres, a la iglesia, a los gatos abandonados y al mundo entero, en toda su extensión.

¿Pero acaso todos estos actos de bondad hacen que una se sienta bien consigo misma? Difícilmente. Lo más probable es que una sienta un dolor punzante en el estómago que le diga que no lo ha hecho suficientemente bien, que no es muy aceptable tal como es. Para la mayoría de nosotras no hay logro ni entrega que sea suficiente como para permitirnos el lujo de la autosatisfacción. *Ser BUENA es saber que una no es nunca suficientemente buena.* El trabajo de una mujer nunca está terminado. Mañana habrá que esforzarse más.

Parecería que, cuanto más intentamos ser competentes, emocionalmente responsables, trabajadoras y con éxito, obtenemos más dudas, culpas y conflictos en nuestras relaciones. Cuando agregamos el mundo del trabajo al mundo hogareño, nuestra recompensa debió haber sido un más fuerte sentimiento del yo. Sin embargo, en general lo que obtuvimos fue un sentimiento de fatiga y algo que andaba mal. Pensamos que en realidad aún debíamos hacer algo más.

Claramente, como mujeres hemos estado operando con algunas ideas falsas acerca de lo que nos hace sentir bien.

Hemos estado haciendo cosas en gran y en pequeña escala que en realidad van en contra de nuestros propios intereses. La mayoría de nosotras podríamos cambiar las cosas si no estuviésemos tan confundidas. Nuestro dilema es que hacer el bien difícilmente nos lleva a sentirnos bien y que no estamos seguras de que una nueva elección tornará diferentes nuestras vidas.

CUANDO LO BUENO ES DEMASIADO

La historia de Janet no es poco frecuente. Su pesadilla es en realidad bastante habitual. En nuestra práctica como terapeutas familiares solemos escuchar esta historia. En los grupos femeninos de terapia nos cuentan distintas versiones de este sueño. Las mujeres profesionales, las mujeres mayores, las lesbianas, las que han obtenido grandes éxitos: ninguna está inmune.

Hemos llegado a darnos cuenta de que las mujeres suelen operar desde un poderoso estado de trance. Se trata de un Código hipnótico de la Bondad que envuelve todas nuestras relaciones, nuestro sentido de quiénes somos, hasta nuestros sueños. Las poderosas sugestiones de este trance nos impiden ver cómo nuestro comportamiento siempre está focalizado en lo exterior, en lo que las otras personas piensan, desean o necesitan. Confundidas por este estado de trance, a menudo olvidamos ser las protagonistas en la historia de nuestras propias vidas.

En 1963 Betty Friedan inspiró los comienzos de un cambio revolucionario en las vidas de las mujeres con la publicación de *La mística femenina*. En este libro ella discutía "el problema que no tiene nombre". Este problema, tal como ella lo definía, consistía en los anhelos de la mujer por tener la libertad suficiente como para perseguir sus propios sueños como un sujeto independiente. Era el deseo de liberarse de las normas sociales imperantes, que indicaban qué era lo que una mujer buena debía ser y hacer. Friedan nos instruyó acerca de cuán profundamente esclavizadas estábamos por las definiciones ajenas de la femineidad.

Janet es un producto de la revolución. Ella tuvo la oportunidad de perseguir su sueño. Es educada, sofisticada, ha viajado mucho y tiene éxito en los negocios. Sin embargo, su pesadilla demuestra que aún está oprimida por un sentimiento de responsabilidad hacia los demás. Cree que ser buena es siempre su responsabilidad, su obligación moral. Cuando niña, ser una "niña buena" debe de haber significado hacer lo que los demás esperaban de ella. Como adulta, ser una "mujer buena" significa hacer para los otros lo que ellos esperan. Eso inevitablemente conduce a tener que hacer demasiado, a esforzarse demasiado, a intentar hacer todo a la perfección. Cualquier impulso para actuar en favor de sus propios intereses hace que Janet se sienta ansiosa, culpable y avergonzada.

Efectivamente, muchas mujeres sufren, aun hoy, del "problema que no tiene nombre". Aunque aparentemente sus vidas están cambiando, interiormente muchas mujeres tienen la honda convicción de que sus vidas son prestadas, que tienen como acreedores a aquellos que fijan las normas de la bondad y que tienen que rendir cuentas ante ellos. El hecho de que muchas mujeres trabajen no demuestra en absoluto que estén menos prisioneras. Sólo significa que trabajan cada vez más duro, mientras siguen sin poder escuchar la voz interior de su propia experiencia.

En los años ochenta, nuestra sociedad dio a este trance de la responsabilidad femenina el nombre de codependencia. La codependencia no es sino un nombre distinto para la "mística femenina" de Friedan. Describe los modos en que muchas mujeres se comportan para sentirse buenas. Como terapeutas, durante la mayor parte de nuestras carreras hemos trabajado con mujeres, adictas o no, que se sentían atrapadas y heridas, y a quienes este concepto ha ayudado.

Sin embargo, a medida que el movimiento de codependencia se hizo más generalizado, comenzamos a preocuparnos porque esta etiqueta podía ·aumentar la tendencia ya existente en nuestra sociedad a culpar a las mujeres. Los nombres que damos a los problemas suelen colaborar en la configuración de las soluciones que podemos pensar para ellos. Si Janet hubiese sido rotulada como "codependiente", seguramente se hubiese preguntado por qué ese comportamiento que ella consideraba su "obligación moral" era una mala conducta. Por otra parte, no hubiese sabido qué otra cosa hacer. Así como los rótulos psiquiátricos que suelen aplicarse a las mujeres —masoquista, narcisista, histérica— suelen ser desvalorizadores de la experiencia femenina, también el rótulo "codependiente" lleva implícito un matiz vergonzoso. Hemos visto demasiadas mujeres que adoptan el calificativo de codependientes solamente para sentir como una enfermedad propia lo que la sociedad les ha enseñado. Codependencia puede sugerir más una calificación negativa a la condición de la mujer que a sus conductas. Implica que ellas aman demasiado, hacen elecciones tontas en sus relaciones, son controladoras, invasivas y mártires. Parece indicar que ellas deben mejorar.

Por eso, cuando nosotras usamos en nuestro trabajo el concepto de codependencia, creemos que es importante desarrollar modos de reflexión acerca de nuestra experiencia como mujeres que nos permitan comprender el comportamiento codependiente desde una perspectiva más amplia. Parte del trabajo de este libro consiste en tratar de una manera nueva el concepto de codependencia y "el problema sin nombre". Janet, y las mujeres como ella, en realidad no necesitan mejorar. Lo que ocurre es que ellas tienen demasiado de algo que en sí es bueno. Lo que ella necesita es despertar de ese trance que le impide vivir cómodamente ocupando el centro de su propia vida. Más que ser buena, lo que ella necesita es sentirse buena.

COMPRENDER EL TRANCE

EL CODIGO FEMENINO DE LA BONDAD

Estar en trance significa no ser consciente de las reglas que lo guían a uno. Quiere decir estar influido por el entorno sin darse cuenta de ello. La revista MS se ocupaba hace ya algunos años de esta cuestión cuando acuñaba el término "experiencia Click". El click era la ruptura del trance. Cuando una mujer se daba cuenta de que estaba siendo desvalorizada, ya fuera a través de los medios o en sus relaciones interpersonales, se producía un "click" en su conciencia. Podía entonces compartir con otros esa experiencia ofensiva. De esta manera la conciencia colectiva de las mujeres iba creciendo.

Sin embargo, aún no hemos despertado totalmente de este trance. Ahora estamos acostumbradas a percibir los síntomas evidentes de que los demás nos tratan de una manera desigual. Sin embargo, no somos tan conscientes de los modos en que nuestros propios sentimientos y comportamientos reflejan nuestras reglas ocultas acerca de la bondad. Las mujeres han sido hipnotizadas como para creer ciertas cosas acerca de sí mismas, como para definir su buen comportamiento de una manera muy específica. En los grupos de terapia de mujeres procuramos crear experiencias "click" que se remiten a los niveles más profundos del trance.

Una noche, en un grupo, tuvimos un claro ejemplo de cómo es esta necesidad que tienen las mujeres de parecer buenas. Margot, quien era el centro de esa sesión, es una mujer orgullosa, casada con un poderoso hombre de negocios. Ella decía que pensaba que las mujeres debían tener poder, pero sólo de una manera indirecta. Ella nos decía: "Manejarse con mano de hierro, pero enfundada en un guante de seda". En otras palabras: hacerse cargo, pero no de manera que se note que una lo está haciendo. En realidad de este modo manifestaba muchas de sus convicciones acerca de cómo ser una buena mujer.

En medio de nuestra reunión de esa noche, Margot recordó que debía hacer una llamada telefónica y pidió excusas por dejar el salón. Nos sorprendimos, ya que no era habitual que Margot interrumpiese una sesión de grupo, y por eso le preguntamos si tenía algún problema. Respondió: "No, no es un problema. Debo recordarles a mis dos hijas (las dos eran adolescentes) que llamen a su abuela para desearle feliz cumpleaños antes de que se haga demasiado tarde".

Margot se puso entonces de pie. Era una mujer alta, elegante e imponente. Realmente se mostró muy sorprendida cuando nosotras le dijimos que pensábamos que debía olvidar el llamado y dejar que las hijas recordaran el cumpleaños por sí mismas. De esta manera, las terapeutas, representantes no oficiales de la autoridad en el grupo, establecimos un nuevo modelo de buen comportamiento. Margot pasó entonces a encontrarse en un aprieto. Ella necesitaba mostrar que se acomodaba a la norma, pero deseaba hacer el llamado.

Margot comenzó entonces a desafiarnos. Estaba claro que quería demostrar que llamar a sus hijas era algo bueno. Nosotras nos mantuvimos firmes. Ella trató de coaccionarnos pidiéndonos permiso: "Es que mi madre tiene ochenta y un años. Se sentirá destruida si no la llaman sus nietas". Nosotras no nos movimos un milímetro de nuestra posición. Cuanto más presionaba, más firmes permanecíamos. Margot se vio entonces enfrentada a la situación de tener que elegir entre mantener su apariencia de "buena" y renunciar al llamado o quitarse el guante de seda y discrepar abiertamente con nosotras.

Cuando volvió, todos la miraron. Alguien finalmente le preguntó si estaba enojada. Esto fue el golpe final contra las creencias de Margot acerca de lo que es una mujer buena: una mujer buena nunca debe mostrarse enojada. Otra de las mujeres le dijo: "Margot, cuando saliste de la sala parecías un galeón español navegando a toda vela". Margot comenzó a sollozar. Probablemente sentía mucha rabia, pero no podía admitir ante sí misma ni ante el grupo que estaba enojada.

Este tipo de ejercicios nos permitieron darnos cuenta de lo profundamente enraizados que se encontraban algunos de los mensajes con respecto a la bondad. Comprendimos lo difícil que debe de ser para muchas mujeres dejar de centrarse en los demás. Aprendimos que los esfuerzos que suelen hacer las mujeres para ser buenas muchas veces las dejan incómodas y dolidas consigo mismas.

EL CODIGO DE VIDA DE LAS MUJERES

Luego de años de trabajar con mujeres, pudimos llegar a definir mejor las reglas del comportamiento femenino. Están allí, ocultas en los comportamientos de mujeres como Margot o Janet. Janet habla de que se siente impulsada por una "obligación moral", y es cierto que para muchas mujeres estas reglas representan "patrones éticos de conducta" que rigen sus comportamientos.

Hemos identificado las que pensamos que son las cinco reglas hipnóticas principales del Código de la Bondad:

SE ATRACTIVA: Una mujer es tan buena como su apariencia.
SE UNA DAMA: Una mujer buena siempre se controla.
NO SEAS EGOISTA Y TEN UNA ACTITUD DE SERVICIO: Una buena mujer vive para dar.
CONSOLIDA LAS RELACIONES: Una mujer buena siempre ama primero.
SE COMPETENTE Y NO TE QUEJES: Una mujer buena hace todo y nunca se siente sobrecargada.

Podemos ver cómo estas reglas operaban en Margot. Atrapada por el imperativo de ser una dama, debía mostrarse agradable y controlada. También debía vestirse bien y hacerse cargo de las relaciones entre las otras personas de su familia. Tampoco podía escapar del "No seas egoísta" y debía ser competente sin quejarse. También nosotras dos tuvimos problemas con este Código, como verán en los próximos capítulos. Claudia siempre procura no ser egoísta y Jo-Ann siempre debe ser competente y ocuparse de hacer que las relaciones funcionen bien. Veremos cómo en realidad todas las mujeres estamos afectadas por todos estos imperativos de algún modo y en algún momento.

EL PROPOSITO DE ESTE LIBRO

Este libro tiene por objeto ayudarlas a despertar del trance, a reescribir las reglas de la bondad. Está pensado para que tomen conciencia de que a veces son demasiado buenas en desmedro de su propio bien y para darles nuevas estrategias para lograr relaciones equilibradas con las personas que son importantes en sus vidas y con ustedes mismas.

En la primera parte hablaremos más específicamente acerca del impacto que tiene el Código de la Bondad. Trataremos de explicar por qué estas reglas tienen un efecto tan poderoso en nuestros sentimientos y creencias y describiremos las consecuencias que tienen en nosotras mismas y en nuestras relaciones. En la segunda parte propondremos una nueva definición de la bondad y sugeriremos un proceso gradual de cambio para alcanzarla. Finalmente, en la tercera parte nos ocuparemos de la cuestión de la bondad en distintos tipos de relaciones y sugeriremos algunas instrucciones para el cambio.

Esperamos que la lectura de este libro las acerque más a reconocer el valor de sus propias vidas interiores y a poder vivir sus sueños que a tener pesadillas continuas respecto de sus vidas. Podemos cambiar nuestras creencias, nuestras expectativas y nuestros sentimientos, y podemos comportarnos de maneras tales que acrecienten nuestro propio bienestar en lugar de dejarlo a un lado. Podemos despertar del trance de la bondad y manejarnos como mujeres totales y seguras que se instalan cómodamente en el centro de sus propias vidas. Las palabras de una mujer que reproduciremos a continuación sólo muestran el sentimiento de libertad que muchas han experimentado al abandonar la "bondad" y comenzar el trabajo de cambiar:

"Durante años, o mejor dicho durante toda mi vida, traté de ser buena. Realmente yo era buena, tan buena que no podía comprender por qué los demás no eran mejores conmigo. Por ejemplo, nunca recordaban mi cumpleaños, y esto es sólo una metáfora. Siempre estaba tratando de cambiar para que me aceptaran. Si obtenía reconocimiento en el trabajo, entonces sentía que no estaba haciendo lo suficiente en casa. Me esforzaba mucho, pero difícilmente me sentía bien".

"Ahora, de acuerdo con los estándares de los demás, ya no siento que soy tan buena. Peso unos kilos más, dejé de cuidar a los otros para retomar mis estudios y dejé de permitir que mi esposo pusiera las reglas de nuestro matrimonio. Mi madre está afligida. Me dice todo el tiempo: '¿Qué ha sucedido con mi niña buena?' Ya no calzo más en ese molde."

"Pero, en cambio, por primera vez en mi vida estoy comenzando a sentirme bien conmigo misma. Me siento más viva y más real. No me ocurre todo el tiempo y no es perfecto. Simplemente me siento más dueña de mi propia vida y esta tiene más sentido para mí. Sé que soy yo misma y eso no lo puede modificar nadie. Hay días en que siento que soy una buena persona, que soy afortunada de ser yo."

2

VIVIR EL CODIGO

Los criterios de bondad en las mujeres

¿Cuál es su imagen de una mujer buena? Esta pregunta se podía contestar más fácilmente hace veinticinco años. En esa época las familias aspiraban a alcanzar la posición mítica propuesta desde la televisión por *Papá lo sabe todo*. Las mujeres no tenían mucha dificultad para saber cuál era su lugar. El Código de la Bondad era reforzado de una manera sencilla por los medios de comunicación, la propaganda y el arte. Las mujeres eran esposas sacrificadas y virtuosas y hacían el bien a los demás. Aunque muchas mujeres no encajaran en ese molde, todos sabían cuál era el modelo.

A menudo uno de los refuerzos más poderosos del Código de la Bondad son los dramas románticos que vemos en el cine. Una de las imágenes más atractivas de la mujer, que llegó a dominar nuestra conciencia cultural, es aquella en la cual una mujer "buena" domestica a un hombre "malo". Viene a mi mente una escena en la cual Katharine Hepburn navega río abajo por el Nilo en un viejo bote, en la película *La reina africana*. Hepburn, en esta clásica película de 1951, es una virginal misionera que trabaja en Africa, y que sustenta una bondad y pureza casi impensables. Para su disgusto, al menos al comienzo, depende para poder viajar con seguridad de Humphrey Bogart, quien representa el papel de "rata de puerto" que conduce su barco a través de innumerables peligros. La mayor parte del tiempo aparece sucio y borracho. Katharine bebe té y él bebe gin.

Sin embargo, la bondad de ella es lo que prevalece finalmente. Se hacen amantes, él se lava y bebe té junto con ella. El libera la pasión de ella. Juntos logran superar al enemigo alemán, atravesar los rápidos del Nilo y escapar de los cocodrilos. Lo que nunca sabremos es qué sucedió luego de que llegaron a tierra firme.

El atractivo de esta historia, repetida en muchos filmes de la época con distintas variaciones, es la imagen de una mujer buena y bella, cuya pasión latente logra suavizar las aristas de un hombre salvaje, que sólo necesita para cambiar del amor de una mujer buena. Se trata de la historia de la mujer como salvadora del hombre, que logra suavizar su infantil deseo de independencia. Es también la historia de la renuncia del hombre a la aventura en aras del amor. Es un arquetipo que aún resulta particularmente atractivo a las mujeres, que se esfuerzan por salvar a hombres que son alcohólicos, drogadictos o irresponsables en algún aspecto. El mensaje está profundamente enraizado en nuestras mentes: nosotras, las mujeres, si somos suficientemente buenas, lograremos salvar de sí mismos a los hombres.

Otra imagen popular en el cine es la que agrega niños a la escena. Los que fuimos criados en un ambiente católico hemos encontrado un placer especial en el personaje de María en *La novicia rebelde*. ¿Qué cosa puede resultar más atractiva que una novicia joven y espiritual que se enamora de un militar mucho mayor que ella y abandona la soledad de su convento para cuidar de él y de sus hijos en el contexto de una guerra? En esta película el personaje de María tiene una bondad casi sobrenatural. Se dedica a cantar a los niños, está siempre de buen humor y es particularmente dulce. Consuela al capitán Von Trapp del dolor de la soledad y, como Hepburn, logra dulcificar su aspereza e incluso transformarlo en un arquetipo de buen padre, fuerte pero amable, bueno y sensible tanto con los niños como con ella.

La mujer arquetípica de estas historias es una fantasía masculina hecha realidad. Ella es recta, y hasta virginal, y sin embargo es amorosa y vehemente. Ella no es más que el espejo de aquellas imágenes preferidas que los hombres tienen de sí mismos: recios aventureros y sólidos patriarcas. Ellas comprenden su dolor y son buenas madres para sus hijos. Pueden ser tanto madres para sus actos infantiles como hijas para su dominio patriarcal.

Hoy en día, estas mismas imágenes de bondad también aparecen en los medios, aunque de una manera más sutil. Podemos ver cómo es amado un hombre horrible en *El fantasma de la ópera* en Broadway, y somos atraídas por el J.R. de Dallas, pese a su exterior rudo. En realidad el héroe de *Los pasajeros del arca perdida* no es sino un paralelo del Bogart de *La reina africana*. Resulta claro que aún se espera que las mujeres domestiquen a los hombres de alguna manera.

Todas estas imágenes tan románticas de la bondad aún nos afectan. Ellas son parte del conjunto hipnótico del trance. Idealizan visiones que en realidad tienen poco que ver con las auténticas experiencias de las mujeres. Más aun, en realidad nunca cuentan la historia desde la perspectiva de la mujer. En lugar de eso, se dedican a contarnos acerca de las recompensas y el poder de la bondad. Nos dicen que las mujeres buenas finalmente obtienen el amor.

Más a menudo hoy en día se nos dice lo que es la bondad femenina mostrándonos imágenes de lo que es malo. Lo que solemos ver en las películas actuales, tales como *Atracción fatal* o *Broadcast News*, son mujeres que violan claramente el Código de la Bondad. Mujeres que son sexuales, que se apartan de las normas tradicionales de la maternidad, que abiertamente desean tener poder. La actitud que se muestra frente a este nuevo tipo de mujer es ambivalente. Las imágenes ciertamente no son románticas y es probable que no representen la perspectiva que las propias mujeres tienen acerca de sus experiencias. Muestran más bien que el hecho de dejar de lado la bondad tiene su precio.

En la sociedad moderna, cualquier definición de la bondad de las mujeres puede resultar contradictoria e inalcanzable. Sin embargo, la realidad de la mujer actual que podemos ver en nuestro trabajo: culpa crónica, depresiones, adicciones, estrés, sentimientos de estar continuamente tironeadas entre elecciones conflictivas, indica que el mandato de ser buena continúa operando de una manera profunda y poderosa.

Manteniendo en mente la imagen histórica de lo que es una buena mujer, que configura nuestro pensamiento, es necesario que pensemos más profundamente en las cuestiones que influyen en el modo como nos sentimos respecto de nosotras mismas, en los mensajes que constituyen nuestras creencias sobre la bondad.

NUESTRO MODO DE VIVIR EL CODIGO

Las tres primeras premisas del Código de la Bondad conforman los cimientos de nuestro sentido de la femineidad. Definen el significado de ser femenina. Si bien probablemente muchas de nosotras nos sentimos libres de los aspectos más tradicionales de estas reglas ocultas, viejos mensajes que aparentemente ejercían más influjo sobre nuestras madres que sobre nosotras tienen un peso oculto sobre nuestros subconscientes. Podemos haber hecho muchos cambios en estas áreas, pero el hecho de que pese a estos cambios nos sigamos sintiendo mal muestra que el Código todavía está vigente.

En este capítulo exploraremos la estructura subyacente de estas tres primeras premisas y nos daremos cuenta de que todas las mujeres estamos afectadas en forma distinta por estos dictados en distintos momentos de la vida.

SE ATRACTIVA

La bondad de una mujer se mide por su apariencia

"La belleza no conoce dolor" es el lema del equipo de Cowboys de Dallas. La frase nos evoca la imagen de mujeres que permanecen durante horas a la intemperie en medio de un clima gélido, con muy poco abrigo. Nos trae a la mente las imágenes de jóvenes mujeres sonrientes que lucen lo mejor posible para entretener a multitudes. Nos recuerda también los sacrificios que la mayoría de nosotras estamos dispuestas a hacer para lucir bien y agradar.

El antiquísimo mandato de que la mujer debe ser atractiva no ha perdido nada de su poder. Más que ninguna de las otras premisas, esta muestra cómo la atención de la mujer está centrada en alguien fuera de ella misma. Le indica que debe trabajar sobre su aspecto para dar placer a otro y obtener su aprobación. Raras veces pensamos en lo que nos resulta cómodo usar. Raras veces nos detenemos para apreciar nuestro aspecto particular y único. Más bien nos esforzamos por alcanzar las formas y el estilo de la mujer perfecta, y nos sentimos incómodas y disminuidas cuando no podemos alcanzar el ideal.

En esta época nos preocupamos no sólo por el aspecto, sino también por la imagen. Muchas mujeres de éxito pagan a "consultores de imagen" para lograr un aspecto que las satisfaga.

Como nos explicaba una ejecutiva de publicidad: "Yo trabajo entre personas que tienen mucho poder, pero, en la privacidad, todos acudimos a consultores para que ajusten nuestra imagen. Yo sé que esto es un punto débil, pero me doy cuenta de que hago todo lo posible por llegar a ser una mujer perfecta".

Para muchas mujeres la autoimagen llega a estar totalmente identificada con la imagen física. Si se ven bien, están bien. Si, en cambio, según su criterio, no alcanzan la imagen deseada, experimentan serios y dolorosos sentimientos de autodesprecio. Tal como lo describe la psicóloga Rita Freedman en su libro *Bodylove*, las mujeres suelen estar más centradas en lucir bien que en sentirse bien. Llegar a alcanzar la aprobación externa llega a ser más importante que la satisfacción interna respecto de la experiencia física del yo.

Vemos hoy día, entonces, que las mujeres no están menos afectadas por la premisa del aspecto de lo que lo estaban sus madres. Más bien se han agregado nuevas presiones. La mujer profesional que va a un consultor de imagen sabe que no sólo necesita lucir bien, sino que además necesita tener el aspecto requerido para el rol que espera jugar en el mundo empresario o profesional. Cuando se viste para el poder y el éxito, también debe dar una imagen compuesta y perfecta. Cuando la gente la mira, debe percibir que, en medio de su exigente agenda, ella encuentra tiempo para correr cinco millas, ir a un gimnasio o por lo menos hacer gimnasia con Jane Fonda en su habitación.

Si bien en las últimas décadas no ha cambiado el poder de los mandatos sobre la apariencia, lo que sí han cambiado son los estándares. Este cambio de expectativas es evidente en la cuestión del peso. Para ser consideradas atractivas, las mujeres deben hoy día ser mucho más delgadas de lo que se esperaba hace cincuenta años. Parecería que la sociedad actual quiere ver menos, no más, de la mujer.

Para muchas de nosotras el peso continúa siendo el campo de batalla en el que se combate por la autoaprobación. Los trastornos de la alimentación están entre los más frecuentes que actualmente encuentran los profesionales de la salud mental. Los libros sobre dietas, centros para dietas, aparatos para ejercicios y centros de estética consumen gran parte de nuestros ingresos, ganados con tanto esfuerzo. Si bien es cierto que parte de estas preocupaciones tienen que ver con la salud, la obsesión por las medidas de nuestro cuerpo refleja la ardua lucha por controlar nuestro aspecto y por extensión la valoración por parte del mundo exterior.

Se le pidió a una paciente nuestra que presentara una conferencia en una convención nacional muy importante.

Además de trabajar incansablemente durante meses en la preparación de la charla, también se preparó haciendo una dieta líquida con la que perdió treinta libras. Cuando nos contó las razones por las cuales lo hizo, dijo: "No quería que lo que yo dijese fuese a ser desvalorizado a causa de mi aspecto".

Una amiga, que es una compositora de éxito, nos dice: "Siento que he fracasado terriblemente en todos mis intentos de ser atractiva, pero lo sigo intentando. Siento el dolor de no tener el aspecto que se espera... esto es, por supuesto, delgada, delgada, delgada".

Otra amiga, Barb, es una atractiva profesora que ha publicado mucho más que sus compañeros de departamento pero que, no obstante, ha perdido su trabajo. Al poco tiempo, un hombre con quien salía puso fin a la relación entre ambos. Sus amigos se sentían incómodos y se apartaron de ambos. Por teléfono, mientras describía todas estas pérdidas, ella decía: "Sé lo que me van a decir. Sin embargo yo estoy preocupándome por mí misma. Como alimentos saludables, evito el exceso de peso, hago ejercicio. Mi vida está llena de actividad. No me digan que no sea dura conmigo misma. Yo estoy haciendo todas las cosas que debo".

Barb considera que la premisa "sé atractiva" consiste en mantenerse físicamente en forma y cuidarse. Cuando escucha "Preocúpate por ti misma" entiende "Preocúpate por tu cuerpo". En parte su desencanto proviene de su creencia de que, con sólo cuidarse lo suficiente, todo marchará bien.

Centrarse en lucir bien puede ser una expresión de nuestros sentimientos internos por nosotras mismas. En cambio, esta preocupación comienza a ser un problema cuando comenzamos a sentir que nuestro aspecto exterior es una marca que indica nuestro valor como personas. Muchas mujeres que son extraordinariamente atractivas sólo se sienten valoradas por su atractivo físico y, por otra parte, muchas mujeres que son atractivas no sienten que lo son. Muchas mujeres que obtienen reales éxitos descalifican el valor de sus logros porque no se sienten atractivas, y ese es en realidad para ellas el estándar del éxito.

Es posible extender la regla del atractivo a nuestras casas, a nuestras familias, a nuestros automóviles. Si el lugar donde vivimos y la gente con la que lo hacemos no son un modelo de perfección, organización y atractivo, nos sentimos fracasadas de alguna manera. Si sentimos pánico ante la idea de que alguien llame a nuestra puerta antes de haber limpiado los pisos, sacudido el polvo, aseado los baños y colocado un jarrón con flores, es porque estamos siendo manejadas por el mandato de ser atractivas.

Lo más grave de esta primera regla de la femineidad es que no importa cuánto intentemos cambiar nuestro aspecto y cuánto trabajemos para ello; habitualmente nunca lograremos alcanzar un nivel aceptable a nuestros propios ojos o el modelo que los demás nos han impuesto. En otras palabras, podemos estar tratando de controlar aspectos de nuestra apariencia que son incontrolables. "La belleza no conoce dolor"; sin embargo el mensaje de que sólo somos buenas cuando la apariencia así lo corrobora es muy doloroso. Esta es la primera de las sugestiones hipnóticas que dice a las mujeres que hay algo malo en su manera de ser.

El mandato de ser atractivas aparece principalmente en escena cuando:

- Nos disgusta mirarnos al espejo.
- No creemos a las personas que nos dicen que lucimos bien.
- Antes de una tarea o un trabajo profesional, invertimos más tiempo en preparar nuestro aspecto que en preparar la tarea en sí misma.
- Los que nos rodean comienzan a protestar por la cantidad de dinero que gastamos en cosméticos, ropa, libros sobre dietas, ejercicios, etcétera.
- Sentimos que la apariencia de nuestro esposo, nuestro amante, nuestra casa o nuestros hijos se refleja en nosotras.
- Sentimos envidia e incomodidad cuando estamos con otra mujer que es atractiva y lo sabe.

- Hacemos a nuestros cuerpos cosas dañinas con el objeto de ser más atractivas.
- Sentimos que no lucimos bien o que no podemos alcanzar ciertos logros porque no tenemos el aspecto apropiado.
- Sentimos que no es posible que nos amen o que no somos deseables porque no somos suficientemente atractivas.

SE UNA DAMA

UNA MUJER BUENA MANTIENE EL CONTROL

Una mujer que vino a hacer terapia a los veintinueve años, procurando obtener ayuda para su temperamento demasiado autoexigente, traía consigo un informe escrito por su maestra de jardín de infantes.

Su madre lo había guardado con orgullo, como evidencia de lo "buena" que ella era cuando niña:

"Mary ha mostrado tener la habilidad de jugar sola en el rincón de las muñecas con un modelo de conducta muy adulto, manejándose en toda la actividad diaria con la familia de muñecas e imitando a su madre con precisión... Mary parece muy madura emocionalmente y es raro que llore cuando las cosas no le salen bien. Es siempre agradable y colaboradora y suele ayudar a los demás niños en una medida mayor que la habitual... Trabaja intensamente aun después que todos los demás han terminado con las tareas. Es un poco perfeccionista. Es muy independiente. Se viste y se desviste sola y hasta ayuda a hacerlo a los menos capaces. Es dulce y maternal. Cuando algo no le gusta, tiende a apartarse de la situación en lugar de exigir".

Mary tenía sólo cuatro años cuando presentaba este comportamiento, propio de una dama.

La advertencia "Recuerda actuar como una dama" era más frecuente en los labios de nuestras madres de lo que hubiésemos querido, y lo más probable es que nuestras madres la hubiesen escuchado de los labios de las suyas de manera aun más frecuente. Ser una dama, que puede considerarse como una extensión de la exigencia de ser atractiva, es otro modo de mantener las apariencias, de presentar una cierta imagen ante el mundo.

El carácter de dama está enraizado en un rígido Código de comportamiento que sólo varía ligeramente en función de valores culturales o étnicos. Básicamente quien es una dama observa ciertas reglas de propiedad y de decoro. Estas reglas están siempre asociadas con *la absoluta necesidad de mantener el control*.

Cuando pensamos en el modo como nos enseñaron a ser "damas" solemos criticar a nuestras madres. La terapeuta de familia Ellen Berman escribe en un ensayo: "Estoy tratando de elegir algo para ponerme para dar una importante conferencia. Esta es una tarea que me lleva apenas poco tiempo menos que escribir la conferencia. Cuando encuentro el vestido que quiero, pienso: 'Este vestido le hubiese gustado a mi madre, y este pensamiento me llena de placer'". Como contrapartida, ella escribe también acerca de una mujer que compró un vestido que su madre hubiese detestado; esa mujer también decía: "Este pensamiento me llena de placer".

Las reglas comienzan a aprenderse de una manera aparentemente inocua durante la infancia. Primero nos enseñan que las niñas no mastican goma de mascar, o que las niñas no se trepan a los árboles. Más tarde, que las damas no cruzan las piernas o que usan guantes blancos para ir a la iglesia. Las damas usan ropa interior limpia cada vez que salen porque pueden tener un accidente y en el hospital alguien puede ver sus ropas interiores.

Pero, a medida que nos aproximamos a la adolescencia y a la edad adulta, los principios acerca de cómo ser una dama se vuelven más estrictos y más peligrosos para nuestra personalidad en desarrollo. Para no causar incomodidad a quienes nos rodean, comenzamos a amoldarnos a la sumisión.

Una dama siempre controla sus impulsos. Esto significa que una dama no se enoja nunca. No es competitiva ni agresiva. No discute. Una dama se somete. Una dama no desafía ni demuestra emociones fuertes. Una dama es deseable pero no se permite el deseo sexual. Una dama es tranquila, amable y paciente. Una dama incentiva el ego de los otros pero controla y sumerge el propio. Una dama siempre se controla pero nunca busca el poder.

La mayor parte de nosotras, por liberadas que parezcamos, no pensamos demasiado en estas reglas que nos limitan. Podemos desdeñar el poder que ejercen, pero en algún momento nos encontramos con ellas. Piense en cuáles fueron las reacciones que usted provocó la última vez que estuvo muy enojada o molesta. Probablemente le dijeron que estaba reaccionando excesivamente, que debía calmarse y no ser "histérica". ¿Cuándo fue en cambio la última vez que usted escuchó llamar "histérico" a un hombre enojado?

Tal vez usted pueda recordar la última vez que le dijeron que usted era "mucho" de algo. Una mujer nos contaba que a través de los años distintas personas la describieron como demasiado seria, demasiado competente, demasiado intensa, demasiado solicitante, demasiado confiada, demasiado inteligente, demasiado agresiva o demasiado independiente en contra de sus propios intereses. Hace poco tiempo se sintió interesada por el teatro y comenzó a tomar clases para ser clown. Entonces alguien le dijo que era "demasiado graciosa". Ella quiere ahora fundar un "Club del Demasiado" para mujeres que sienten que, no importa lo que hagan, siempre son para alguien demasiado algo.

No comas, no bebas ni seas alegre

Las reglas sobre el control son muy estrictas en lo que se refiere a nuestras respuestas a la comida, la bebida, la sexualidad y las emociones intensas. Los mandatos para ser una dama indican que una mujer no debe expresar demasiada pasión o emociones muy fuertes. Una mujer que se permite demasiado en cualquiera de estas áreas es ciertamente mal vista.

En nuestras conferencias, solemos contar el mito griego de las Bacantes, mujeres que vivían en el bosque y solían comer y beber en exceso. Eran las sacerdotisas de Dionisos, el dios del vino. Cuando las bacantes bebían vino, se volvían mujeres locas y corrían por los bosques, con excesos de lujuria y violencia. Estaban tan enloquecidas que hacían el amor colectivamente a Pan (a quien aparentemente no le importaba), asesinaban animales y comían con sus manos la carne cruda. Su peor delito fue el de matar a sus esposos, que se encontraban rindiendo culto a Orfeo, dios de los mundos subterráneos (qué era lo que estaban ellos concertando con Orfeo no se sabe).

Nos gusta compartir esta historia porque refleja el terror primitivo a que una mujer se descontrole. En efecto, el mito hace alusión a las tres reglas básicas de una dama: controlar los apetitos, controlar la sexualidad y controlar la emocionalidad. Aunque los excesos respecto de la comida, la droga, el sexo y la violencia son más típicos en los hombres, el mito nos instruye acerca de la manera como solemos considerar más viles y temer a las mujeres que muestran signos de impulsos similares.

El hecho de que nuestra cultura nos obsesione con las dietas y el peso nos muestra que, como mujeres, debemos controlar nuestros apetitos. Además, controlar nuestros apetitos es una metáfora del control que debemos ejercer sobre todos nuestros impulsos, una metáfora de que debemos limitar cualquier deseo.

Tomar alcohol se ha considerado durante mucho tiempo un signo de masculinidad; en cambio, la actitud social hacia la mujer que bebe es de crítica y castigo. El mismo doble estándar se aplica a la sexualidad. La promiscuidad en el hombre siempre ha sido aceptada de algún modo; en cambio, un comportamiento sexualmente activo en la mujer es visto como egoísta y sospechoso. El mito de la virgen apasionada que debe dar placer a un hombre pero rechazarlo para sí misma todavía domina nuestra sociedad.

En el caso de la mujer, históricamente se ha conectado el uso del alcohol con la sexualidad. En los primeros tiempos de Roma, probar el uso de alcohol era una evidencia presuntiva de adulterio. Se podía matar en forma automática a una mujer si su esposo u otro miembro masculino de la familia creía oler alcohol en su aliento. Se presumía que, si había estado bebiendo, necesariamente debía de haber estado también ejerciendo una actividad sexual ilícita. La pérdida de inhibiciones a causa del vino estaba conectada implícitamente con el descontrol sexual, y una mujer buena no debe descontrolarse nunca.

No te enojes

Quizás el miedo oculto detrás del mito de estas malas mujeres sea el terror al furor de las mujeres y a la intensidad de sus emociones cuando estas no están bajo control. Todos conocemos los epítetos que se les dirigen a las mujeres cuando están enojadas y lo demuestran. "No levantes la voz." "Eres demasiado agresiva." "Compónte." "Una mujer no debe tener la boca de un camionero."

En resumen, una mujer no puede ser asertiva sin sentirse mal o sin que la traten mal. Si está muy molesta, va a un médico para que le dé tranquilizantes y la torne nuevamente tranquila, amable y paciente. Si se altera demasiado, alguien le dirá que no sea histérica. Si se enoja, lo deberá demostrar llorando. Si llora, alguien le dirá que se calme.

Los sentimientos femeninos están particularmente prohibidos en el contexto del trabajo. Sería inadecuado mostrar los sentimientos y, además, el trabajo se vería perjudicado. No hay que mezclar el trabajo y los sentimientos. Una mujer nos decía: "Yo nunca me altero en el trabajo. Eso se considera demasiado femenino".

Las damas no tienen necesidades

Finalmente las damas no tienen necesidades. Ellas no esperan y tratan de no pedir sustento, atención o afecto para ellas. Estos sentimientos en una mujer hacen sentir incómodos a los demás. El peligro es que, si una mujer está incontrolablemente necesitada y alterada, no puede funcionar para los demás: su esposo, su matrimonio, sus relaciones o sus amigos pueden no soportar el esfuerzo. Las reglas acerca de este imperativo de no expresar necesidades a menudo aparecen en nuestras relaciones sin que seamos conscientes de ellas. Estamos tan compenetradas con el Código de la Bondad que hacemos todo lo posible por dejar de lado nuestros propios sentimientos, y así y todo nos sentimos incómodas por su presencia sutil.

Una noche, en nuestro grupo de terapia, le pedimos a una mujer que dramatizase una situación que habíamos estado discutiendo, en la cual una de ellas había sido avergonzada por su esposo por expresar necesidades. Jane se prestó a representar su propio papel, en el que pedía a su esposo que pasase más tiempo con ella. Pat se ofreció a representar el papel del marido de Jane. He aquí cómo se desarrolló la escena.

Jane comenzó explicando que ella y su esposo habían estado sin hablarse durante dieciocho días. El estaba enojado y lo único que le había dicho era: "Dame café".

JANE: No puedo creer que deba pasar otro día entero sin estar contigo. Es tan deprimente. Quiero estar contigo. No puedo soportar que no nos hablemos.

PAT/ESPOSO: ¿Qué es lo deprimente? Estoy aquí.

JANE: Ya lo sé.

PAT: Te estás comportando como tu madre. Como una histérica. Siempre esa depresión, esa infelicidad. Por Dios...

JANE: Me siento tan necesitada, y estoy tan mal... La vida es tan difícil... No me siento segura. A la noche no puedo dormir bien. Me gustaría que pudiésemos irnos juntos a alguna parte. Escapar...

Pat: Sabes que yo no puedo irme. Tengo que estar en la oficina. Lo sabes...

Jane: Lo sé... Lo entiendo... Pero no puedo evitar la manera en que me siento. Tú eres el centro de mi vida. Eres lo más importante para mí. Mi trabajo me lleva mucho tiempo, pero no es importante... Todo lo importante para mí está aquí.

Pat: Pero yo te dedico tiempo... Vivimos juntos. No sé qué es lo que necesitas de mí. ¡Maldición! Si estoy aquí... Te la pasas diciendo que me necesitas cuando yo estoy aquí. ¿Qué es lo que quieres?

Jane: Lo único que sé es que yo me siento así. Es tan terrible... Yo ya sé que estás ahí. *(Jane comienza a llorar.)*

Pat: ¡Mi Dios, otra vez!

Jane: No sé por qué me siento así. No sé lo que me pasa. Estoy loca...

Pat: ¡Otra vez! No te soporto cuando estás así... Cálmate... Sé sensata.

Jane: Sé que tengo que hacer más cosas, estar más ocupada. Debo hacer más contactos, llamar a otras personas...

Cinco minutos más tarde, después de que Pat/esposo trató insistentemente de lograr que Jane abandonara sus sentimientos, Jane pronunció su última frase:

Jane: ¡Vete al infierno!

El grupo aplaude. El aplauso no se debe solamente a que Jane finalmente pudo enojarse, sino a que Pat hizo una actuación perfecta de algo que las demás también conocen bien.

Los preceptos que rigen la condición de dama están aún en vigencia, seamos o no conscientes de ello. Cada vez que alguien nos dice "Sé sensata, contrólate", nos enloquecemos más y nos sentimos peor. El problema que acarrea el mandato de "ser una dama" aparece bien sintetizado en una carta de una de las mujeres a su madre:

"Recuerdo que siempre me decías con orgullo que otros adultos te decían que yo era muy 'equilibrada' para ser una niña. Recuerdo también que me decías con orgullo que te escuchaban más en el Directorio de Educación porque tu voz era bien modulada (así debe hablar una dama). ¿Entonces dónde está la pasión, mamá? ¿Dónde está la energía de la vida? Lucir bien, tener aceptación no es suficiente. Es como si me hubieses hecho una trampa y ahora me la hiciera yo misma. Soy tan equilibrada y controlada... pero me merezco ser todo lo que en verdad soy".

El mandato de ser una dama aparece sobre todo cuando:

- Nos sentimos incómodas al enojarnos. Cuando lo hacemos podemos llorar o permanecer en silencio, pero no expresarlo.
- Protegemos a otras personas de nuestros sentimientos reales.
- No nos permitimos sentarnos a llorar todo lo que deseamos. Si lo hacemos, lo hacemos solas.
- Nos resulta difícil soltarnos y disfrutar del sexo. Tenemos cuidado con el modo en que nos vestimos porque tememos ser demasiado seductoras. Desear o seducir a alguien nos hace sentir mal.
- Nos cuesta disfrutar de placeres sensuales tales como masajes, baños, películas prohibidas o comidas que nos gustan.
- Sentimos restricciones respecto de nuestro cuerpo. A veces no podemos disfrutar de bailar, realizar juegos deportivos o practicar actividades que requieran que nos expresemos físicamente.
- Nos avergonzamos de ser competitivas en el trabajo o en los deportes.
- Cuando nos desafían, nos retiramos. Si alguien nos dice que saltemos, le preguntamos cuánto de alto. Tratamos

de no participar en discusiones y, si lo hacemos, perdemos con gracia.

- Nunca nos permitimos levantar la voz, chillar o arrojar ocasionalmente un plato.
- Tenemos dificultades para cuestionar o desafiar figuras de autoridad, particularmente a los médicos, a los terapeutas o a aquellos que tienen categoría de expertos en el ámbito de nuestra salud física o mental.
- Sentimos que la peor experiencia que podríamos tener sería perder el control ante alguien.

NO SEAS EGOISTA Y
TEN UNA ACTITUD DE SERVICIO

UNA MUJER BUENA VIVE PARA DAR

Claudia va al salón de belleza

Corría el año 1989. Yo acababa de mudarme a un pequeño pueblo rural en Nueva Inglaterra y decidí ir a un nuevo salón de belleza para cortarme el cabello. La peluquera, Mona, era una mujer agradable, conversadora, que se mostraba muy interesada por las familias de las clientas. Yo le conté que tenía dos hermanas menores y que mi casa cada vez era más dominantemente femenina, hasta el punto de que incluso el perro era hembra. Un poco en broma, le dije entonces que mi padre se sentía un poco incómodo y aislado por eso. Pude ver por el espejo cómo Mona sacudía la cabeza en una actitud de no comprender. "¿Por qué podría sentirse incómodo? Con tantas mujeres a su alrededor debe de obtener un mejor servicio."

Mona había dicho abiertamente algo que muchas de nosotras aún creemos inconscientemente: que no ser egoístas y estar al servicio de los demás constituye el centro de los valores de nuestras vidas femeninas.

Jo-Ann llama a esto la regla de "No tomar nunca el trozo más grande del pastel". Esto podría ser incluido en los preceptos para ser una dama, ya que lo tomó de los consejos que le daba su madre cuando ella partía para una fiesta de cumpleaños: que nunca debía actuar como si algo le correspondiese por derecho. Ese no era el comportamiento propio de una dama. Parecería egoísta. Nadie debía sorprenderla nunca deseando algo, aunque se tratase de un simple trozo de pastel.

Las enseñanzas de no ser egoístas y prestar servicio están entre las más poderosas que las mujeres aprenden. La mayoría de nosotras ni siquiera cuestionamos el presupuesto implícito de que no tenemos derecho a desear cosas para nosotras mismas. Aprendemos que la felicidad de los demás es más importante, que las necesidades de los otros tienen prioridad, que nuestro papel más importante en la vida es darnos a los demás. Culturalmente el rol y la identidad de la mujer corresponden a los de madre. El sentimiento que tenemos de nosotras mismas está centrado en el comportamiento de alimentar y dar desinteresadamente a otros que necesitan y dependen de nosotras.

La historia nos muestra muchos casos que confirman esto. Cuando leemos en los textos acerca de mujeres famosas, las historias suelen ser del tipo de Florence Nightingale y Clara Bartons: no se trata de mujeres con poder, sino más bien de mujeres sacrificadas. Si recibimos una formación católica, aprendemos a admirar a las mujeres como las Hermanas de Caridad o de beneficencia, esclavas del Señor.

Prestar servicio y no ser egoístas son las definiciones dominantes de lo que es el "bien" para una mujer. En nuestro complejo y liberado mundo moderno, estos preceptos no ejercen un influjo menor. Simplemente sus manifestaciones son más sutiles.

Si una es una mujer buena, no debe esperar que le paguen bien por su trabajo. Si finalmente reclama más dinero, debe hacerlo con una disculpa. Las mujeres nos preocupamos por ser leales. No podemos buscar el poder abiertamente. Si alguna lo hace, se siente culpable por la posibilidad de estar perjudicando a otro. Es raro que las mujeres intentemos revertir situaciones en beneficio propio. Nos horroriza que alguien pueda considerarnos crueles. Nos podemos enojar por los demás, pero nunca por nosotras mismas, y trabajamos más en favor de los otros que de nosotras mismas. Si somos mujeres buenas, al distribuir nuestro tiempo destinamos la mayor parte a los otros. No nos permitimos desear para nosotras la riqueza o la liberación de nuestro rol de cuidadoras. Es decir, no nos podemos permitir un estilo de vida que no sea el propio de una dama, que esté centrado en nosotras mismas. Si estamos con una pareja que logra tener esas cosas, entonces resulta aceptable, pero no podemos en cambio tomar nuestra vida en nuestras propias manos porque nuestra vida suele considerarse propiedad de otros, de alguien con quien somos buenas, desinteresadas y serviciales.

Una mujer tenía una historia de asma severo. Ella cuenta cómo sentía que esto la limitaba en los primeros tiempos de su matrimonio: "Siempre sentía que no tenía derecho de estar enferma. Entonces me enfermaba más porque me obligaba a hacer más de lo que podía. Lo hacía porque sentía que no estaba cumpliendo con mi obligación como esposa y madre. Me sentía muy mal por no poder salir a trabajar. Frecuentemente debían llevarme de urgencia al hospital porque prácticamente dejaba de respirar. He estado muy cerca de la muerte, y recuerdo a mi hermana, inclinada sobre mi cama, diciéndome: 'Ofrécelo, ofrécelo'. Ella era muy religiosa y se refería a que debía ofrendar mi dolor como un sacrificio a Dios".

La psicoanalista Karen Horney llama "autodestructivos" a comportamientos como este. Se trata de uno de los estilos neuróticos predominantes que ella describe. El ser autodestructivo está relacionado con lo que habitualmente da en llamarse el masoquismo en las mujeres. Este término implica que las mujeres tienen una necesidad patológica de herirse o de actuar en contra de sí mismas. Sin embargo, la mayoría de nosotras no hemos elegido el masoquismo o la autodestrucción como nuestro estilo de vida. Nos limitamos a actuar sin egoísmo, tal como nos han enseñado. Horney explica que, cada vez que no deseamos hacer aquello que pensamos que debemos hacer para ser valoradas, experimentamos un conflicto. El mandato de no ser egoísta es poderoso y desafía la supervivencia psicológica de la mujer. Es difícil que una mujer no experimente un profundo conflicto a este respecto. Algunas mujeres quiebran la regla, pero otras simplemente se someten a ella.

La clase de poesía de Claudia

Así como las manifestaciones de la bondad son más sutiles en esta época, también lo son los efectos. No hace mucho asistí a un taller de poesía en una popular universidad de la ciudad de Nueva York. En la clase había hombres y mujeres, pero los hombres eran mayoría. El instructor les pidió a todos que contaran el motivo por el cual estaban allí. Las diferencias entre las respuestas de hombres y mujeres fueron dramáticas. Sin excepción, las mujeres, yo incluida, contestamos: "Realmente no sé si tengo talento para esto. Pensé que venir aquí podría ayudarme a tomar la escritura con más seriedad... Necesito aprender más". En cambio, el comentario de los hombres solía ser: "Vine porque necesitaba una audiencia más amplia para mi trabajo".

¿Acaso esta historia muestra una diferencia básica en la psicología de hombres y mujeres? ¿O se trata más bien de que las mujeres han sido tan condicionadas para centrarse en los demás que se sienten muy incómodas al centrarse en su propia experiencia? Los hombres daban por sentado que sus trabajos eran valiosos y que merecían atención. Sentían que debían ser escuchados. Las mujeres, por el contrario, se preguntaban si valía la pena hacer un trabajo creativo seriamente. Se sentían incómodas y experimentaban sentimientos de vergüenza. Parecían temer imponer sus cosas a los demás. Tenían miedo de expresarse.

La supresión de nuestra potencialidad creativa es un serio efecto de las reglas de generosidad y servicio. Como dice una compositora amiga: "Por definición, ser artista no es compatible con ser mujer. La cuestión en el trabajo creativo consiste en dejarse llevar lo suficiente como para extraer cualquier cosa que surja de nuestro hemisferio derecho antes de que desaparezca. Si uno está siempre prestando atención a los demás, eso es muy difícil. Uno no puede hacer una carrera con comodidad. Se supone que una mujer no debe soplar su propia trompeta, y si uno es artista, al menos en este país, debe hacerlo, debe escribir su propia biografía y debe venderse a sí mismo. Se supone que las mujeres no hacemos esas cosas".

En efecto, hay muchas cosa que son difíciles de hacer cuando uno les presta demasiada atención a los demás. A veces nos limitamos a nosotras mismas en cosas pequeñas, aparentemente insignificantes. Una tarde, Sue vino al grupo particularmente deprimida. Ella había sido víctima del incesto y luego se hizo dependiente del alcohol. Abandonó esta adicción para casarse con un hombre que había abusado de ella. Finalmente dejó esta relación y se involucró en otra. Esta nueva relación la llevó a enfrentarse con sus necesidades emocionales.

"Siempre sentí muchas carencias. Supongo que es algo que viene de mi infancia. Siempre quise que los demás me prestaran atención o me protegieran, aunque nunca lo pedía. Pero cuando le pedí a Joe que me acompañase a una conferencia sobre el incesto y se negó, me sentí furiosa. Para mí había sido muy difícil pedírselo. Ahora estoy muy deprimida. A veces me siento tan vacía..."

Le habíamos sugerido que, si se sentía tan carenciada y necesitada, le convenía procurarse cosas que la hiciesen sentir bien. Ella dijo que le encantaban las flores. Su tarea consistió entonces en que al regresar a casa comprase todas las que pudiese. Se trataba de que se prestara atención a sí misma.

Sin embargo, no pudo hacerlo, según contó en la siguiente sesión.

"No me parecía justificado" —dijo—. "No se trataba de que no tuviese dinero, sino que más bien me parecía algo frívolo. ¿Cómo iba a hacer algo así, sólo para complacerme? En lugar de eso, me compré una pequeña planta. Una planta estaba bien, porque al menos no moriría. Creo que hay dentro de mí una regla que me indica que hacer cosas por mí misma es egoísta."

Sin embargo, el grupo no se dio por vencido. Insistieron sobre la cuestión durante la mayor parte de la sesión. La semana siguiente, Sue contó que había comprado flores. Con estas pequeñas cosas vamos reaprendiendo lecciones de egoísmo y servicio.

El mandato de no ser egoísta y de prestar servicio está presente cada vez que:

- Sentimos envidia e incomodidad cuando vemos a otra mujer que se siente capacitada para acceder al dinero, la libertad, el reconocimiento o el poder.
- Nos enojamos cuando otras personas no toman conciencia de lo que necesitamos o deseamos, pero no podemos pedirlo directamente.
- Dejamos de lado nuestros propios compromisos cuando otro desea o necesita algo.
- Nos cuesta decir que no.
- En situaciones sociales canalizamos nuestra ansiedad ayudando al anfitrión a servir la comida o a limpiar.
- Nos sentimos conflictuadas respecto de la elección de nuestra carrera porque pensamos que debemos hacer algo que signifique un servicio, aunque preferiríamos algo más agradable o más lucrativo.
- Sólo nos sentimos bien con nosotras mismas cuando hacemos cosas por otros que nos necesitan.
- Como nosotras no podemos hacerlo, nos sentimos mal cuando otras personas invierten tiempo y dinero en ellas mismas.
- Dejamos de lado cualquier intento de dedicarnos a un trabajo creativo, porque sentimos que no somos sufi-

cientemente buenas como para que se justifique el tiempo que en ello invertiremos.

Los tres primeros mandatos del Código —sé atractiva, sé una dama, no seas egoísta y sé servicial— definen las cualidades de una mujer buena e ideal. Detengámonos por un momento a pensar cómo nos sentimos respecto de estos parámetros: ¿somos críticas respecto de nuestros atractivos? ¿Nos sentimos culpables por no ser más generosas con los demás? ¿Nos decimos diariamente que no debemos ser irascibles, sexuales, tristes, felices, intensas o egoístas?

En cada uno de los mandatos podemos hallar un aspecto positivo. Disfrutar de nuestra apariencia es algo saludable. Hay momentos en que es positivo ejercer el autocontrol. Ser útiles y generosas con los demás nos puede hacer sentir bien. Pero la cuestión importante es preguntarnos: ¿por qué son importantes estos comportamientos, porque realmente los elegimos o porque tememos cómo nos sentiremos o cómo nos verán los demás si no lo hacemos? Si nos sentimos mal cada vez que no alcanzamos estas cualidades a la perfección, puede ser una señal de que estamos atrapadas por el Código de la Bondad. Podemos estar siendo demasiado buenas en perjuicio propio.

3

VIVIR DE ACUERDO
CON EL CODIGO

El modo femenino de hacer el bien

Los tres primeros mandatos del Código de la Bondad se refieren a las buenas cualidades que debe tener el carácter femenino. Nos indican cómo debemos actuar y cómo debemos ser. Los dos últimos mandatos, en cambio, describen las cosas que supuestamente debemos hacer. Hacer funcionar las relaciones es un mandato que se relaciona con el trabajo del amor. Ser competente es un mandato que se refiere al manejo de todas las demás cuestiones. Estas dos reglas están relacionadas entre sí. Cómo cuidar las relaciones es algo primario para una mujer; cuando ella se ocupa de un trabajo o de una carrera, su trabajo respecto de las relaciones siempre la acompaña. En otras palabras, ser competente para una mujer significa mantener el equilibrio entre la carrera y la familia y, además, mientras hace esto, debe cuidar de su apariencia, mantenerse tranquila y controlarse siempre. Esta regla requiere, pues, que las mujeres sean supermujeres y que no se quejen.

JENN SE QUEJA

Jenn era una mujer alta y delgada, tan llena de energía que cuando irrumpía en una habitación era como si se estuviese zambullendo en el agua. Siempre estaba deseosa de discutir cualquier tópico interesante que apareciese en las noticias. Sin embargo, cuando las conversaciones se tornaban más personales, Jenn se mantenía en silencio. Era como si en realidad existiesen dos Jenn: una encantadora y comprometida y otra más privada y reservada.

Cuando Jenn comenzó a hacer terapia, a los treinta y dos años, sufría de ataques de terrible ansiedad. Su temor había comenzado en el momento en que se había dado cuenta de que deseaba divorciarse de Alan. Las quejas que ella manifestaba respecto de su relación con Alan no hacen más que reproducir los problemas que tienen la mayor parte de las mujeres. Alan no era lo suficientemente afectivo y comprometido. Ella se sentía sola. Todo lo que él hacía era trabajar.

Para sumar otra cuestión al problema, Jenn pensaba que estaba desaprovechada profesionalmente. Ella había sido muy buena alumna en la universidad, y sin embargo todavía trabajaba como asistente administrativa. Como su contribución económica a la pareja era menor, para ella era un gran esfuerzo lograr sentirse valiosa.

La ansiedad de Jenn parecía estar relacionada con un sentimiento de que ella en realidad no deseaba hacer funcionar la relación. Se sentía culpable porque deseaba abandonar a Alan. Como ella era tan negativa y se desvalorizaba tanto, la primera tarea que le asignamos en su terapia fue la de ir a su casa y hacer una lista de aquellas cualidades que ella pensaba que la podrían transformar en una mujer buena. Cuando regresó en la siguiente sesión, comentó que había experimentado una reacción muy fuerte ante el ejercicio que le habíamos propuesto.

"Cuando pensé en la idea de ser una 'mujer buena' me sentí muy molesta y comencé a recordar que durante años yo no deseé ser una mujer, sino simplemente una persona. Yo quería que tanto yo como los hombres fuésemos personas. No quería distinciones. Usted sabe, es como usar una tricota de hombre y unos jeans. Para mí eso es sexy, porque es sugestivo. Nadie sabe lo que realmente hay debajo. Pero eso también me tapa, y yo creo que el hecho de taparme muestra que no puedo mostrar lo que hay debajo, definir lo que es una mujer y cómo me siento yo como mujer."

Aunque Jenn podía reconocer la dificultad de definirse a sí misma, se daba cuenta de que siempre se había hecho cargo de llevar adelante su matrimonio. Esa misma semana había asistido a una conferencia acerca de las mujeres y sus relaciones y se había sentido muy enojada.

"Ayer fui a la presentación de una escritora. El tema era el amor, la intimidad y las relaciones. Yo estaba allí sentada y ella estaba hablando de las mujeres como individuos, del trabajo que debían hacer sobre sí mismas y del trabajo que debían hacer en comunidad con otras mujeres. Luego comenzó a hablar del trabajo que debíamos hacer con los hombres que compartían sus vidas. Entonces fue que comencé a enojarme. Siempre somos nosotras quienes tenemos que hacer el trabajo. Me pone furiosa el hecho de tener que hacer el trabajo siempre y que mi esposo ni siquiera se dé cuenta de que él tiene que hacer algún trabajo.

"Pensaba: '¿Por qué dentro de esta audiencia no hay hombres?' Solamente había unos cinco hombres en todo el salón. Por eso me enojé, no con la escritora, sino con la cuestión misma. Desde que fui a esa conferencia no he podido calmarme. No quiero excusar más a Alan. No quiero decir que él es hombre y que por lo tanto fue socializado para no tener sentimientos.

"Es como este artículo (hizo un gesto y extrajo de su cartera un artículo que comenzó a leer): '¿Puede usted hablar poco? Las mujeres que tienen mejores matrimonios son las que pueden lograr que sus maridos hablen'.

"No es un título apropiado. Es un artículo muy interesante acerca de cómo las mujeres pueden lograr que los hombres se comprometan, enseñándoles a ser más abiertos. Finalmente (aquí Jenn arroja dramáticamente el artículo al piso como si se tratase de algo sucio) dice por qué no se escriben este tipo de artículos dirigidos a hombres. Nosotras debemos conservar cuerpos bellos y saludables, debemos actuar en la cama como muchachas de veinte años (ella va contando con los dedos los mandatos), debemos vestirnos primorosamente, mantener una actitud emocional saludable, mantener nuestros sentimientos espirituales, estar tranquilas y serenas y además trabajar y ganar dinero."

Parecía como si Jenn estuviese saliendo de un trance. Se daba cuenta de que estaba cansada del "trabajo del amor". Pronto estuvo claro que parte del trabajo de la terapia de Jenn debía centrarse en que ella pudiera redefinir qué significaba para ella ser mujer. Ella necesitaba ver de qué manera el Código de la Bondad había conformado sus sentimientos y necesitaba quitarse de encima la tricota grande que la tapaba, para poder definir claramente quién era la que a su juicio estaba debajo.

HACER FUNCIONAR LAS RELACIONES

UNA MUJER BUENA AMA PRIMERO

El mandato de hacer funcionar las relaciones define el lugar del amor en nuestras vidas. Define también al amor como un trabajo: el trabajo de cuidar a los demás. Para una mujer la palabra relación significa realmente: "Yo te doy". Como nos decía recientemente una amiga nuestra: "En el seno de mi familia aprendí que, para una mujer, el hecho de pensar en ser soltera era una actitud egoísta. Así comencé a temer el hecho de ser yo misma. La idea de que una mujer siempre debe estar dando algo a alguien era tan fuerte que la palabra YO era una terrible mala palabra".

Históricamente siempre se ha visto a la mujer como la persona que mantiene unida a la familia. No sólo deben criar y alimentar a los niños, sino que deben ocuparse del hogar, creando para los proveedores masculinos un paraíso seguro y feliz que los salve del mundo exterior, cruel e inmoral. Las mujeres deben ser fuertes y tomar a su cargo las necesidades físicas y emocionales de sus familias, pero también deben mantenerse dependientes y no deben tener medios económicos para hacerse cargo de sí mismas. En otras palabras, las mujeres tradicionalmente han tenido grandes responsabilidades pero no han tenido poder.

A partir de la necesidad, las mujeres suelen transformarse en expertas en relaciones. Hemos desarrollado las capacidades de ser sensibles, intuitivas, generosas, nutricias, y de estar centradas en el bienestar físico y espiritual de los demás. En nuestras mentes está arraigado: "Nunca hieras a nadie". Estas habilidades suelen estar puestas al servicio de todos menos de nosotras mismas, ya que en general no nos dedicamos a enriquecer nuestro propio bienestar.

Irónicamente esta capacidad para dar respuestas emocionales suele ser el blanco de los ataques de los otros. Por ejemplo, se supone que debemos ser sensibles. Sin embargo, se nos suele acusar de ser "demasiado sensibles". Además, nuestra sensibilidad para con los demás muchas veces se revierte en contra nuestra. Es más frecuente que protejamos los sentimientos de los demás y que actuemos en interés de los otros y no que actuemos en nuestro propio beneficio si ambos intereses se encuentran en conflicto.

Las relaciones se mantienen en parte a través de rituales y, en general, todavía es una misión de la mujer llevar adelante los rituales de la vida familiar. Visitamos a los enfermos, enterramos a los muertos y preparamos la Pascua sin ayuda. Compramos los regalos, recordamos los cumpleaños, preparamos las fiestas, enviamos tarjetas y notas de agradecimiento. Es decir que nos ocupamos de todos los interminables detalles que hacen más llevadera la vida y perpetúan las relaciones. Además, observamos las reglas de la propiedad y el decoro de una manera que jamás se espera de los hombres. Las mujeres lo hacemos menos que antes, pero es muy difícil imaginar a un hombre leyendo a Emily Post o a Amy Vanderbilt. Mantener la etiqueta de la vida es parte del trabajo de una mujer.

Una de las áreas que más parece resistirse al cambio femenino es la expectativa de que sea la mujer quien sostenga la relación de su compañero masculino con su propia familia. De algún modo, a medida que una relación se torna íntima, la mujer hereda el trabajo de enviar tarjetas de cumpleaños a la madre de él, a su padre, a sus hermanos, a sus tíos y tías, a sus sobrinos y sobrinas. Puede que él no lo haga nunca por sí mismo y nosotras de algún modo no podemos evitar hacerlo por él. De este modo violamos todos los principios que hemos aprendido acerca de cómo deben funcionar las relaciones.

El hecho de cuidar a la familia de nuestro cónyuge a veces implica hasta hacernos cargo de sus padres ancianos. Aun cuando no hagamos el trabajo en forma personal, generalmente somos las que nos ocupamos de lidiar con los doctores y las enfermeras, o de buscar un hospital geriátrico.

Nosotras somos quienes sostenemos muchos tipos de relaciones y las asumimos como nuestra responsabilidad primaria. Cuando se trata de los niños, nuestras responsabilidades se intensifican aun más. La maestra siempre nos llama a nosotras, aun cuando tengamos responsabilidades profesionales tan pesadas como nuestros esposos. Si nuestros niños se sienten desdichados o tienen algún problema, nosotras pensamos que es culpa nuestra. Las mujeres consumen muchas horas de terapia a causa de los problemas de sus hijos. Además los terapeutas suelen reforzar la idea de que somos las responsables, ya que suelen encargarnos todo el trabajo necesario para cambiar las cosas.

Nuestras responsabilidades acerca de las relaciones suelen intensificarse en ciertas etapas de la vida. Encerradas en la generación "sandwich", muchas de nosotras debemos ocuparnos al mismo tiempo de padres ancianos e hijos que están creciendo. Cuando la mujer sólo trabajaba dentro del hogar, este trabajo era menos complicado, aunque estaba igualmente cargado desde el punto de vista emocional. Muchas veces las mujeres se quedaban en sus casas y debían efectuar en forma personal el trabajo de enfermería que se requería.

Finalmente, si somos divorciadas y nos hemos vuelto a casar con un hombre que tiene hijos, solemos asumir también la responsabilidad de estos niños. La familia que heredamos pasa a ser propia, para que nos hagamos cargo también de ella. A menudo solemos quedar en medio, tratando de mediar entre dos personas de nuestro entorno que no se llevan bien, por ejemplo nuestro esposo y su hijo o nuestra suegra y su hijo.

¿Qué hice mal?

La peor consecuencia del mandato de hacer funcionar las relaciones es que, si estas van mal, solemos sentir que hay algo malo en nosotras. No solamente necesitamos poder relacionarnos, sino que a menudo necesitamos hacerlo de acuerdo con lo que se considera normal.

Si elegimos un estilo de vida alternativo, por ejemplo, si somos madres solteras, tenemos una relación íntima con otra mujer o vivimos con un hombre con el que no estamos casadas, sentimos la extraña sensación de que estamos haciendo algo malo. Nos cuesta mucho esfuerzo dejar de lado las convicciones que tenemos enraizadas acerca de lo que es una buena relación. Nos cuesta desviarnos de la norma. Cualquier intento de crear una nueva definición acerca de lo que es una buena relación nos enfrenta con los estándares de la bondad. Aunque tratemos de luchar contra esto, solemos sentirnos mal.

Una paciente lesbiana nos dice: "No estoy en conflicto con nuestra elección de vida, pero todavía me molesta que me insulten. Cuando conozco a alguien a quien parezco agradarle, todavía me pregunto si cuando se dé cuenta me va a rechazar. El conflicto no es conmigo misma sino con mis relaciones con los demás, que temo que me juzguen".

Nuestra tendencia a sentirnos responsables por una relación se acrecienta cuando la relación fracasa. Sabemos que, si tenemos un problema con una relación íntima, procuraremos solucionarlo, porque pensamos que lo más probable es que sea nuestra culpa. A menudo solemos permanecer en las relaciones durante más tiempo de lo que son viables, no por cuestiones económicas, ni tampoco por nuestros hijos, sino más bien porque pensamos que, si hacemos lo correcto, la relación va a funcionar. Procuramos buscar todo tipo de soluciones, porque si la relación fracasa sentimos que hay algo malo en nosotras.

El mensaje de que somos inherentemente responsables hace que muchas de nosotras, que quisiéramos dedicarnos a nuestras carreras o a otros intereses, nos sintamos culpables de hacerlo, a menos que nuestras relaciones marchen a la perfección. La triste realidad para muchas de nosotras es que, no importa cuánto éxito tengamos en el mundo del trabajo, nos sentimos fuera de lugar si somos madres solteras o, simplemente, solteras. Sentimos que el hecho de habernos divorciado constituye un fracaso, que también lo es el hecho de que nuestros hijos tengan problemas, que un amigo nos falle, que nuestra madre no esté orgullosa de nosotras, que nuestros colegas no gusten de nosotras, aun cuando nos respeten, que no tengamos una espléndida vida sexual. Para una mujer, sentirse bien está estrechamente relacionado con el éxito en el mundo de las relaciones personales.

Las mujeres solemos esperar la perfección en el terreno de las relaciones, y no nos detenemos a cuestionar estas creencias. Nunca se nos ocurre esperar que los demás compartan la mitad de la carga emocional. En lo profundo pensamos que no seremos amadas excepto que triunfemos en el trabajo del amor. No hacemos más que preguntarnos a nosotras mismas: "¿Qué hice mal?"

El mandato de hacer funcionar a las relaciones se pone en juego principalmente cuando:

- Sabemos que hay un problema en una relación y lo asumimos como una culpa nuestra.
- Nos sentimos culpables porque nuestro hijo tiene un problema o no alcanza los logros que esperábamos.
- Sentimos que somos siempre las que debemos plantear los problemas.
- Sentimos que no podemos dejar una relación aun cuando no sea satisfactoria.
- Nos sentimos culpables por los conflictos o las interacciones difíciles.
- No esperamos que la otra persona se esfuerce tanto como nosotras en resolver el problema.
- Hacemos una parte del trabajo que en realidad es mayor de la que nos corresponde.
- Damos más de lo que obtenemos.

SE COMPETENTE Y NO TE QUEJES

UNA MUJER BUENA HACE TODO Y
NO PARECE SOBRECARGADA

La queja de Jenn acerca de las relaciones no se limitaba a su frustración en relación con el trabajo del amor. Ella también sentía, como tantas mujeres, que su doble condición de esposa y mujer que trabaja daba como resultado una división injusta del trabajo.

"Hay que enfrentarlo —decía Jenn—: la mayor parte de los hombres, cuando llegan a sus casas después del trabajo, no hacen nada, mientras que yo siempre he hecho en casa más de lo que me correspondía."

Así como en la generación de nuestras madres las mujeres sufrían la paradójica presión de tener que cuidar de todo el mundo y al mismo tiempo ser económicamente dependientes, la mujer de hoy en día sabe que ser competente significa tener responsabilidad económica propia y, al mismo tiempo, cuidar a todo el mundo. La socióloga Arlie Hochschild en su libro *The second shift* plantea que las mujeres siguen teniendo la responsabilidad principal en lo hogareño, aun cuando estén cada vez más incorporadas en la fuerza de trabajo. Además, más allá de las tareas domésticas que ellas efectúen personalmente, siguen siendo las que deben pensar en los problemas domésticos. Los hombres a lo sumo cumplen con instrucciones a este respecto.

La mujer que alcanza el éxito financiero y profesional no cuenta con un esposo que la apoye y sostenga el entorno físico y emocional. En la mayor parte de los casos lo debe hacer ella misma, y no sólo para ella sino también para el resto de la familia. Debe procurarse por sí misma un lugar seguro, a salvo de las presiones del trabajo. Sin embargo, ella no puede encontrar este lugar tranquilo en el hogar ya que para ella este también es un lugar de trabajo.

La terapeuta de familia Monica McGoldrick escribe: "Las mujeres nunca pueden encontrar esposas. Una niñera, una secretaria o un ama de llaves pueden a veces ser un remplazo parcial de esa función. Pero siempre pueden irse y dejarle a una el fardo. Ellas tienen a su cargo un trabajo específico, no el hacerse cargo de una".

La competencia como ideal

Los dilemas del mandato de ser competente son complejos. El mandato crea un ideal de "mujer perfecta", que la mayoría de nosotras no esperamos alcanzar o que al menos no deberíamos esperar. Comprender el mandato de ser competentes nos hace comprender la imposibilidad de la tarea de ser mujer. Como nos decía una mujer: "Pienso en mi suegra como en una mujer del Renacimiento. Tiene un muy buen empleo, se viste a la perfección, tiene un cuerpo perfecto, es una excelente cocinera, una anfitriona fabulosa y nunca parece cansada. Siempre está bien y siempre fue para mí el ideal de la mujer perfecta. Parece poder manejar todo en todas las áreas y se hace cargo de todos los demás. Por eso, cuando yo vuelvo a casa y estoy cansada como para ponerme a cocinar, me siento en falta".

Como un modo de investigar el nuevo ideal de mujer, les preguntamos a un grupo de mujeres profesionales que asistieron a un *workshop*, qué era lo que las hacía sentirse realmente bien. Las respuestas fueron notablemente parecidas entre sí: "Me siento bien cuando soy competente, cuando no me siento sobrecargada, cuando no me sobrepasan las emociones. Soy lo que hago y me siento bien cuando lo que hago es bueno". Cuando les preguntamos cuál era el elogio que las podía hacer sentir mejor, respondieron: "Eres competente. Trabajas mucho".

La competencia se ha transformado en un nuevo estándar de excelencia para las mujeres. Está referida a una ilimitada capacidad para hacerlo todo bien, sin ayuda y sin sentirse o mostrarse vulnerable nunca. Notemos que los comentarios de las mujeres que asistieron al *workshop* se centraron en dos aspectos: debo hacer las cosas bien, y debo manejarlo todo sin aparecer sobrecargada o desbordarme emocionalmente. El estrés actual en relación con el rol de la mujer no radica tanto en tener que lidiar con los problemas prácticos que conlleva el hecho de trabajar más, sino más bien en demostrar que se siente bien bajo tanta presión.

La competencia en una mujer no tiene tanto que ver con cuán bien hace su trabajo, sino con poder manejar la crianza de los niños, llevar a Johny al partido de béisbol al mismo tiempo que debe asistir a una conferencia en Chicago, "ordenar" los embarazos en función del éxito de la carrera, u ocuparse de la crisis de un amigo al mismo tiempo que debe cuidar a su madre internada en un hospital. Se trata de "cuidar todos estos detalles" y nunca parecer vulnerable, necesitada o sobrecargada.

Una amiga nos decía: "Que nos vean agotadas es terrible. Yo lucho contra ese mensaje. A veces incluso me esfuerzo por quejarme, ya que en realidad lo que suele suceder es que parece que todo está bien y que estoy manejando todo a la perfección, hasta que, de pronto, como esta mañana, me lanzo a llorar. A veces, cuando salimos con otras personas, pienso: 'debo permanecer callada', porque en realidad, si alguien se acercara lo suficiente, podría comenzar a protestar: 'Estoy harta, ya no tolero a los niños, odio a mi esposo'. En realidad me gusta lo que hago. El problema es que hago demasiado...".

En círculos profesionales las mujeres pueden lograr apoyos para ascender en sus carreras. En cambio, es muy difícil que una mujer encuentre apoyo o ayuda para las presiones emocionales o para sus tareas como madre que no trabaja. El mandato de ser competente suele reforzar la tendencia a actuar como si nuestras vidas emocionales estuviesen en segundo o tercer lugar. De acuerdo con una psiquiatra: "Las vidas de las mujeres que intentan alcanzar el Yo-ideal que nos muestra la cultura se han transformado en actos de trabajo competitivos, y las mujeres suelen quedar atrapadas en esta competencia que las lleva a alcanzar más acontecimientos, más objetos, más personas, mejores carreras; para hacerlo las mujeres llegan a no saber ya qué es ser y sentirse un ser humano".

El ser competente, ese trabajo que tiene dos caras, afecta aun a aquellas mujeres que no son casadas y que no tienen hijos. Un hombre va a al trabajo y cumple con su tarea. Cuando una mujer va a trabajar, en cambio, siempre debe ocuparse del impacto emocional que producen las relaciones de las personas en el entorno, además de hacer sus tareas. Su trabajo implica también ocuparse del impacto que tienen sus elecciones en las relaciones que son importantes en su vida.

Nancy, una plomera, se refiere a su trabajo con su jefe: "Yo soy siempre la que le pregunto: '¿Cómo te resulta nuestro trabajo juntos?' El habla de eso como si fuese algo que me debe perdonar por el hecho de ser mujer. Yo no solamente me ocupo del proceso emocional que se desarrolla entre nosotros, sino que con eso logro que el trabajo vaya mejor".

Nancy continúa: "Siento que yo no solamente debo preocuparme por hacer mi trabajo. También debo nivelar otras muchas cosas: ser una dueña de casa, una hija, una amante, todo junto. Además, debo equilibrar el trabajo con el tiempo que dedico a mis amigos. Las que iniciamos el camino en trabajos que antes no estaban abiertos a las mujeres no sólo debemos ser buenas por nosotras mismas, sino también por las que vienen detrás de nosotras".

Las mujeres hemos adelantado mucho en términos de nuestro avance participativo en los problemas del mundo. El movimiento femenino nos ha dado opciones que ni siquiera se vislumbraban en la época de nuestras madres. Sin embargo, continuamos oprimidas por los mandatos de bondad y las elecciones se hacen difíciles para nosotras. A veces, en lugar de ir en la ruta que nos conduce a una mayor potencialidad y autorrespeto, lo que hacemos es cargarnos de mayores responsabilidades y estar cada vez más exhaustas. Estamos demasiado ocupadas como para reparar en cómo nos sentimos. Algunas de nosotras hemos adoptado los estándares de otras personas respecto de la bondad y del éxito. Nos hemos dejado llevar por la necesidad de demostrar nuestra competencia, nuestro valor y hemos dejado de prestar atención a las cosas que verdaderamente disfrutamos.

Solemos olvidar que tenemos opciones. Muchas veces nuestro trabajo, nuestro grado de competencia no son formas de expresarnos, sino que más bien son una manera de adaptarnos a una serie de mandatos externos que nos indican lo que es bueno. En el proceso, muchas de nosotras hemos adquirido poder, pero no necesariamente satisfacción.

El mandato de ser competentes se suele poner en juego primordialmente cuando:

- Somos perfeccionistas y sentimos que si no hacemos todo siempre a la perfección hemos fracasado.
- No asumimos que una opción posible es no perseguir el éxito profesional tal como lo definen los demás.
- Nos sentimos desvalorizadas si no hemos alcanzado algo que consideramos importante.
- Siempre creemos que debemos hacernos cargo de todo sin ayuda.

- Tomamos como una "ayuda" las tareas que nuestra pareja realiza en la casa, en lugar de pensar que se está haciendo cargo de la parte del trabajo que le corresponde.
- Creemos que la responsabilidad primaria en el cuidado de los hijos nos corresponde a nosotras, aunque tengamos iguales responsabilidades laborales que nuestro cónyuge.
- Somos intolerantes o nos mostramos irritables con cualquiera que interrumpa nuestra agenda de trabajo.
- Nos fijamos altos estándares en forma muy rígida y tendemos a ser igualmente rígidas para con los demás.
- Nos queda poco tiempo para nuestros amigos, para el esparcimiento y para el cuidado de nuestro cuerpo, porque estamos demasiado ocupadas trabajando.
- Sentimos que tomarnos más tiempo no es una opción.
- Sentimos que cualquier cosa que podamos hacer: entretenimientos, jardinería, decoración, pintura, no tiene el nivel deseado.
- Sentimos que fallamos cuando debemos decir que no.

LAS PRESIONES CONFLICTIVAS DE SER BUENA

La mayor dificultad respecto de los cinco mandatos es que con frecuencia entran en conflicto unos con otros. Si una "dama" no debe ser competitiva, ¿cómo hace entonces para alcanzar el éxito, si su búsqueda constituye siempre una carrera competitiva? Si una mujer no debe ser demasiado emotiva, ¿cómo hace para hacer funcionar las relaciones? Si una dama debe ser competente y no debe desafiar nunca la autoridad, ¿cómo hace para demostrar que es competente? Si una mujer buena debe llevar a cabo el cuidado emocional de todo el mundo, ¿cómo puede tener energía disponible para centrarse en sus propios proyectos?

Esencialmente, cuanto más nos esforcemos, ya sea o no en forma consciente, para vivir de acuerdo con los mandatos del Código, peor nos sentiremos. El Código representa un conjunto de expectativas imposibles de alcanzar, que fueron desarrolladas a través de siglos para privar a las mujeres de su propia identidad y su sentimiento de autovaloración. Todas sufrimos las consecuencias de estos mandatos, algunas de manera más visible que otras. Ellos nos persiguen a lo largo de toda nuestra vida. Todas llegamos a ser como Jenn, ocultas bajo nuestras ropas, inseguras de las formas de nuestra identidad femenina.

4

Si soy tan buena, ¿por que me siento tan mal?

La vergüenza básica femenina

"Durante muchos años no me gustó ser mujer. Quería que me llamaran por un nombre masculino —Jeff en lugar de Jenn. Me sentía muy mal por esto. Pensaba que tenía un grave problema. Pero la verdad era que en mi familia ser mujer no tenía nada de bueno. Yo limpiaba mientras mis hermanos miraban televisión. Lo que importaba no era lo que uno hacía, sino quién era uno. Y yo no era un varón."

Estos pensamientos de Jenn nos dicen mucho acerca de su ropa grande. Jenn simbólicamente estaba tratando de esconderse del mundo. Ella se vestía con el propósito de ser indistinta, casi como para cubrir su femineidad, que ella sentía que carecía de valor. Sus ropas la protegían de las miradas y cubrían todas las vívidas expresiones de su ser.

"Necesito esconderme. Ustedes no saben cuánto me gustaría poder desaparecer. Cuando salgo, a menudo deseo no encontrarme con nadie que me conozca. Cuando otras personas me miran, yo siento como si tuviera escrita la palabra 'fracaso' en todo mi cuerpo."

Jenn se esconde debajo de las ropas grandes porque tiene ese sentimiento dominante de que algo anda mal en ella. Esos sentimientos comenzaron en la niñez, cuando aprendió de incontables pequeñas maneras que los hombres eran más valorados que las mujeres. Estos sentimientos se fueron intensificando en la medida que ella se esforzaba por abrazar el Código de la Bondad y sentía que fracasaba. Aunque su matrimonio colmaba muy pocas de sus necesidades, ella se sentía culpable porque pensaba que no había hecho un trabajo lo suficientemente bueno como para que este funcionara bien. Jenn se sentía poco atractiva y se sentía frustrada. No se podía valorar.

¿Por qué se sentía tan mal consigo misma? ¿Por qué las mujeres en general tienen problemas tan intensos con respecto a la autoestima y por qué se deprimen tanto? ¿Por qué nos esforzamos tanto para ser buenas y nos sentimos aun peor cuando nos damos cuenta de que no podemos o no queremos vivir de acuerdo con los mandatos del Código?

¿POR QUE NECESITAMOS SER TAN BUENAS?

En general lo que motiva a las personas a ser buenas es la necesidad de aprobación. Esta necesidad se ve intensificada cuando alguien sugiere que no somos aceptables tal como somos.

Jenn recibió en el seno de su familia el mensaje de que las mujeres valían menos que los hombres. Sin embargo, estos mensajes acerca de la inferioridad de la mujer han sido parte de las creencias sociales durante siglos. Aristóteles, en el siglo IV a.C., creía en la inferioridad básica de la mujer: "La mujer es mujer en virtud de la carencia de ciertas cualidades. Debemos pues ver a la naturaleza femenina como una naturaleza afectada por ciertos defectos naturales".

Las mujeres tienen carencias. Las mujeres son defectuosas. Las mujeres son menos que los hombres. Estos mensajes son como sugestiones hipnóticas sutiles de las cuales no somos siempre conscientes. Sabemos que el movimiento feminista representó los comienzos de un esfuerzo por revertir estos mensajes, para lograr una justa igualdad con los hombres. Sin embargo, en ocasiones, estos esfuerzos por penetrar en el mundo masculino no hicieron sino aumentar los sufrimientos de las mujeres. Esto nos hace tomar conciencia de lo avergonzadas que hemos estado. Es difícil luchar contra un presupuesto cultural básico de que uno tiene menos valor cuando diariamente este mensaje sigue siendo reforzado.

Los mensajes son hoy menos abiertos que en la época en que las mujeres eran quemadas en la hoguera por brujas, por ejemplo. Sin embargo, cuando no se nos tiene en cuenta en una conferencia, o cuando no se nos da un empleo porque se prefiere a un hombre, cuando se nos confina a lavar los platos o a cuidar a los niños porque nuestra pareja está haciendo cosas más importantes, cuando se abusa sexualmente de nosotras o se nos deja en la miseria a partir de un divorcio, y allí nos damos cuenta de qué poco acceso tenemos a ciertos recursos, cuando se nos dice de innumerables maneras que no importa quiénes seamos sino que lo que importa es que no somos hombres, en todos esos casos recibimos el mensaje de que tenemos menos valor que un hombre, de que hay algo malo en nosotras. A partir de la vida diaria, muchas de nosotras dejamos de percibir estos mensajes y comenzamos a hundirnos en un trance. Ya no podemos recordar nuestro propio valor. Nos sumergimos en un estado del que no tenemos conciencia. A este estado lo llamamos vergüenza básica femenina.

EXPLORACION DE LA VERGÜENZA FEMENINA

En su libro *Facing Shame*, Merle Fossum y Marilyn Mason definen la vergüenza como "un sentimiento interior de disminución o insuficiencia como persona". Si una mujer padece sentimientos de vergüenza, puede sentirse "mala, defectuosa o sin valor como ser humano".

Todos experimentamos vergüenza en diferentes niveles y distintos grados de intensidad, pero el género femenino tiene el sentimiento colectivo de no tener un valor pleno como ser humano. A menudo la vergüenza femenina se mantiene oculta para nosotras mismas porque inconscientemente aceptamos que la mujer tiene menos valor que el hombre pero no nos detenemos a pensar en eso.

La vergüenza y la culpa a menudo se confunden, aunque en realidad son dos sentimientos muy diferentes: la culpa está referida a una infracción, a una ruptura de las reglas; es el resultado de algo que uno hace. La vergüenza, en cambio, se refiere a una carencia, a una limitación. Ernest Kurtz señala que la culpa tiene como resultado un sentimiento de "maldad", de "no ser bueno". En cambio, la vergüenza tiene como resultado un sentimiento de desvalorización, de "no ser suficiente". Por ejemplo, Jenn podía sentir culpa si actuaba en forma egoísta, porque violaba el Código de la Bondad. En cambio, sentía vergüenza sin importar cuán buena fuera porque nunca valdría tanto como sus hermanos. Ella en realidad siente vergüenza por ser quien es, y muchos de sus esfuerzos por mejorar son un deseo por ocultar sus sentimientos de carencia.

La mayor parte de los mensajes culturales acerca de la inferioridad de la mujer (pensemos, por ejemplo, en que durante muchos años se creyó que las mujeres no estábamos capacitadas para votar) son mensajes que avergüenzan a las mujeres por el hecho de ser mujeres. Los seres humanos sufren de una especie de vergüenza existencial a causa de su propia condición humana. Se trata del reconocimiento de sus propias limitaciones, del reconocimiento del hecho de que no somos divinos. Las mujeres sufren aun de otra vergüenza agregada: que ni siquiera son consideradas plenamente humanas. Si los hombres no pueden ser tan buenos como dioses, las mujeres no pueden ser tan buenas como los hombres.

Tanto en la literatura como en algunos dogmas religiosos —por ejemplo la historia bíblica del pecado original— ha sido una tradición considerar a la mujer como la fuente de todos los males, como el obstáculo para que los hombres llegasen a ser como dioses. Esta actitud, de que los hombres pueden aspirar a ser poderosos y casi divinos y de que en cambio las mujeres o sus características femeninas son sólo un obstáculo que se interpone en sus caminos, ha traído serias consecuencias para nuestra cultura. Nos lleva a un rechazo de todas esas cualidades que son consideradas "femeninas" de manera innata —cualidades que están asociadas con ser emotivas, nutricias, llenas de sentimientos.

No es pues sorprendente que uno de los principales mandatos del Código sea "Sé una dama", es decir, mantén el control y no expreses tus sentimientos. A partir del énfasis que pone nuestra sociedad en cualidades tales como la autonomía, la competitividad, la fuerza, la agresividad, la capacidad de adquirir cosas, hemos desarrollado la tendencia de ver los sentimientos como debilidad y vergüenza; de este modo desvalorizamos aquellas partes más femeninas de nuestros caracteres. Si podemos controlar o negar los sentimientos, creemos que somos más competentes y responsables. Tenemos la ilusión de que podemos alcanzar la perfección.

LA VERGÜENZA Y
LA FAMILIA DISFUNCIONAL

Cada vez es más sabido entre los expertos en salud mental que las familias disfuncionales enseñan a través de la vergüenza. Una familia disfuncional es aquella que está dominada por el conflicto y la ansiedad. Los miembros de la familia no logran satisfacer sus necesidades básicas y hacen cualquier cosa por sobrevivir. Estas familias disponen de poco tiempo o energía para responder o para valorar los sentimientos de las personas. Un entorno tan inseguro suele sentar las bases de problemas tan serios como la adicción y el abuso.

Alguien que crece en este tipo de familia suele desarrollar una "identidad vergonzante". En otras palabras, las personas cuyas familias ignoran sus necesidades de desarrollo, y que son permanentemente avergonzadas por tener estas necesidades, terminan sintiéndose mal por ser quienes son.

Aunque los hombres pueden estar tan avergonzados como las mujeres en una familia disfuncional, las lecciones que a partir de este hecho aprenden son radicalmente diferentes. Las mujeres se sienten avergonzadas porque no conocen su lugar. Si adquieren características agresivas, más "masculinas", se sienten avergonzadas por no ser suficientemente femeninas. Se sienten avergonzadas por no ser "buenas" y nutricias cuidadoras. Se sienten avergonzadas por no vivir de acuerdo con las normas morales que los hombres en cambio pueden dejar de lado.

Los hombres, por su parte, son avergonzados cuando actúan "como mujeres". Son llamados "mariquitas" o "niñas". El mensaje está claro: siempre es incómodo sentirse avergonzado, pero el peor modo de avergonzar a un hombre es acusarlo de ser parecido a una mujer, es decir, emotivo, lleno de sentimientos, suave, vulnerable.

LOS SENTIMIENTOS QUE RESULTAN DE LA VERGÜENZA FEMENINA

Kate, una mujer que llegó a terapia a causa de su depresión crónica, contó una historia muy significativa referida al hecho de sentirse avergonzada. Al comienzo de su matrimonio, cuando ella tenía poco más de veinte años, fue con su esposo a una importante conferencia en la Costa Oeste. Nunca había ido a un lugar así, y se sentía nerviosa porque no sabía si podría manejarse bien con los colegas de su esposo.

"La segunda noche debíamos asistir a una fiesta. Como yo no terminaba nunca de arreglarme, le dije a Joe que bajara sin mí. Cuando estuve convencida de que mi aspecto era el adecuado, bajé. Abrí la puerta y caminé sola por el salón, atestado por más de trescientas personas. Yo era una de las pocas mujeres presentes, y sentía como si todos los hombres se diesen vuelta a un tiempo para mirarme. Algunos bebían demasiado. Yo atravesé el salón buscando a Joe. Los hombres comenzaron a llamarme. Un hombre se me acercó y comenzó a bromear por mi aspecto tan serio. Me preguntaba qué me pasaba, por qué no podía sonreír. Cuanto más trataba de no llamar la atención más tiesa me ponía. Otros hombres comenzaron también a instarme a no ser tan seria, a bromear, a reír. En ese momento, una parte de mí me decía que debía mostrarme más divertida, más sociable. Otra parte de mí se daba cuenta de que yo no podía hacerlo. Finalmente subí corriendo a mi cuarto, me miré en el espejo del baño y rompí a llorar. No me encontré con Joe sino mucho más tarde."

Esta experiencia, que para otra mujer podría no haber sido vergonzosa, disparó en Kate muchos sentimientos dolorosos asociados con no alcanzar el nivel adecuado. "Mi padre siempre me dijo que yo era demasiado seria. Nunca le gustó que yo fuese tan estudiosa. Siempre me sentí incómoda en situaciones sociales. Nunca me sentí suficientemente bien vestida, ni suficientemente atractiva. Yo era una persona seria. No podía reírme ni flirtear con los hombres como lo hacían otras chicas de mi edad. Simplemente no iba conmigo, aunque sabía que de esta manera perdía cosas. Yo sabía que esa era la forma como se suponía que una mujer se debía comportar. Cuando los hombres se comenzaron a dirigir a mí de esa manera, me sentí golpeada por todos los sentimientos de incomodidad que siempre había tenido por el hecho de ser mujer. Joe nunca entendió por qué me había sentido tan mal."

Dos cosas habían incidido en Kate: en primer lugar, ella había sido avergonzada por su familia por no ser femenina del modo que su padre esperaba. La segunda cosa era que ella, con el tiempo, había internalizado el Código de la Bondad. Ella creía en algún nivel que si hubiese sido una mujer buena habría cumplido de alguna manera con el precepto de ser seductora y alegre. Nunca se le había ocurrido que tal vez eran los hombres quienes se habían comportado de una manera grosera e indiscreta que realmente la había molestado. Nunca se le había ocurrido tampoco enojarse o cuestionar la desaprobación de su padre. Era consciente de que nunca podría colmar sus expectativas y eso la hacía avergonzarse mucho. En el salón, ella estaba demasiado molesta como para poder cuestionar el Código.

Durante su terapia, Kate necesitó que la ayudásemos a desafiar sus propias creencias. Ella necesitaba cambiar su idea: "Soy poca cosa porque soy seria" por la otra: "Soy grandiosa, porque tengo una mente intensa y rápida". Cuando ella lograra cambiar de esta manera sus opiniones acerca de sí misma, no sería tan vulnerable a los sentimientos de vergüenza. Una Kate más consciente podría caminar a lo largo del mismo salón y responder en forma afirmativa y educada, o bien incluso agresiva, a los hombres que la primera vez le causaron tanto dolor. Cuando tuviera claro que otras personas no tenían el poder suficiente como para definir su valor como persona, ella se sentiría más segura en su matrimonio y valoraría más su modo particular de ser mujer.

LAS VOCES DE NUESTRA MENTE

La mayoría de nosotras ha desarrollado un conjunto importante de creencias negativas acerca de sí misma. Estas creencias son como mapas que nos conducen inequívocamente a aquellas áreas donde sentimos que no logramos alcanzar los objetivos. A menudo internalizamos las voces de otras personas y nos avergonzamos de no ser "suficientemente buenas". El área más vergonzante para Kate era la parte del Código de la Bondad que incluye el dictado "Sé atractiva". En orden de importancia le seguían "sé una dama" y "haz funcionar las relaciones". Ella describía que una parte de su mente funcionaba como una especie de disco rayado que no cesaba de repetirle siempre las mismas cosas: "Me miran porque soy demasiado seria y poco femenina. Probablemente también Joe está avergonzado de mí. Probablemente se siente molesto por mi aspecto. Si fuera como otras mujeres, como su hermana por ejemplo, podría complacerle. Me pregunto si no se arrepiente de haberse casado conmigo".

El disco rayado era en realidad un registro de todas las creencias subyacentes acerca de lo que es bueno que Kate había internalizado, que había extraído del aire que la rodeaba. Estas cosas la mantenían en un estado de vergüenza constante.

Cada una de nosotras tiene un conjunto diferente de mensajes que se da a sí misma. Cada una ha elaborado su propia colección favorita de canciones del coro de canciones vergonzantes que nos cantaban nuestra familia y el mundo. He aquí algunos otros ejemplos de las creencias dominantes que influyen en el comportamiento de muchas de nosotras:

- No importa cuánto hagas, nunca será suficiente.
- El o ella es infeliz, y es por culpa mía.
- Soy egoísta.
- Disfruto demasiado.
- Si alguien me hiere, es por mi culpa.
- No puedo decir lo que pienso porque voy a herir a alguien.
- Cuando me enojo me siento mal.
- Es mejor que no diga que no.
- Es malo que a una le guste mucho el sexo.
- Debo cuidar de él (o ella).
- No soy deseable porque no soy lo suficientemente atractiva.
- No soy suficientemente capaz como parezco.

CUANDO NOS VEN PERO NO NOS OYEN

La cuestión central de la vergüenza es el temor de quedar expuesto. Kate quedó profundamente traumatizada por la experiencia del salón, ya que los demás la habían "visto" como una mujer que actuaba en forma inadecuada, como una fracasada. Los hombres que estaban allí, en tanto, miraban entretenidos cómo ella procuraba complacerlos. Kate sintió que la habían sorprendido tratando de lograr aprobación. Se había vestido con esmero, procurando mostrarse lo más atractiva posible. Cuando comenzaron a molestarla, en lugar de retirarse directamente, ella dudó. En esas dudas, todos pudieron darse cuenta de su vulnerabilidad, la sorprendieron tratando de adecuarse a las normas del Código de la Bondad, y también sintió que en esto había fracasado.

Cuando nos centramos demasiado en nuestras ropas y en nuestros cuerpos, a menudo lo hacemos para tapar un sentimiento de que somos inaceptables como personas. Kate contó en ocasiones que no le gustaba mirarse al espejo luego de haber tenido alguna clase de contacto personal intenso con alguien. No quería ver lo que el otro había visto. En un nivel, ella temía que hubiesen visto un cuerpo o una cara poco deseables, pero, en el fondo, el temor era que hubiesen visto una persona poco deseable.

La vergüenza se torna aun más dolorosa cuando quedamos expuestos ante nosotros mismos. Nos sentimos avergonzados cuando nos enfrentamos cara a cara con nuestra propia necesidad de que nos aprueben. Muchas veces nuestra vergüenza interior se dispara porque hay otro que nos avergüenza.

Janice es una mujer muy bella, que nunca dudó de sus atractivos. Pero en realidad lo que ella deseaba era ser valorada por su capacidad. Específicamente, ella deseaba publicar sus investigaciones sobre literatura china. Una noche, en una conferencia, ella conoció a un profesor muy renombrado en ese campo. Hablaron durante un rato, y él le pidió que le enviase sus manuscritos. Halagada, ella le entregó una copia que tenía en su coche.

El la llamó a la mañana siguiente para decirle que el trabajo le había gustado mucho, e inclusive se ofreció para hacer una introducción para los editores y sugirió que fuesen a tomar una copa para hablar sobre el trabajo. Janice estaba azorada y llamó a su mejor amiga para contarle lo que le había ocurrido. Finalmente sucedió que el pofesor no tenía demasiado que decir sobre el trabajo, pero que en cambio la invitó a cenar esa noche. Le dijo entonces que ella era muy atractiva y que en realidad había sentido curiosidad por el trabajo de ella dado que él estaba escribiendo un libro sobre el tema.

Janice se sintió una tonta. Se sintió expuesta, aunque fuese ante ella misma, por haber deseado lograr aprobación con respecto a su capacidad y por haber pensado que la había obtenido. Claramente el hombre estaba más interesado en ella desde el punto de vista sexual que con respecto a sus opiniones acerca de la literatura china. Ella no podía saber entonces si sus reacciones frente a los manuscritos eran reales o si se trataba sólo de una estrategia.

Lo que quedó expuesto, tanto en el caso de Kate como en el de Janice, fue la necesidad que ellas tenían de ser valoradas. Ambas se sintieron avergonzadas, por una parte, por el fracaso al intentar seguir el Código de la Bondad, y por otra parte, por haber sido sorprendidas intentándolo. La vergüenza de quedar expuestas es a menudo más intensa cuando alguien se da cuenta, o aun cuando nosotras mismas nos damos cuenta de que no queremos seguir el Código. El más vergonzoso secreto que muchas de nosotras tenemos es la conciencia de que no siempre queremos ser "buenas". Este es un secreto que difícilmente admitimos ante nosotras mismas y que escondemos cuidadosamente frente a los demás.

Una amiga decía: "Cuando mi matrimonio fracasó, yo fracasé. La peor parte de todo esto es que fui yo la que quiso terminar con él. No lo pude admitir sino mucho tiempo después. Me sentía muy desleal. Bill me acusaba una y otra vez de que ya no lo amaba. Yo me sentía insultada, peleaba y lo acusaba a él. Pero era verdad. Yo quería ocultármelo a mí misma. Yo me sentía avergonzada por ser egoísta y querer dejarle. Me sentía avergonzada porque ya no le quería. No era solamente que no podía lograr que las cosas funcionaran, era que no quería hacerlo. El se ocupaba de mí. No abusaba de mí. Pero yo no era feliz. ¿Dónde estaba lo malo de no querer ya continuar? Pasó mucho tiempo hasta que pude hablar de estos sentimientos con alguno de mis amigos".

COMO COMPENSAMOS NUESTRA VERGÜENZA

Para compensar nuestros sentimientos de vergüenza, a menudo nos esforzamos más por ser buenas. La vergüenza nos liga con el Código de la Bondad. Cada una de nosotras tiene una estrategia dominante que le permite evitar la vergüenza.

Hacer demasiado por los demás

El Código de la Bondad es realmente la causa de la vergüenza femenina. Crea estándares irreales que nunca podemos alcanzar. Nos ordena hacer cosas para los demás, ser responsables de los demás, actuar en beneficio de los otros. Es como si el Código de la Bondad fuese una palanca social que termina avergonzando a las mujeres a partir del exceso de responsabilidad. Ser demasiado responsable termina por ser la definición de la bondad femenina.

Cuando vivimos de acuerdo con el Código, acabamos por decirnos a nosotras mismas que no somos importantes. Nos sentimos avergonzadas de esta falta de importancia. Al sentirnos poco importantes, nos centramos aun más en los demás. Nos hacemos cargo de sus sentimientos, sus necesidades y sus expectativas. Cuidamos, protegemos, nos disculpamos, nos hacemos responsables. Estamos disponibles sin límites. Nos hacemos eco ilimitadamente de cualquier necesidad insatisfecha de los otros, mientras permanecemos sordas y ciegas a nuestras propias necesidades. Hacemos demasiado por los demás y demasiado poco por nosotras mismas.

Es posible que hagamos demasiado en el trabajo. Nos

hacemos cargo de demasiadas responsabilidades, más de las que podemos afrontar, y no pedimos ayuda ni dejamos nada de lado. Suponemos que cuanto más hagamos más nos valorarán. Nos centramos primordialmente en los logros, como si nada más que eso pudiese probar nuestro valor. Comenzamos a actuar como si nosotras fuésemos nuestro trabajo.

Una paciente decía: "Después de un tiempo comencé a darme cuenta de que me estaba volviendo loca tratando de ser perfecta, tratando de hacer todo lo que ellos querían que hiciese, porque me desesperaba por sentir que yo era especial. La gente podía decirme: 'No hagas tanto', pero yo no podía, porque dejar de lado toda esa sobrecarga de trabajo era como abandonar la esperanza de ser amada".

En tanto podamos mantener en el aire todas las pelotas a un tiempo, evitamos la vergüenza. Pero podemos estar sufriendo en silencio. No ponemos límites ni dejamos que las personas sepan lo que realmente pensamos. Hacemos todo esto para sentirnos buenas, para ser aprobadas, pero, irónicamente, como nunca podemos hacer las cosas perfectas, acabamos sintiéndonos peor. La adhesión al Código sólo nos provee de la ilusión de sobreponernos a la vergüenza. Finalmente hacer cosas de más para los otros no nos hace sentirnos buenas, sólo nos hace sentirnos exhaustas. Terminamos sintiéndonos cada vez más vulnerables a los juicios de los otros acerca de nuestro propio valor.

Sin embargo, si no hacemos demasiado, también nos sentimos terriblemente mal. Tal como dice Sarah: "Cada vez que me ocupo de mis propias necesidades en una situación de trabajo, como cuando dejé de lado parte del trabajo del Comité Ejecutivo de la Iglesia, me siento terriblemente mal. Tengo una crisis que me hace cuestionar mi decisión. Habitualmente ni siquiera puedo consultarlo con alguien porque no puedo hablar del tema. Me resulta vergonzoso darme cuenta de que a veces no deseo ser una supermujer y hacerme cargo de todo el trabajo".

Nos hacemos daño

El hecho de ser demasiado responsables de los demás tiene siempre consecuencias dañinas indirectas. Muchas veces compensamos nuestra vergüenza lastimándonos abiertamente a nosotras mismas. Es posible que no hagamos ejercicios, no vayamos al médico o no nos permitamos descansar. Podemos alterarnos emocionalmente y herirnos físicamente de manera real. Podemos quedar atrapadas en relaciones que son abusivas desde el punto de vista físico o sexual. La vergüenza nos mantiene allí, y además estamos avergonzadas de permanecer allí. Podemos llegar a adoptar algún comportamiento adictivo o compulsivo como un modo de acallar o de purgar nuestros sentimientos. Podemos trabajar de más de una manera tal que realmente lleguemos a un extremo agotamiento físico o emocional.

Deidre nos decía: "Yo tenía períodos en que me mataba de hambre y períodos en los que comía; me dijeron que era una combinación de bulimia y anorexia. Para mí, controlar las emociones significaba no hablar de nada, ni de cómo me sentía, ni de mi cuerpo, ni del alcoholismo de mi familia. Para mí lo que sucedía en parte era que cuando no comía sentía que podía controlar mi cuerpo. Entonces cuando comía me sentía avergonzada. Esto era como una trampa, como una prisión, y uno de los modos de salir de ella era comer y luego vomitar, porque cuando arrojaba al baño lo que había comido era como si con esos deshechos se fuesen la ansiedad y todos los demás sentimientos.

"Yo pensaba que no necesitaba a nada ni a nadie. Cuando tenía que pedir algo me sentía muy disgustada. A veces tengo sueños en los que pido ayuda y durante esos sueños me siento muy estúpida. Es que en mi familia se supone que uno debe saberlo todo, y, si hay algo que no sabe, no lo pregunta. Simplemente no lo hace."

Durante su trabajo en terapia, Deidre comenzó a ver una clara conexión entre su vergüenza por tener necesidades y sus intentos para controlarlas controlando su cuerpo. Vomitaba o dejaba de comer para compensar la vergüenza. Como Kate, que de una situación abusiva extrajo la conclusión de que era ella quien no servía, Deidre nunca había cuestionado los mensajes negativos que había escuchado acerca de su carencia de valor. Como muchas de nosotras, ambas mujeres creían que sus sentimientos y necesidades eran inherentemente vergonzosos. Sus estrategias para sobrellevar estos sentimientos, además, las herían aun más.

Esta "trampa de la vergüenza" es crítica para comprender a las mujeres que no pueden dejar una situación de maltrato físico o que soportan cualquier otra situación abusiva. Estas mujeres experimentan un sentimiento tal de fracaso y de desvalorización que no pueden imaginar que un cambio sea posible. Cuanto más abusan de ellas más avergonzadas se sienten y más atrapadas quedan en la situación abusiva. Quedan atrapadas en un círculo vicioso de desvalorización y miedo del cual sienten que no pueden escapar.

También somos víctimas de la misma trampa cuando nos involucramos en relaciones con personas inalcanzables o muy distantes. Nos atraen porque representan lo bueno, lo atractivo, la capacidad, la virtud que deseamos y sentimos que nos falta. Casi sentimos que podemos alcanzar esos valores a través de ellos. Sentimos que solamente si podemos alcanzar su amor y su aprobación lograremos superar nuestros sentimientos de vergüenza.

Una vez que nos hemos centrado en el hombre que no se comprometerá con nosotras o con el amante que realmente no nos presta atención, se nos hace casi imposible dejar de perseguir esa relación porque deberemos enfrentarnos con el más profundo sentimiento de desvalorización. En esta persecución, entonces, nuestra vergüenza y nuestra desvalorización son permanentemente reforzadas. En nuestro esfuerzo para ser valoradas por otro, inadvertidamente nos sentimos avergonzadas.

El silencio es la voz de la vergüenza

Mientras que algunas mujeres abiertamente se lastiman a sí mismas, otras simplemente se mantienen aisladas. Como decía Deidre: "Yo debía controlar mis emociones". Las mujeres que sienten lo mismo que Deidre pueden transformarse en silenciosas participantes de la vida, temerosas de expresar lo que son y lo que sienten verdaderamente. Son el tipo de mujer que es "demasiado educada" como para interrumpir, que siempre piensa que los otros tienen para decir cosas más importantes o significativas que las de ella. Compensan su vergüenza quedándose fuera.

El silencio es en las mujeres el centro del mandato de ser una dama. Nos han enseñado desde niñas a ser vistas sin ser escuchadas. Se nos ha asignado el rol de cuidadoras. A partir de allí debimos modular nuestras voces de modo que proveyeran el silencio que los demás necesitaban para expresar sus necesidades y sus pensamientos.

Dada la actitud negativa que existe en nuestra sociedad respecto de los sentimientos y las emociones, se nos ha restringido en nuestra expresión personal. El modo de expresión de una mujer es el lenguaje de los sentimientos. Cuando permanecemos en silencio, reforzamos la creencia de que los sentimientos son cuestionables, de que la "charla de mujeres" tiene poco valor.

En su libro *Writing a Woman's Life*, Carolyn Heilbrun describe el modo como se restringió a las mujeres en la literatura para que contasen la verdad acerca de sus vidas. El verdadero dolor y la verdadera emotividad habían sido dejados de lado en gran medida. Estos son dejados de lado tanto como verdades respecto de la experiencia femenina cuanto como formas válidas de expresión literaria. Como un ejemplo de los efectos de este tipo de supresión de nuestras experiencias, ella escribe: "Prohibido el enojo, las mujeres no pudieron encontrar una voz para expresar públicamente su protesta. Se refugiaron entonces en la depresión o en la locura". Ella también señala que, cuando las mujeres tratan de expresar su verdadera historia, suelen ser acusadas de quejosas o de exageradas.

El silencio con el que expresamos nuestros sentimientos de vergüenza es aun más poderoso y más dañino cuando fracasamos al intentar expresar que nuestros derechos han sido violados. Irónicamente una de las reacciones dominantes entre las mujeres golpeadas o víctimas de abusos sexuales es guardar silencio. En realidad llevan dentro una creencia de que de alguna manera son responsables de lo que les ha sucedido. Se sienten avergonzadas porque fueron maltratadas y lo callaron, y eso las avergüenza aun más.

Jo-Ann recuerda el silencio de una mujer que había sido víctima de abuso sexual por parte de su hermano:

"Linda hablaba tan bajo en las primeras sesiones que yo apenas podía oírla. De manera instintiva, ya que esta pregunta no formaba entonces parte de nuestra rutina, le pregunté si alguien había abusado sexualmente de ella. Algo en su silencio me había dado una pista. Lentamente ella comenzó a contarme la historia de cómo durante diez años ella había sido violada en reiteradas ocasiones por su hermano mayor. Mientras hablaba, su voz se iba haciendo cada vez más alta, cada vez más fuerte. El cambio que en ella produjo el hecho de abandonar el silencio fue tan radical que nunca podré olvidarlo".

Las mujeres tienen dificultades en ser afirmativas y directas dado el poder del mandato de ser una dama. Sin embargo, hay algo aun más poderoso que el mandato en sí mismo. Lo más poderoso es la promesa, raras veces alcanzada, de que, si somos buenas damas, si hablamos suavemente y no decimos cosas que es mejor callar, probablemente al final seremos aprobadas, aceptadas, deseadas, amadas. O al menos evitaremos sentir aun más vergüenza.

El orgullo de ser buenas

Finalmente, como una manera de compensar nuestra vergüenza, algunas de nosotras abrazamos la bondad y comenzamos a adquirir una especie de falso orgullo por nuestra capacidad de satisfacer las demandas del Código de la Bondad. Karen Horney habló de las "imágenes idealizadas" del yo que construimos para evitar nuestra propia conciencia de que no nos adecuamos de manera perfecta a las normas de la bondad que podrían protegernos del rechazo hostil o de la vergüenza. Nos decimos, por ejemplo, que somos perfectamente honestas, perfectamente generosas, perfectamente buenas y libres de todo enojo. Adquirimos un particular orgullo por nuestra falta de egoísmo, nuestro comportamiento cuidadoso, nuestra eficiencia.

Cuando nos forzamos a nosotras mismas a cumplir de manera rígida el Código y no podemos aceptar ningún comentario que implique que somos algo menos que perfectas en estas áreas, desarrollamos una idea ilusoria acerca de quiénes somos realmente y cuáles son nuestros reales sentimientos. Durante el proceso, es posible también que juzguemos con dureza a otros que consideramos que no son suficientemente buenos. A menudo nos liberamos de nuestra propia vergüenza avergonzando a otros de manera sutil. A menudo también, si seguimos el Código en un área pero no en las otras, nos sentimos avergonzadas y mentirosas cuando alguien nos considera buenas en algo. Solemos pensar en términos extremos: o bien somos perfectas, o bien somos malas y no valemos nada.

Tenemos que ser o parecer perfectas porque necesitamos evitar la desaprobación, que nos haría sentir aun más avergonzadas. Cuando estamos muy orgullosas de ser buenas, nos sentimos profundamente ofendidas cuando alguien nos devuelve que no somos perfectas. Queremos que las demás personas sustenten la imagen que tenemos de nosotras mismas. Si nuestra pareja nos dice que lo hemos herido, nos ponemos a la defensiva. Si alguien se da cuenta de que nos sentimos necesitadas o molestas, nos quedamos en silencio y nos aislamos. Durante este proceso, nos privamos de conocer realmente nuestros propios sentimientos y de aceptarnos tal como somos. Somos incapaces de ser "un poco malas".

El Código de la Bondad se transforma en una prisión, y

nos vemos forzadas a permanecer entre sus estrechos muros. De otra manera, la vergüenza se torna demasiado pesada. Si en algún momento nos vemos obligadas a reconocer un error o una falla, o aun un leve deseo de escapar de esta prisión, nos sentimos culpables. Nuestra respuesta es habitualmente reforzar nuestros intentos de ser buenas o castigarnos de alguna manera por ser malas.

EL CICLO DE LA VERGÜENZA

A Pamela la despidieron del trabajo. Ella había desafiado directamente la decisión de su jefe respecto de una cuestión de presupuesto. Su primera reacción fue ponerse furiosa. Su segunda reacción fue comerse un pastel entero de crema de chocolate.

La hija de Pamela, que, siendo ya una adulta, había adquirido un especial talento para la autocrítica, le dijo: "Bueno, ahora que has sido despedida, deberás aprender a vivir con eso. Por otra parte, ¿cuándo comenzarás a enfrentar tu problema de sobrepeso?"

Es difícil decir si Pamela estaba más avergonzada por haber desafiado a su jefe, por haber perdido el trabajo o por haber comido el pastel. Pero es verdad que su vergüenza por su sobrepeso era grande. Ella dijo: "Yo me digo a mí misma que mi tamaño no está en el rango normal del tamaño femenino. Y creo que por tamaño no sólo quiero referirme al peso. Soy demasiado impulsiva, demasiado obstinada. Como si tratara de tener un tamaño demasiado grande, me paso de la raya. Quizá por esto perdí mi empleo".

Pam se dio cuenta de que el "tamaño" no era para ella algo que se refería sólo al físico, sino que también se refería al poder. Su experiencia era que cuanto más expresaba sus opiniones más inaceptable se tornaba. Su hija parecía hacer la misma asociación, queriendo decir que en algún aspecto Pamela era "demasiado".

Para tratar de compensar ese sentimiento tan negativo sobre sí misma que había experimentado después de que la habían despedido y se había dedicado a comer, Pamela se esmeró por ser mejor en otras áreas. Poco tiempo después de que la despidieran, su hermana fue hospitalizada. Ella dejó su casa y se instaló en casa de su hermana para ayudar.

Una visita hubiese estado bien y hubiese sido útil, pero Pamela se propasó, quedándose durante tres semanas, cuando unos pocos días hubiesen sido suficientes. Su hermana la criticó por el modo como ella había manejado las cosas. Por su parte, el marido de Pamela también estaba enojado porque ella había dejado su casa durante tanto tiempo.

Sin embargo, otras personas le dijeron que ella era una hermana maravillosa. En efecto, había sido tan buena con su hermana que cuando regresó a su casa se sentía mucho mejor consigo misma. Lamentablemente estaba tan agotada que comenzó nuevamente a atosigarse de comida.

La vergüenza siempre nos hace esmerarnos más para ser buenos porque la apariencia de bondad nos libera temporariamente de la vergüenza. Pamela contaba que la atormentaba continuamente la idea de que estaba violando la regla de ser atractiva. Era algo así: "No debería haber comido eso. Ya estoy tan gorda. Nunca llegaré a ninguna parte. Es terrible". Estas ideas cesaban temporalmente cuando ella se transformaba en una buena hermana, cuando obedecía el mandato de no ser egoísta. Pero cuando trataba de no ser egoísta dejaba insatisfechas sus propias necesidades, y entonces comenzaba a sentirse vacía. El sentimiento de vacío la llevaba nuevamente a la comida y la comida la liberaba de la vergüenza de una manera falsa y temporal. Pero las ideas la atacaban nuevamente y era preciso intentar un nuevo modo de ser buena.

Echemos un vistazo más cuidadoso al ciclo que recorrió Pam, ya que es imprescindible para comprender nuestras respuestas a la vergüenza. Pam se mostró afirmativa en el trabajo y la avergonzaron por eso. La despidieron. Su hija la avergonzó aun más. Trató de superar esos sentimientos abalanzándose sobre un pastel, una respuesta que la hizo sentirse aun peor, ya que su vergüenza básica estaba centrada en su imposibilidad de seguir el mandato de ser atractiva. En otro esfuerzo por sentirse mejor, Pam fue a casa de su hermana y se excedió en sus funciones durante tres semanas. Temporalmente se pudo sentir bien por su comportamiento generoso, pero se centró tanto en su hermana que olvidó sus propias necesidades, por lo que se sintió mal nuevamente. Regresó entonces a su antigua solución: comer de más.

Una vez más, en su interminable ciclo de intentos de manejar su subyacente sentimiento de vergüenza, Pam fue vulnerable al exceso. El problema con sus soluciones es que en lugar de hacerla sentir bien agregaban sentimientos negativos. "No soy suficientemente atractiva. Soy egoísta. Soy demasiado agresiva, impulsiva y fuerte." Notemos que todos estos sentimientos vergonzantes son afirmaciones relacionadas con sus sentimientos de no poder seguir algunas reglas para ser buena que fueron fijadas desde el exterior. Pam no desafía estas creencias, sino que simplemente trata de sobrellevar los sentimientos negativos que estas despiertan.

Como sucede a la mayoría de nosotras, los sentimientos de Pam incluyen dosis más que generosas de enojo, culpa, ansiedad, humillación y depresión. Estos son los sentimientos que tenemos cuando no podemos satisfacer las demandas de los otros o nuestras propias expectativas ilusorias acerca de nosotras mismas. Su determinación de controlar estos sentimientos en lugar de desafiarlos y examinarlos la llevó a perder el control en otras áreas. Por ejemplo, si se hubiese enojado directamente con su jefe cuando este la despidió, probablemente no se hubiese sentido impulsada a comer el pastel. Si hubiese enfrentado las críticas de su hija, posiblemente no se hubiese sentido impulsada a instalarse en casa de su hermana durante tres semanas.

A medida que Pam pudo hablar de estos sentimientos en su terapia, y a medida que pudo compartirlos con otras mujeres que experimentaban sentimientos similares, se sintió menos obligada a "ser buena". Cuando se les ponen palabras, sentimientos tales como el enojo y la culpa pierden su poder. Superar la vergüenza implica enfrentar directamente nuestros propios sentimientos y, al expresarlos y desafiarlos, darnos la capacidad de aceptarnos y de pensar de una manera diferente en nosotras mismas. Podemos enfrentar al demonio de la vergüenza sin necesidad de caer en conductas de "bondad" o en comportamientos de autocastigo. Finalmente nuestra vergüenza sólo tiene la profundidad del secreto que guardamos acerca de ella.

Explorando las creencias acerca de nosotras mismas

Nuestras creencias inconscientes crean sentimientos vergonzantes. Cuando quedamos atrapadas en el trance, no somos conscientes de que al menos una parte de nuestros comportamientos benévolos están destinados a luchar contra la vergüenza y controlarla.

El siguiente ejercicio ha sido diseñado para ayudarla a ser más consciente de los sentimientos vergonzantes que la afectan. Dedique algún tiempo llenando los espacios vacíos en estas preguntas incompletas. No piense demasiado las respuestas. Escriba lo primero que venga a su mente.

De las cosas que he hecho (o que hago), la que me hace sentir peor conmigo misma es ...
Lo que nunca pude contar a nadie acerca de mí misma es...
Para ser sincera, la cosa que más odio hacer por es ...
Si las personas supiesen cómo soy realmente verían que ...
Muy dentro de mí, creo que la verdad acerca de mi persona es...
Creo que a la gente yo le gustaría más si ...
No puedo imaginarme permitiendo que alguien me vea cuando...
Lo que menos me gusta de mí es...

Cuando necesito algo de alguien siento...
Lo que más me enorgullece de mí misma es...
Yo me sentiría muy ofendida y herida si alguien me dijese que yo soy...
La manera como logro gustar a los otros es...
Cuando me siento mal conmigo misma lo que hago es...
Me siento bien conmigo misma cuando...

Las respuestas a estas preguntas le mostrarán las cosas que usted encuentra más vergonzosas en usted misma. La respuesta a la última pregunta le revelará qué es lo que usted hace para compensar estos sentimientos.

A partir de todo lo que usted ha dicho acerca de usted misma, haga una lista de sus creencias negativas. Por ejemplo, usted puede darse cuenta de que se siente mala porque se enoja, o de que se siente mala por su conducta sexual, o de que se esfuerza mucho para gustar a los demás. Trate de pensar cómo sería su vida si usted no tuviese más esas creencias.

LA PARTE BUENA DE LA BONDAD

No sentimos vergüenza continuamente ni por todo. Cada una de nosotras está afectada de un modo diferente por los mandatos del Código de la Bondad. Para cada una de nosotras hay una regla en especial que la hace sentir mal y avergonzada cuando no la puede cumplir. Algunas nos avergonzamos más cuando no somos eficientes, otras cuando no somos perfectamente generosas.

De todas maneras, no todos nuestros buenos comportamientos tienen por objetivo superar la vergüenza femenina. A veces elegimos hacer cosas buenas. Elegimos ser generosas con alguien, o disfrutamos ejercitando nuestra eficiencia en aquellas cosas que sabemos hacer. Nos enorgullecemos realmente por un trabajo que hemos hecho bien o por un logro que hemos obtenido luego de un gran esfuerzo. Podemos disfrutar de los beneficios de ser apreciadas por las cosas que hacemos bien. Todos nos sentimos bien cuando gustamos y somos aprobados.

Cuando nos comportamos de una manera que nosotras mismas definimos como buena, tenemos un sentimiento de control interior, de estar actuando de una manera coherente con nuestros valores. Podemos disfrutar del papel femenino de la mujer, o en ocasiones de comportarnos como damas, de acceder a un comportamiento que es parte de nosotras y que nosotras determinamos. Podemos actuar como "buenas" para formar parte de un grupo que nos atrae.

Ser buena, para cada una de nosotras, es algo diferente que manejarse con el Código de la Bondad. Tiene que ver con vivir de acuerdo con los valores que cada una define para sí misma. Tiene que ver con permitirnos sentirnos buenas. Cuando estamos dominadas por los cinco mandatos del Código de la Bondad, perdemos nuestra capacidad de elegir. La necesidad de aprobación y el temor de no poder obtenerla nos manejan. La vergüenza básica femenina es lo que nos dirige y llegamos a ser demasiado buenas, en contra de nuestro propio bien.

5

EL ALTO COSTO DE LA BONDAD

Ann era la única hija de una pareja muy trabajadora, que no bebía. Creció rodeada por una familia que se ocupaba mucho de ella, pero las expectativas que sobre ella ponían eran muy altas. Diariamente le recordaban los dictados del Código de la Bondad. Debes trabajar mucho, lucir bien, ser sensible, no mostrar tus emociones, ser sincera. No debes mostrarte demasiado inteligente. Debes casarte bien. Debes aprovechar tus posibilidades. Debes hacer algo por el mundo.

Cada vez que Ann se mostraba demasiado emotiva, la llamaban Sarah Bernhardt. Cuando niña, si sus sentimientos eran demasiado intensos, especialmente cuando se enojaba, la ponían en una tina con agua helada hasta que se "calmara". Para ayudarla a superar su timidez, la enviaron a aprender arte escénico. Para que pudiese lograr popularidad le enseñaron tenis, baile y otras habilidades sociales importantes.

Su madre cuenta que ella era agradable, hasta encantadora, llena de imaginación y de proyectos creativos. Nunca le faltaban amigos. Durante el último año de su escuela secundaria, ganó dos importantes becas y sus calificaciones eran tan notables que crearon un premio especial para ella.

La habían aceptado en la Universidad de Ivy League, y su futuro parecía asegurado. Con una educación tan esmerada, tan buenas habilidades sociales y una adhesión tan estricta al Código de la Bondad que generaría la aprobación de la familia, los amigos y los muchos muchachos con quienes salía, Ann parecía destinada a una vida brillante y de éxito.

Sin embargo, cuando estuvo en la Universidad, Ann comenzó a beber. Comenzó siendo lo que llamaríamos una bebedora social, pero en poco tiempo llegó a estar ebria casi a diario. Se despertaba encontrándose en las habitaciones de otras personas a las que no sabía cómo había llegado. Ella, que siempre había sido tan disciplinada, se encontró a sí misma viviendo de noche y durmiendo de día, perdiendo las clases que sus padres estaban pagando.

Ann se involucró en varias relaciones, una más desastrosa que otra. Todos la consideraban promiscua. Sus padres sufrían. Al terminar un año lectivo, Ann intentó suicidarse y fue hospitalizada. Sólo gracias a sus condiciones innatas y a su inteligencia logró graduarse, ya que continuó bebiendo a pesar de su intento de suicidio y de los miles de dólares que sus padres gastaron en tratamientos psiquiátricos.

No bien se hubo graduado, Ann consiguió un empleo en una de las compañías más prestigiosas del país. Varias veces estuvo comprometida para casarse. Sin embargo, ella relata que "nunca se sintió bien", se sentía inferior a los demás, inadaptada.

La bebida comenzó a hacer estragos en sus empleos, y se volvió a encontrar frecuentando las habitaciones de desconocidos que amenazaban con maltratarla si ella no accedía a cualquier requerimiento que le hiciesen. Chocó más de un automóvil y de algún modo sobrevivió. Las personas comenzaron a verla como a alguien desagradable y grosero. Perdió sus amigos. Cada vez estaba más aislada. Pasó una noche en prisión por su comportamiento obsceno, durmió en terminales de ómnibus y acabó viviendo durante más de un año en un apartamento vacío, con sólo un colchón por todo mobiliario. Pintaba las ventanas con jabón para no comprar cortinas.

Ann había pasado, en unos pocos años, de ser una niña modelo, la imagen de la "niña buena" que se transformaría en una mujer perfecta, a ser una fracasada destruida por el alcohol.

TOLERAR LA BONDAD

La historia de Ann ilustra de una manera muy vívida cómo la presión que se ejerce sobre una mujer para que alcance la perfección puede llevarla a la adicción como único camino de salida. Es una advertencia de que ser demasiado buena puede llevar a la pérdida del control. Escondida en el relato de la vida de Ann subyace la verdad de lo que sucede a muchas mujeres que intentan desesperadamente acomodarse a las expectativas inalcanzables que plantea el Código. La experiencia de Ann nos muestra cómo el ser buena puede llevar a algo malo.

Como terapeutas, pudimos darnos cuenta de que la adicción de Ann era una forma de rebelión, aunque ella no fuese consciente de ello. "Me empeñaba tanto por complacer a los demás que estaba tensa como un alambre. Es como si hubiese estado todo el tiempo caminando sobre una cuerda, intentando frenéticamente mantener el equilibrio, pero en ocasiones no podía soportar tener que hacerlo. Finalmente la soga se cortó."

Otras mujeres que pagan el alto costo de ser buenas tienen historias similares. Cuentan que desde niñas se empeñaron en complacer a sus padres. Cuentan que nunca se sintieron suficientemente atractivas o inteligentes. Algunas relatan el dolor que les produjo el hecho de mantener en secreto episodios de abuso sexual. Otras cuentan que eran totalmente incapaces de expresar sus sentimientos —sexuales, amorosos o de necesidad—, y que estos llegaban a transformarse para ellas en algo malo y vergonzoso. Cuentan también acerca del dolor que les producía ver la adicción en sus propias familias.

Finalmente, sin importar cuáles hayan sido sus logros en la edad adulta, nunca llegaron a sentirse bien. Como Ann, trataron desesperadamente de controlar las cosas y a las personas que las rodeaban para que sus temores y sus sentimientos de inferioridad no las desbordaran. Sin embargo, siempre acababan sintiéndose peor, más descontroladas, más avergonzadas. Para una persona que desarrolla una adicción es imposible sentirse útil y valiosa.

LA ADICCION ES UN DESEQUILIBRIO

NOS CUIDAMOS DEMASIADO POCO

¿Qué fue lo que realmente le sucedió a Ann? ¿Cómo fue que su vida perdió el rumbo de ese modo? ¿Qué es lo que esta historia nos enseña respecto del proceso por el cual una mujer puede acabar dedicándose a las drogas o algún otro comportamiento compulsivo para poder sobrellevar su vida?

En el caso de Ann, fueron tres los factores determinantes que afectaron profundamente sus sentimientos del yo durante el desarrollo de su personalidad:

1. Ann estaba en la mira de todos los miembros de su familia. Hacían todo por ella, criticaban sus decisiones o bien directamente decidían por ella. No se le conferían suficientes responsabilidades y por lo tanto se sentía incompetente para vivir y decidir por sí misma.

2. Las expectativas de que ella fuese una mujer de éxito y perfecta eran enormes. Además, en ocasiones estas expectativas eran contradictorias entre sí. Estuvo demasiado impresionada por las expectativas de sus padres, ya que se centraba en tratar de complacerlos y ganar su aprobación. Cada vez que ella fallaba en algo, sus padres se ponían terriblemente celosos. Ella los protegía de esa ansiedad siendo buena.

3. A Ann la avergonzaban por sus necesidades emocionales. La valoraban por lo que hacía, cada vez que lograba hacer las cosas bien. Ella sentía que nadie realmente sabía quién era ella y que, en caso de saberlo, no la querrían.

Mientras estuvo con su familia, Ann se las arregló para vivir de un modo más o menos cómodo en este estado de cosas. Pensaba que era feliz. Pero cuando debió vivir sola en la universidad, una cantidad de cosas terminaron para ella. Experimentó nuevos sentimientos y emociones que no supo cómo manejar. Ya no tenía el entorno protector de la escuela de un pequeño pueblo, donde era indiscutiblemente la estrella. Estaba ahora en el entorno competitivo de una gran universidad, era sólo una estrella entre muchas.

Al sentirse asustada y confundida, Ann comenzó a beber para atontarse y soportar los sentimientos que amenazaban desbordarla. Se decía a sí misma que beber era algo sofisticado. Quería ser escritora y asociaba románticamente la bebida con las figuras de F. Scott y Zelda Fitzgerald. Cuando estaba con sus pares, Ann sentía que el hecho de beber la hacía popular y "adulta". Lo que ella en realidad estaba haciendo era soslayar sus sentimientos y evitar la toma de decisiones que la hubiesen llevado a un punto muy crítico en su desarrollo. La bebida la lanzó a una espiral de autodestrucción de la cual estuvo a punto de no recuperarse nunca.

Ann llegó a ser adicta al alcohol, tanto física como psíquicamente. No todas las personas llegan a ser físicamente adictas al alcohol, pero muchas mujeres en la situación de adicción experimentan el mismo proceso que llevó a Ann al borde de la destrucción.

Básicamente una conducta adictiva es un modo de evitar la vergüenza. Tratamos de modificar nuestros sentimientos de un modo tal que finalmente acabamos por lastimarnos. Cada vez que no logramos acomodarnos a los mandatos del Código de la Bondad, nos acercamos un paso a la necesidad de que algo remiende nuestros sentimientos de fracaso. Para muchas, ese remiendo toma al comienzo la forma de un nuevo intento, cada vez más intenso, de alcanzar la perfección en

el Código. Pero, cada vez que tomamos excesivas responsabilidades, corremos el riesgo de caer en el extremo opuesto y
perder el control, a veces con la ayuda de alguna droga. La
adicción se apodera de nuestra vida. Se transforma en una
enfermedad, perdemos el control y lo negamos. Finalmente
acabamos por herirnos en lugar de cuidarnos.

PARA TAPAR LA VERGÜENZA
DE SER QUIEN SOY

Como señalé en el Capítulo 4, todas llevamos con nosotras una vergüenza básica por nuestra condición femenina.
Pero las mujeres que se tornan adictas o que se comportan
compulsivamente para tratar de controlar, corregir o acallar
estos sentimientos quedan atrapadas en un ciclo de vergüenza que las lleva a una espiral descendente de conductas incontrolables. Sus intentos de dominio sobre sí mismas las llevan a perder todo control. Esta clase de ciclo aparece también
en mujeres que no son adictas, tal como veremos más adelante en este capítulo.

Cuando una mujer queda atrapada en el ciclo de la vergüenza, esto se hace evidente para quienes la rodean y se preocupan por ella, aunque habitualmente no se dan cuenta de
qué es lo que están viendo exactamente. En la primera fase
del ciclo, lo que suelen ver es que su amiga, su madre, su hija
o su amante está actuando orgullosa y controladamente. Ella
parece ser capaz de manejar bien las cosas de todos. Puede
estar involucrada en una relación abusiva e insistir
compulsivamente en tratar de lograr que su amante la quiera.
Trata de lograr este objetivo haciendo cambios en su persona.

Durante esta fase, es posible que ella actúe de una manera muy controlada y controladora. Puede mostrarse orgullosa de su capacidad para manejar todas las cosas y lo típico
es que niegue que en su vida haya algo que no ande bien. Se
dice a sí misma que puede manejar cualquier cosa que se pro-

duzca en su vida. No ve opciones posibles y cuida poco de sí misma.

Ha construido una gran imagen de sí misma. Sostiene la imagen de la mujer perfecta y cree que responde a ella. Puede ser que parezca distante, puede que parezca modesta o que tenga una imagen de mártir. Cualquier intento de ayudarla o de aliviar sus tensiones se encontrará con un: "Gracias, pero no necesito nada". Ella parece la imagen de la independencia, pero hay algo en algún lugar que no nos permite creerlo.

Algunas mujeres logran quebrar el ciclo en este punto y reciben ayuda. Esta solución es factible cuando un amigo, un empleador o un miembro de la familia se da cuenta de que la mujer está sufriendo e insiste en que reciba ayuda. Pero, a menudo, en tanto parece que la mujer está haciendo todo el tiempo cosas por los demás, todos ignoran su dolor hasta el momento en que ha llegado a un grado importante de adicción. En ese momento la imagen que ella había construido con tanto esfuerzo ha comenzado a romperse en pedazos. Cualquiera haya sido la adicción elegida, esta comienza a hacerse muy notable. Puede comenzar a beber más, a comer más, a centrarse más en una persona que es abusiva con ella o en alguien con quien está obsesionada. Puede comenzar a usar tranquilizantes, a dedicar más tiempo al trabajo, a ser menos razonable, menos crítica, más malhumorada o estar más inquieta. Puede parecer que inventa crisis emocionales para obligar a actuar a los demás. Actúa con preocupación y es inalcanzable. Sin embargo, aún niega que haya algo malo en su vida.

Cuando llega a la fase final del ciclo, o bien se sale de control o bien acrecienta su estrés, que se expresa en formas tales como enfermedades físicas, depresión profunda, fobias o ansiedad crónica que a veces se convierte en ataques de pánico. Puede también hacer ambas cosas alternativamente. Puede llevar su conducta adictiva o compulsiva hasta el extremo. Se emborracha, ingiere píldoras, vomita o se purga. Deja de comer, modifica conductas sexuales, se quiebra de algún modo.

En este momento pasa a "dejar de ser buena" de una manera activa. Deja de cuidar a sus hijos, no aparece en el trabajo, gasta dinero descontroladamente, permite que abusen de ella físicamente. Se siente sobrepasada por la furia, el resentimiento y el autodesprecio. Siente alternativamente que es la persona más egoísta del mundo y que los demás le fallan. Sus sentimientos y su comportamiento están fuera de control y solamente una resurrección desesperada del control, la negación y el falso orgullo pueden salvar su sentimiento del yo.

Estos ciclos pueden producirse diaria, semanal, mensual o anualmente. La mujer atrapada en un modelo como este se ve capturada en una batalla contra sus propios sentimientos y contra un odio hacia sí misma que ya ha internalizado. A través del tiempo, el efecto fisiológico o las consecuencias prácticas de la droga o la compulsión que haya elegido la llevarán al borde del desastre.

Si busca ayuda, tendrá la oportunidad de liberarse de la trampa de la vergüenza femenina. Para lograrlo, necesitará de la ayuda de otras mujeres que, adictas o no, luchen juntas para superar las presiones sociales que nos avergüenzan y nos roban el derecho de definir nuestras propias vidas. Más que para nadie, para las adictas es imprescindible liberarse de los mandatos del Código de la Bondad, porque sirven para reforzar la vergüenza que las mantendrá dentro de la adicción.

En los últimos tiempos, Ann se incorporó a Alcohólicos Anónimos. Cuando logró estar sobria, se sintió culpable por todas las formas en que su alcoholismo había lastimado a otros y avergonzada por el desastre que era su vida. Entonces trató nuevamente de ser buena. No bebió más, pero comenzó a trabajar exageradamente, a no poner límites en las cosas que hacía por los demás, a tratar con renovada pasión de seguir el Código. Agradecida a AA, no se negaba nunca a ayudar a nadie, hablaba frecuentemente en las reuniones y redoblaba sus expectativas acerca de sí misma. Después de un año de sobriedad, comenzó a beber nuevamente.

Volver a la sobriedad una segunda vez era difícil, pero

esta vez tenía la ayuda de un padrino que le decía que fuese un poco mala y que le mostraba cada vez que era dura consigo misma. Además ella comenzó a hacer terapia y trabajó para alcanzar un mejor equilibrio entre su comportamiento, sus sentimientos y sus creencias acerca de sí misma.

LAS COMPULSIONES SON UNA BARRERA CONTRA LA IRA

Tal como Ann y como la heroína de la comedia musical *Oklahoma*, la mayoría de nosotras somos "chicas que no pueden decir que no". De niñas no podemos negarnos a los requerimientos de nuestros padres, que tienen el poder. En la edad adulta, solemos ser incapaces de decir que no a los requerimientos de una sociedad que espera que nos brindemos para satisfacer las necesidades y expectativas de otros. No es extraño, entonces, que no podamos decir que no a una droga o a algún otro comportamiento peligroso.

A menudo, en nuestra calidad de mujeres, el sentimiento con el que tenemos más dificultades y para el que una compulsión actúa como una contención es la ira. Sentimos ira frente a las expectativas imposibles de cumplir que se centran en nosotras. Sentimos ira porque no podemos satisfacer nuestras necesidades. Sentimos ira porque nos avergüenzan, porque abusan de nosotras física o sexualmente. Sentimos ira por tener que ser responsables de nuestros padres y también por no saber decir que no. Sentimos ira por nuestros propios sentimientos de culpa y por no sentirnos mejor con nosotras mismas. Puede ser que tengamos o no conciencia de nuestra ira, pero, en el fondo, la mayor parte de nosotras siente ira porque le han robado su propia identidad, pidiéndole que conforme expectativas impuestas por otros en lugar de las que le dicta su propia experiencia.

La rabia de Ann encontró su expresión en el alcoholismo. Ya de niña, debe de haber sentido mucha ira frente a las presiones emocionales de su entorno. Entonces sus padres la sumergían en agua helada para calmarla.

Las mujeres en los grupos de recuperación hablan frecuentemente de la ira. Una mujer era adicta al alcohol y a las drogas y también sufría de anorexia. Su padre había abusado sexualmente de ella. "Yo era una mujer muy irascible. Tenía mucha rabia. En realidad lo que deseaba era contacto. Pasé de sentir ira a sentirme adormecida interiormente. Mi enojo siempre me hacía descontrolarme. En realidad yo nunca pude expresar mi rabia. Debajo de ella estaba mi soledad y mi necesidad de amor y de contacto humano."

Otra mujer, que también había padecido abuso sexual, contaba cómo su adicción la ayudaba a calmar sus sentimientos: "Yo tenía miedo de dejar mis emociones en libertad. Tenía que controlarme. Tenía miedo de llegar a matar si dejaba mi furia en libertad. Sabía que si abría la boca las palabras no cesarían de salir. El alcohol fue el que mantuvo a raya mis sentimientos durante años, pero luego el alcohol se volvió contra mí y comencé a perder el control".

Para la mayoría de las mujeres la adicción o la compulsión son ayudas para adormecer los sentimientos, para calmarlos o hacerlos más controlables, o bien para dejarlos salir. La mujer que se torna fóbica muchas veces lo que está haciendo es también evitar su ira. Los sentimientos yacen enterrados tan profundamente bajo la dependencia y la lealtad que en general ella ni siquiera es consciente de su propia ira. Sólo puede ver sentimientos superficiales de miedo. La mujer que desarrolla trastornos de la alimentación llega muy lejos para evitar sentir sus propias emociones, pero esas conductas siempre ocultan sentimientos de ira controlada. El hecho de centrarse en la comida, en la privación de la misma, en vomitar y purgarse representa un intento de controlarse para no expresar la ira en forma directa contra quien la provoca.

Ann cuenta: "Al comienzo yo no sentía vergüenza. Beber era encantador, era algo agradable. Pero luego comencé a sentirme realmente desdichada. Mi vergüenza era tan profunda que ni siquiera podía visualizarla. Desarrollé muchas defensas. La bebida era el único modo de sobrevivir, ya que la furia era enorme".

OBEDECER EL CODIGO

Las compulsiones no sólo ayudan a las mujeres a manejar su ira. También las ayudan a ser buenas. Una y otra vez he escuchado a distintas mujeres decir que la bebida o las drogas las ayudaban a responder mejor a la imagen que querían dar, que las ayudaban a responder a los mandatos del Código.

"Cuando bebo, me siento más aceptable. Adquiero confianza e impulso, puedo afrontar cualquier situación, mostrarme encantadora y segura. Me siento más femenina y atractiva, aumento mi autoestima. Para ser seductora una debe sentirse atractiva."

A menudo las adicciones ayudan a las mujeres a relacionarse en sus distintos roles. Mientras que algunas mujeres sienten profunda vergüenza porque la bebida las hace abandonar a sus hijos, otras dicen que necesitan beber para poder ocuparse de ellos.

"Bebía y tomaba pastillas para ser mejor madre. Para poder sentarme y escuchar cuando no podía estar tranquila. Trataba de ser una buena madre."

Otra madre nos hablaba acerca de la necesidad de ser responsable y de los mandatos conflictivos de ser eficiente y de hacer funcionar las relaciones.

"Era excesivamente responsable porque sentía tanta vergüenza acerca de mis sentimientos y emociones... Como no me sentía realizada en lo intelectual o en lo comercial, sentía que tenía que ser 'Miss Comunidad' y 'Miss Supermadre'. Es gracioso, tenía una casa e hijos, y creía que tenía todo lo que necesitaba para ser feliz. Sin embargo, tomé excesivas responsabilidades en la comunidad. No podía decir que no. Sin embargo, la vergüenza y la inseguridad estaban siempre allí. Un día mi hijo volvió de la escuela con un problema y tuve que ir a ver al director. Antes de ir, tuve que tomar un trago para tener la valentía de ir y comportarme como una buena madre."

Un tema importante y recurrente en las mujeres adictas es el mandato de ser damas, regla por la cual no es posible mostrar sentimientos o necesidades. Finalmente la represión de los sentimientos que las mismas drogas provocan hace que ellas sientan que no tienen derecho de tener sentimientos, que no tienen derecho de ser ellas mismas.

"Tengo que ser segura, firme. No recuerdo haber derramado una lágrima. Nos dijeron que no debíamos ser emotivas, que no debíamos ser histéricas. Por eso, mostrar emociones me parece peligroso. Mi padre hubiese dicho que yo no tenía derecho de mostrarme molesta. Las emociones no estaban permitidas, y yo era siempre la más emotiva."

Finalmente esta represión y esta distorsión de las emociones, así como también la hiperresponsabilidad y la vergüenza que de ellas resultan, tienen serias consecuencias en los sentimientos de autoaceptación de una mujer. La mayor parte de las mujeres adictas tienen el sentimiento de que no importa cuáles sean sus logros, el amor que obtengan o la aprobación que consigan; de todas maneras esto no será suficiente para superar su sentimiento básico de desvalorización.

"Cuando alguien me dice algo acerca de lo que he hecho, lo tomo como un comentario de quién soy yo. Cuando me halagan me siento incómoda. Si ellos me conocieran sabrían que todo es un fraude. Nunca me doy crédito por nada."

IMAGENES DE MUJERES "MALAS"

Cuando una mujer trata de afrontar su problema con una adicción, debe enfrentar la batalla contra las actitudes negativas que siempre tiene la sociedad para con una mujer que se sale de control. Así como el cine colaboró en el pasado para fijar una imagen estándar de la "mujer buena", también colaboró en la construcción de la imagen de una "mujer mala". La peor clase de mujer es indudablemente la alcohólica, la adicta. Las películas la muestran o bien como una loca, o bien como sexualmente desenfrenada. Quizá la imagen más conocida es la de la alcohólica que plasmó brillantemente Elizabeth Taylor en la versión cinematográfica de *¿Quién le teme a Virginia Woolf?* También podemos recordar la imagen de Jessica Lange representando a la estrella cinematográfica de los años treinta Frances Farmer en la película *Frances*. Frances fue considerada insana. Nadie diagnosticó su alcoholismo y se le practicó una lobotomía por sus conductas descontroladas. Recientemente, en la película *The morning after*, Jane Fonda representó a una alcohólica acusada de asesinar a un pope de la pornografía.

Las imágenes que vemos en la pantalla representan las imágenes arquetípicas que tenemos en nuestras mentes respecto de las mujeres adictas. Estos arquetipos nos impiden ver que el hecho de culpar a la mujer es una respuesta que da la sociedad frente a cualquier mujer que no siga los mandatos del Código, que se descontrole.

LA COADICCION COMO DESEQUILIBRIO

HACER DEMASIADO POR LOS DEMAS

Algunas mujeres son adictas y otras se ven afectadas por las adicciones de otra persona. Llamar codependiente a la persona que está en relación con un adicto forma parte de nuestro actual lenguaje cultural. La persona adicta puede ser un padre, un esposo o un amante, o inclusive un hijo. Este término implica que cuando uno se relaciona con la adicción o la disfunción de otra persona sus comportamientos y sentimientos también se tornan disfuncionales. Sugiere que la persona adicta es adicta a una droga y que el codependiente es adicto al adicto.

Como ya hemos dicho en el Capítulo 1, la palabra codependiente se ha transformado rápidamente en una frase hecha para rotular todos los comportamientos que tradicionalmente se han atribuido a las mujeres. La frase se refiere a que, cuando alguien se pone ansioso por los comportamientos de otra persona, una respuesta típica es hacer más cosas por esa persona, tratar de ayudarla y centrarse de tal modo en sus palabras, actos y pensamientos que los sentimientos propios pasan a un segundo plano. La vida del adicto pasa a tener más importancia que la propia. En un esfuerzo por "hacer las cosas bien", una finalmente se encuentra buscando excusas para el comportamiento del otro y soportando sus comportamientos hirientes. Toma la responsabilidad de la mayor parte de las cosas que funcionan mal y finalmente intenta responsabilizarse por todo.

En realidad la codependencia es la forma extrema del mandato de hacer funcionar las relaciones. En realidad esto es lo que las mujeres han aprendido durante siglos: dejarse de lado ellas mismas para obtener el amor y la aprobación. Cuando la persona que tiene el poder de aprobarnos es un adicto, aparece un profundo deseo de "salvar el día", otra forma del mandato de ser eficientes. La gente que vive en un entorno donde hay adicciones sabe que hay algo que anda muy mal y trata de arbitrar todos los recursos que estén a su disposición para ayudar, transformar y mejorar las cosas.

Pero hay algo confuso en el término codependencia. En realidad las mujeres siempre se han adaptado, se han acomodado y se han centrado en los demás. Etiquetar estas conductas como una enfermedad parece una manera de culpar a las mujeres por hacer lo que les han enseñado. En lugar de etiquetar estos comportamientos como enfermos, deberíamos poder verlos como conductas potencialmente buenas que pueden llegar a un extremo de desequilibrio en algunas situaciones, con lo cual se tornan dañinos en lugar de ayudar a las personas implicadas.

Si hacer funcionar las relaciones es una parte tan importante de la definición de una mujer, y es además una parte central del Código, ¿qué es lo que hace que se genere frente a la adicción una respuesta tan dañina y disfuncional?

La historia del pollo quemado de Claudia

Como yo no cocino, esta no es una historia acerca de mí misma. Se trata de una de las primeras veces en mi vida profesional en la que pude observar a una mujer intentando de una manera muy ardua hacer funcionar una relación.

Después de graduarme como trabajadora social, tomé un trabajo en el sistema educativo local. Mi trabajo consistía en evaluar las relaciones familiares, la historia médica y los factores sociales que afectaban a aquellos niños que presentaban trastornos de aprendizaje.

En el ámbito escolar sólo vemos a los niños funcionando en un contexto muy estructurado. Para comprender mejor sus vidas y su mundo fuera de la escuela, tratamos de entrevistar a los padres en sus casas. Como yo trabajaba durante el día, habitualmente me entrevistaba con las madres. Era difícil que un padre estuviese disponible y, cuando lo estaba, a menudo hablaba "desde fuera", entrando y saliendo de la conversación mientras deambulaba por la casa. Pronto comencé a apreciar los comportamientos de los niños con quienes trabajaba sólo desde las perspectivas de sus madres. A menudo los padres asumían roles críticos y silenciosos respecto de los problemas de sus hijos.

Una de mis primeras entrevistas fue con la madre de un niño que en la escuela aparecía como muy frágil y muy vulnerable. En la clase Bobby nunca tenía un problema de conducta. A menudo se mostraba soñoliento y no prestaba atención. Tenía problemas muy serios para aprender a leer. Bobby tenía un hermano mayor con problemas similares. Los dos niños tenían una relación muy estrecha y se defendían mutuamente en las idas y vueltas de sus relaciones con los compañeros. Cualquier intento de hablar con ellos sobre sus vidas fuera de la escuela se encontraba con respuestas evasivas que parecían significar que todo andaba bien.

No esperaba tener la conversación que tuve con su madre, Carol, la primera vez que fui a visitarlos.

Tal como sus hijos, Carol era una mujer pequeña, con un aspecto frágil y vulnerable. Tenía el cabello rojizo y brillantes ojos azules. A pesar de su aparente fragilidad, parecía una mujer decidida a proteger a sus hijos. Parecía una sobreviviente.

Nos encontramos una tarde después de su trabajo. Ella trabajaba en una tienda. Había preparado café para las dos y parecía ansiosa por el hecho de que alguien viniese a conversar con ella. Su pequeña cabaña, una casa de veraneo reformada, estaba limpia y ordenada. Era evidente que habían tratado de mejorar la casa y yo me preguntaba si eso era obra de ella o de su marido. Cuando yo llegaba a la casa me habían llamado la atención unos sacos de basura en los que se veían muchas botellas de cerveza.

Carol y yo hablamos durante un rato sobre los niños, sus historias médicas, los lazos que los unían y los acontecimientos fundamentales en sus vidas. Cuando yo me referí a la relación que tenían con su padre, Carol se puso tensa. Se puso de pie abruptamente para servirse una taza de café. Cuando se sentó nuevamente, me mostró las marcas de un golpe en su rostro.

"Posiblemente no debería hablar de esto —dijo entonces—, pero es necesario que ayuden a mi hijo. Este golpe puede decirle algo acerca del padre. El fue quien me golpeó. No es que suceda a menudo. El realmente no los lastima. Lo que ocurre es que bebe demasiado. Es un hombre difícil de tratar. No suele demostrar sus sentimientos ni hacia mí ni hacia los niños. Trato de mantenerlos fuera de su alcance, ya que puede montar en cólera. Nunca se sabe qué cosa puede alterarle.

"Es gracioso; la noche que sucedió esto no sabía que él estuviese enojado. Todo estaba en orden. Los niños estaban en su habitación y no le molestaban para nada. Simplemente él entró y se la tomó conmigo hasta que finalmente me pegó. Yo trataba de darme cuenta de qué era lo que había sucedido. Finalmente decidí que el problema debía de haber sido que el pollo se me había quemado un poco. Es lo único que pienso que puede haberlo enfurecido de esa manera."

Carol se sentó a la mesa sacudiendo la cabeza como si todavía estuviese perpleja y pensara qué podía haber hecho para evitar ser golpeada. Habló durante un rato sobre las distintas maneras que había empleado para lograr que su esposo fuese menos agresivo. Cuanto más se enojaba él, más se afanaba ella. Parecía convencida de que era culpa suya. Mientras hablaba comenzó a llorar. Se sentía aliviada por poder hablar, pero al mismo tiempo se estaba dando cuenta de lo cansada que estaba. Me di cuenta de que Carol estaba lista para recibir ayuda. Ella pensaba que el problema era el pollo quemado, pero yo sabía que era el alcoholismo.

Más allá del bien

Bajo circunstancias normales, Carol podría haber sido una típica mujer que seguía los dictados de la bondad femenina. Se hubiese dedicado a los niños y hubiese intentado complacer a su esposo. Probablemente se hubiese esforzado mucho en el cuidado de su casa. Seguramente siempre se hubiese hecho reponsable de ciertos aspectos de la vida en común de ambos.

Sin embargo, cuando la bebida comenzó a ser un hecho importante en la vida de su esposo, como era predecible, Carol se asustó. Sus temores no estaban solamente referidos a lo que andaba mal con su esposo. También comenzó a cuestionarse qué era lo que había de malo en ella que hacía que las cosas se salieran de control. Esto también sucede con muchas mujeres que piensan que sus maridos tienen aventuras porque ellas no son suficientemente deseables. Carol pensaba que tenía alguna culpa en el enojo de su esposo. Se disparó su vergüenza femenina. Su respuesta fue hacer más e intentar manejar las relaciones de la familia. Cuanto más se esforzaba, más se descontrolaba él. La respuesta que un día era correcta al día siguiente pasaba a ser incorrecta.

Carol disculpaba el comportamiento de su esposo. Como pensaba que, en caso de amarla él no bebería más, se esforzaba por ser más atractiva. Cuanto más luchaba por entenderle más violento se ponía y más la apartaba de él. En lugar de protegerse a sí misma, trataba de comprenderle. Ella perdió de vista sus propios derechos, y él finalmente comenzó a golpearla cuando volvía ebrio a su casa. Su básica bondad femenina se había transformado en autodesvalorización y se esforzaba demasiado, hacía demasiado y convivía con el abuso físico.

Las mujeres como Carol a menudo son identificadas con las que "aman demasiado". Sin embargo, es importante darse cuenta de que la mujeres que se involucran en relaciones con personas que son violentas o adictas lo que están haciendo es simplemente intentar resolver un problema de modo tal como les enseñaron a actuar como mujeres.

Las mujeres hacen funcionar las relaciones a cualquier precio; no las abandonan. Dan sin egoísmos. Toman todas las responsabilidades. Si un hombre se comporta mal, ellas suponen que hay algo que pueden hacer al respecto. Si un hombre actúa de una manera desamorada, debe ser porque ellas han fallado para adaptarse, servir y sostener la relación o que no han podido controlarse a sí mismas... Si una mujer no hace todas esas cosas, es menos que una mujer. Como la mujer considera que es la responsable, si un hombre actúa abusivamente, es ella quien ha fallado. Está tan atrapada por las dudas acerca de sí misma y por su vergüenza que jamás se le ocurre que el hombre puede ser el responsable.

UNA MUJER EN BUSCA DEL YO PERDIDO

Lois llegó a terapia porque necesitaba que la ayudasen con sus problemas de ansiedad. Se sentía ansiosa por muchas cosas, pero, según conversamos, su temor básico era el de no existir.

Al comienzo resultaba difícil comprender los sentimientos de Lois, ya que era una mujer muy atractiva, a quien los hombres siempre perseguían. Tenía cuatro hijos y estaba casada con un médico muy adinerado que ejercía con éxito la práctica privada además de tener un cargo en un hospital local. Lois era muy talentosa, había estudiado una carrera muy técnica dentro del área de la biología, escribía para revistas científicas y ocasionalmente se dedicaba a la poesía. Por otra parte, se ocupaba de la crianza de sus cuatro hijos y de las tareas de la enorme casa en que vivían. Su esposo, a pesar de que era rico, no estaba de acuerdo en contratar ningún tipo de ayuda para el trabajo doméstico y Lois no le contradecía.

Lois tenía amigos y una agenda social muy nutrida. Sin embargo, ella describía que a menudo vagaba por la ciudad y se sentía sola y aislada. Su sentimiento de inexistencia se hacía más intenso cada vez que entraba en el gran vestidor de su cuarto. El estar parada allí dentro la hacía sentirse desconectada, como si su persona hubiese quedado fuera, en algún lugar. Dejaba la radio prendida allí dentro para sentirse más segura. El sonido de la radio le recordaba que estaba allí.

Planificar su vestimenta era tal vez la única actividad del día que la obligaba a centrarse en sí misma. Cuando tenía que hacerlo, el pánico la asaltaba. Hablar de estos sentimientos la hacía sentirse avergonzada y loca. En realidad le resultaba muy difícil hablar de ella en general.

Lois se describía a sí misma como una sometida: satisfacía todos los caprichos de su esposo. Se dedicaba por completo a las actividades de él y de sus hijos. Dadas las exigencias de su trabajo, él estaba muy poco en su casa y no era mucho el contacto y el apoyo emocional que brindaba. Ella sentía que no era más que una función de él: una compañera atractiva, una pareja sexual, una madre y esposa de tiempo completo. Temía sus arranques de ira cuando le contradecía o se salía de su papel.

En realidad no lo contradecía a menudo. Parecía sentirse al mismo tiempo atrapada y segura en ese papel que le permitía evitar una definición de sí misma.

Comenzamos entonces a analizar la familia de Lois para tratar de darnos cuenta de por qué se sentía tan perdida y por qué su vida estaba tan dominada por las demandas de su esposo. No nos resultó sorprendente cuando Lois, casi en un susurro, comenzó a describir cómo en su familia de origen el alcoholismo de su padre lo dominaba todo. Este era un bebedor empedernido y había muerto a causa del alcoholismo cuando Lois era adolescente. Amaba a su padre pero odiaba su adicción a la bebida. Todavía sufría por su muerte y, secretamente, sufría porque pensaba que él no la había amado lo suficiente como para dejar la bebida por ella.

La historia que nos contó es la misma que repiten miles de mujeres. Lois era la hija mayor, y su madre se veía obligada a dejarla junto con sus hermanos y su padre durante mucho tiempo para poder trabajar. Lois se había visto entonces en la posición de una esposa, cuidando de su padre. Le servía la bebida, sostenía su cabeza mientras él vomitaba, le daba de comer y soportaba sus palizas cuando se iba de la casa con sus amigos.

Algunas veces, pareciendo ignorar que él era alcohólico y abusivo, Lois tendía a idealizar a su padre. Lo veía como un hombre brillante y eficiente que hubiese sido un triunfador a no ser por el alcohol. Durante meses dedicó sus sesiones de terapia a tratar de comprender por qué él bebía, por qué no había sido realmente un padre para ella. En algún momento pudo reconocer que sentía rabia contra su madre porque no la había protegido de su padre, pero, aun entonces, seguía ignorando sus sentimientos de rabia para con su padre. Alguna parte de ella culpaba a su madre por el problema.

Era difícil ayudar a Lois a encontrar los rastros de su yo perdido en el marco de su intensa lealtad hacia su padre. Había gastado tanta energía en esta relación que parecía sorprendente que hubiese podido obtener algún logro en su vida. Al parecer, se las había arreglado para obtener lo que tenía a expensas de una dosis de esfuerzo. Su impulso de permanecer centrada en las demandas de un hombre y de dejar de lado su propia vida era muy fuerte. Este impulso socavaba cualquier intento que ella hiciera por autodefinirse.

A veces hasta le costaba identificar preferencias y rechazos muy elementales. Le resultaba muy difícil, por ejemplo, permanecer centrada en sí misma el tiempo suficiente como para poder darse cuenta de que le gustaba un cierto tipo de música o el uso de ciertos colores para decorar su casa. Solía tomar a su hija adolescente como modelo de lo que una mujer debía preferir, sentir o desear. Tenía la fantasía recurrente de escapar, pero esas fantasías tenían tan pocos detalles que resultaba muy difícil inferir a partir de ellas lo que Lois realmente imaginaba. En ella, Lois se iba al mar totalmente sola y se quedaba en una casa vacía y blanca, en una cama desde la que veía el mar. Esta fantasía pintaba su vida interior como un vacío que había que llenar.

Parte de la terapia de Lois consistió en trabajar con las fantasías y las imágenes para ayudarla a encontrar y reconocer partes perdidas de ella misma. Un día Lois trató de recordar una escena de su infancia que le hubiese gustado reescribir en su fantasía. Se vio a sí misma, como tantas veces había estado, en una cabaña junto al mar, con su padre y sus hermanos. Su madre habitualmente no quería ir a estas vacaciones, por lo cual Lois se veía en esa posición, tan conocida para ella, de tener que hacerse cargo de su padre. En la escena reescrita ocurrían las cosas que Lois hubiese deseado. Su madre estaba allí y caminaba con su padre por la playa. Su padre estaba contento. Lois se veía a ella misma yendo a otra parte de la playa a encontrarse con sus amigos, libre por una vez de las preocupaciones y responsabilidades. Se veía feliz, relacionándose con otras personas. Se sentía libre para ser ella misma.

La solución de Lois en la vida real no fue, en cambio, tan liberadora. Cuando se sintió más segura como para hablar de sí misma, pudo revelar que una de sus mayores ansiedades era el deseo que tenía de dejar a su esposo por otro hombre. Ella había conocido a un hombre que era bueno y afectuoso, y mantenía con él una continua relación fantaseada. De tanto en tanto ella le telefoneaba y conversaba con él. Aunque él no había dado muestras de desear una relación con ella, Lois lo veía como una potencial pareja perfecta. Tenía fantasías románticas obsesivas en las que él la rescataba de su esposo. En su fantasía, él le daba todo el cuidado y la atención que faltaban en su matrimonio.

La fantasía de Lois era que ella se iba a encontrar a sí misma perdiéndose en la relación con otro hombre. Buscaba a alguien que le diese lo que sus padres no le habían dado. Al reescribir la historia de su familia, se había encontrado a sí misma, cuando había podido dejar a sus padres uno frente al otro mientras se iba a otro lugar de la playa. Pero en la vida real Lois pensaba, como tantas mujeres, que sólo podría recuperar su identidad a través de otra relación. Su fantasía en realidad la ayudaba a evitar el dolor que implicaba enfrentar la relación con su esposo y le decía algo acerca de lo que ella deseaba para su vida, pero no la ayudaba a liberarse y ser dueña de sí misma. Su fantasía no le mostraba que sus esperanzas de ser cuidada por otro hombre la llevarían inevitablemente a hacer demasiado y a dejarse de lado a sí misma para obtener su amor y su aprobación. Ella necesitaba hacer por sí misma esa caminata por la playa. Sólo después de meses de terapia estaría lista para emprender esa caminata.

Aunque Ann, Carol y Lois estaban implicadas en la adicción de una manera distinta, no es difícil darse cuenta de los temas comunes en sus historias. Todas ellas sufrían una presión autoimpuesta que las llevaba a hacer demasiado. Todas tenían intensos sentimientos de vergüenza. Ninguna de ellas podía centrarse en sí misma. Ann, como ultrarresponsable que era, trataba de satisfacer las demandas de su propio perfeccionismo y se descontrolaba con el alcohol. Carol se esforzaba cada vez más para controlarse a sí misma y controlar sus relaciones. Lois hacía demasiadas cosas en su matrimonio y encontraba alivio en el escape de la fantasía. Finalmente ella podría haber actuado esa fantasía y solamente se hubiese creado más problemas.

La mujer que está afectada por la adicción, sea la propia o la de otro, representa un extremo en el continuo desequilibrio que afecta a todas las mujeres que se esfuerzan demasiado por seguir el Código de la Bondad. Hacer demasiado por los demás y demasiado poco por sí misma, cuidar mucho a los otros y no cuidarse nada son conductas destructivas para todas las mujeres. Dejar de lado el Código es un desafío muy difícil, pero, cuando entra a jugar una adicción, la tarea es aun más ardua. La adicción es un atajo hacia el bienestar que nos lleva a sentirnos horriblemente mal.

Todas necesitamos definir nuestras propias vidas, hacer elecciones, encontrar un equilibrio entre estar centradas en los demás y estar centradas en nosotros mismos. Sea que seamos adictas o que nos relacionemos con un adicto, la primera tarea es liberarnos de la droga. Luego, junto con las demás mujeres, necesitamos desafiar los mandatos del Código y despertar de ese trance que esconde nuestros reales sentimientos, nuestras necesidades y nuestras condiciones positivas.

Segunda Parte

LIBERARSE

6

LA BONDAD QUE LLEVA
A SENTIRSE BIEN

El nuevo Código del Equilibrio

En la primera parte escuchamos las historias de muchas mujeres que pagaron un precio muy alto por ser demasiado buenas. Vivieron rigiéndose por el Código de la Bondad porque no tenían conciencia del poder que este tenía. No se daban cuenta de que tenían otras opciones.

Hemos visto que el Código de la Bondad nos mantiene esclavizadas por las expectativas de otras personas. Nos hace responsables de otros en lugar de hacernos responsables de nosotras mismas. Durante el proceso de intentar seguir el Código, quedamos atrapadas en ciclos de vergüenza y nos forman de acuerdo con modelos de cuidado que nos provocan un desequilibrio con nosotras mismas. Aprendemos mucho acerca del yo que puede ser eficiente, responsable y trabajador y nos centramos en las necesidades de los demás. En cambio, aprendemos poco acerca del yo que puede disfrutar, que puede estar en sintonía con nuestras propias necesidades y deseos. No valoramos lo que somos, sino solamente lo que hacemos.

Sin embargo, una vez que somos conscientes de las reglas de acuerdo con las cuales vivimos, tenemos la oportunidad de cambiarlas. Podemos remplazar el hacer bien por el sentirnos bien. Para lograr esta modificación, debemos vivir de acuerdo con un nuevo Código de Equilibrio. Este nuevo Código nos ayudará tanto a obtener un mejor equilibrio interior como a relacionarnos con los demás. Debe estar basado en el presupuesto de que el Yo y la relación tienen igual importancia. El trabajo de una mujer no consiste en hacer funcionar las relaciones y apoyar a los demás. Consiste en desarrollarse a sí misma como un ser humano completo que puede expresar una serie de comportamientos, intereses y capacidades. Un nuevo Código de Equilibrio necesita definir el modo como una mujer puede sentirse bien cuando se relaciona, no cómo debe relacionarse.

Este nuevo Código no nos dirá cómo debemos ser y qué debemos hacer para satisfacer los requerimientos de otros. No estará basado en la vergüenza. Sustentará la creencia de que las mujeres somos fuertes, poderosas e importantes. El nuevo Código supondrá que tenemos el poder y el derecho de hacer elecciones basadas en el valor inherente de nuestras propias convicciones y sentimientos. No estará definido de una manera rígida, ya que cada una tiene el derecho de decidir por sí misma qué es bueno para ella.

NUEVAS BASES PARA LA BONDAD

Como contrapartida del antiguo Código de la Bondad, sugeriremos una serie de nuevos principios generales que nos podrán ayudar a cambiar nuestras concepciones acerca de cómo debemos ser para ser buenas. Se trata de principios que nos hacen sentir mejor, que nos ayudan a sentirnos más equilibradas. Parte de su tarea consiste en decidir cuáles son los principios que le resultarán más útiles.

SIENTETE COMODA: Una mujer equilibrada valora más sentirse bien que parecer buena.

SE DIRECTA: Una mujer equilibrada es sincera respecto de lo que siente.

SE RECIPROCA: Una mujer equilibrada empatiza con los demás.

SE NUTRICIA: Una mujer equilibrada se enriquece a sí misma y a los demás.

SE FIRME: Una mujer equilibrada fija límites.

REEMPLAZAR LA BONDAD POR EL EQUILIBRIO

Cada uno de los principios de este nuevo Código es la contrapartida de uno de los mandatos del anterior. Apreciemos la diferencia entre ser buena y ser equilibrada comparando los principios de ambos Códigos.

- Más que el hecho de ser atractiva, una mujer que se ha liberado del Código de la Bondad valoriza el hecho de sentirse cómoda. Gusta de su cuerpo y siente aceptación por su aspecto. Si se está vistiendo para ir a un lugar, su norma es sentirse cómoda. Puede vestirse para complacerse a sí misma, expresando sus propios gustos y su sentido estético. Puede cuidar de su cuerpo, disfrutarlo y alimentarlo. Se preocupa por tener un estado saludable y estar en forma. Puede disfrutar de muchos tipos de experiencias sensuales. Disfruta de su sexualidad. Valora su vida interior tanto como su apariencia y no cree que su valor dependa de su aspecto.
- En lugar de estar preocupada por Ser una Dama, una mujer liberada del Código de la Bondad es *directa*. Puede ser sincera respecto de cómo se siente. No evita sus

necesidades y sentimientos, sino que los valora y los expresa. Cuando tiene un problema, habla sobre él. Espera ser escuchada y respetada. Cuando alguien está violando sus derechos, se lo hace saber directamente. Es libre para expresarse en la actividad sexual o física que escoja. Se basa más en sus propios valores internos que en las reglas exteriores. Se siente apasionada y viva.

- En lugar de centrarse en los demás de una manera desinteresada y servicial, una mujer liberada del Código de la Bondad es *recíproca*. Puede darse cuenta de las necesidades y sentimientos de las demás personas sin por ello sentirse impulsada a cuidarlos. En lugar de esto, ella empatiza y puede compadecerse del otro, y además puede expresarlo. Cree que es importante saber decir no cuando realmente no desea dar algo. Sabe que a menudo no es lo mejor para el otro que ella cuide de él. Puede permitir que otras personas le den cosas. Es una persona completa, con una cantidad de sentimientos e intereses, tiene sus propios deseos y necesidades. El dar es para ella una elección y nunca lo hace a expensas de dejarse de lado a sí misma.

- En lugar de centrarse en hacer funcionar las relaciones, una mujer que se ha liberado del Código de la Bondad es *nutricia*. Se relaciona con los otros de un modo tal que fomenta, tanto en ella como en el otro, el crecimiento físico, espiritual y emocional. Se centra más en disfrutar de las relaciones que en trabajar sobre ellas. Se relaciona de maneras que son mutuamente respetuosas, enriquecedoras y estimulantes. Cree que ambas personas tienen tanto derecho de estar separadas como de estar juntas. Como cree que ambas personas son responsables del funcionamiento de la relación, cuando las cosa van mal no se siente culpable en forma exclusiva.

- En lugar de ser eficiente sin protestar, una mujer liberada del Código de la Bondad es *firme*. Ella hace elecciones, fija prioridades. Reconoce que tiene límites y sabe decir que no cuando las expectativas acerca de ella no son razonables. Pide ayuda cuando la necesita y espera que los demás compartan con ella las responsabilidades. Elige el trabajo que mejor expresa sus verdaderos talentos, valores y necesidades. Tiene éxito porque trabaja en algo que le gusta, no porque espere que la quieran, tampoco porque otro espera que ella triunfe ni porque se sienta mal si no lo hace. Sabe que nadie puede hacerlo todo bien y sabe que el hacer demasiado tiene un precio. Sabe descansar y divertirse: no tiene que ser perfecta ni tiene que trabajar para ser buena.

COMO ADOPTAR EL NUEVO CODIGO

Aunque nos sintamos muy incómodas con el viejo Código de la Bondad, pensar en el cambio puede parecer una tarea agotadora. Creemos que somos buenas tal como somos. Sin embargo, el equilibrio es algo que puede ser aprendido, y podemos alcanzarlo a través de la práctica. Puede ser más simple de lo que parece. Para ilustrar cómo se alcanza el equilibrio, narraremos la historia de una mujer hipotética llamada Barbara.

Barbara está casada y tiene poco más de cuarenta años. Ella y su esposo Tom tienen dos hijas, Abby y Linda. Las hijas son dos adolescentes que tienen el surtido habitual de traumas e inseguridades, particularmente con sus novios. Barbara es una ejecutiva de una empresa de programas para ordenadores. Tiene una agenda muy intensa y exigente, pero su trabajo le gusta mucho. Esta mujer es hipotética, porque, a diferencia de la mayoría de nosotras, logra evitar la mayor parte de los mandatos del Código de la Bondad. Ella puede mostrarnos tres de los principios del nuevo Código.

Situación: Tom está por salir en un viaje de negocios y las chicas saldrán de vacaciones por unos días. Hace mucho que Barbara no se toma vacaciones. Ultimamente ha estado un poco deprimida e irritable. Las presiones del trabajo han sido muy intensas en los últimos tiempos. Ella decide entonces aprovechar que Tom y sus hijas no van a estar, y le dice a su jefe que no va a ir a trabajar el jueves y el viernes. Está ansiosa por tener la casa para ella sola, hace planes para almorzar con una amiga a quien no ve hace mucho tiempo y se compra un buen libro para leer. Esos cuatro días de soledad son para ella como un oasis en una vida muy trabajosa. Inclusive piensa en ponerse a trabajar nuevamente en una acuarela que había comenzado durante sus vacaciones anteriores. Cuenta entonces a Tom y a sus hijas que a partir del miércoles a la noche ella no va a trabajar, y les pide que respeten su necesidad de descansar y que preparen en orden sus respectivos viajes.

El martes a la noche Tom, mientras se está preparando para ir a dormir, dice a Barbara: "Había olvidado que este fin de semana es el cumpleaños de mi madre. He tenido una semana de tanto trabajo... y aún no le he comprado ni una tarjeta ni un regalo. Recién regresaré el domingo a la noche de Chicago y ella se sentirá muy mal porque no he hecho ningún plan con ella".

A esto, la hipotética Barbara responde: "Sé que realmente has estado muy presionado durante esta semana. Es muy desagradable tener tantas cosas que hacer y tan poco tiempo para hacerlas. ¿Crees que podrás comprarle algo antes de regresar? Quizás haya una tienda de regalos en el aeropuerto. Si no puedes, de todas maneras tu madre sabe que te preocupas por ella y estoy segura de que comprenderá".

Más adelante, Barbara se toma su tiempo libre tal como había planeado. El jueves por la noche está sumergida en un baño de espuma leyendo su libro, cuando suena el teléfono. Es Abby: —Mamá, tengo un problema terrible. Hace cuatro horas que llegué y ya estoy en problemas. En primer lugar, olvidé traer dinero, de modo que no sé cómo hacer para poder ir al cine o a patinar con todos los demás. Además, la celadora se enojó conmigo porque no asistí al taller de la tarde y me quedé fuera conversando con un muchacho que recién había conocido. Ella dijo que si sigo rompiendo reglas tendré que volver a casa. ¿Qué hago?

Barbara le responde: —Abby, realmente quiero ayudarte, pero vas a tener que darme el número de teléfono y esperarme una media hora, hasta que termine con mi baño.

—Pero, mamá, quiero salir. Todos se están yendo.

—Lo siento, querida, pero, si deseas que te ayude, deberás esperar primero a que termine con lo que estoy haciendo, ¿qué quieres hacer?

Abby decidió esperar. Barbara terminó con su baño y la llamó:

—Bien, Abby, ¿qué crees que deseas hacer respecto de esto?

—Bueno, ya he perdido una salida con mis amigos. No puedo creerlo. Pensé que como no estás trabajando tal vez podrías venir hasta aquí mañana por la mañana y traerme un poco de dinero. (Abby está en el Centro de Retiros de una iglesia, a dos horas de viaje.)

—Abby, esa es una solución para que yo haga algo. Dime qué es lo que tú piensas hacer.

—Mamá, yo no sé qué hacer. (Abby va subiendo el tono y se torna cada vez más demandante.) Se supone que tú debes ayudarme. ¿Qué puedo hacer yo?

—Abby, querida, sé que estás muy molesta. Probablemente estás asustada por estar allí sin dinero, pero creo que si te tomas un minuto podrás solucionarlo. Debes pedirle a alguien que te ayude. Podrías pedirle a tu hermana.

—¡Linda! (dice Abby gritando). Ella no me daría dinero ni aunque mi vida dependiera de eso. Vamos, mamá, sé razonable. ¡Yo nunca le pediría nada!

—Abby, deja de gritar si quieres que sigamos hablando, ¿está bien?

—Está bien.

—Creo que si le explicas el problema a tu hermana ella lo va a comprender. Si no, puedes pedirle a alguna de tus amigas o a alguno de los consejeros que conoces bien. Finalmente, si te resulta demasiado incómodo pedirle a alguien, simplemente te puedes quedar y no ir a las actividades nocturnas.

—¿Entonces no me traerás el dinero?

—No, lo siento, querida. Este es un fin de semana que me he tomado para mí y voy a seguir con mis planes. Además, si rompes más reglas y tienes que volver, llama a tu abuela o a tu tío Ted y arregla para pasar allí el resto del fin de semana. Es importante para mí pasar este fin de semana sola.

—No te entiendo, mamá. ¿Qué es lo importante de estar sola? Actúas como si nos odiaras y quisieses librarte de nosotros.

—No, Abby, no los odio para nada. Simplemente esto es importante para mí. Voy a cortar ahora. Te quiero. Sé que vas a solucionarlo de un modo u otro. Sinceramente te deseo que la pases bien. Te veré el domingo a la noche.

Barbara vuelve a leer su libro y se las ingenia para apartar de su mente los problemas de Abby. Sabe que su hija va a resolver la cuestión de un modo u otro. Durante el tiempo que Barbara permanece sola, piensa un poco acerca de los motivos por los cuales ha estado tan irritable y deprimida últimamente. Se da cuenta de que ha asumido demasiadas responsabilidades en un nuevo proyecto en su trabajo. Decide que va a hablar con su jefe para decirle que quiere tener más ayuda. Por otra parte, la llamada de Abby le recuerda que últimamente ellas dos no se han estado llevando bien. Se da cuenta de que Abby desea algo de ella, pero no sabe bien qué es. Decide hablar con Tom sobre el tema y decide también que va a prestar un poco más de atención a Abby, para tratar de descubrir qué es lo que está pasando en su vida.

Barbara comienza a sentirse mejor y más descansada. Está contenta porque ha decidido algunas soluciones respecto de los problemas que debe enfrentar. El domingo a la mañana llama a su suegra para desearle feliz cumpleaños e invitarla a cenar el siguiente fin de semana. Tom le ha enviado flores y Linda le ha telefoneado, pero Abby lo ha olvidado. Hacia la tarde, Barbara comienza a extrañar a Tom. Decide salir a comer con él esa noche, sin sus hijas. Ella sabe que a él le gusta salir a comer con ella sola. Cancela la limusina del aeropuerto y decide ir a buscarle ella misma.

ALGUNAS ALTERNATIVAS
PARA LA BONDAD

Está claro a partir de esta historia que Barbara es una mujer que se siente segura y a cargo de sí misma. Ella procura activamente estar cómoda y sentirse bien. Ella tiene dentro de su mente pocas "voces" que cuestionen su comportamiento. Barbara es directa. Hace saber a todo el mundo tranquila y educadamente lo que ella siente y piensa. Esta historia muestra claramente tres de los principios del nuevo Código del Equilibrio, que provee claras alternativas para la antigua posición de ser demasiado buena a expensas de una misma:

Ser recíproca.
Ser nutricia para consigo misma y para con los demás.
Ser firme.

Aprendiendo a ser recíproca

La reciprocidad es una habilidad que sólo se puede poner en práctica en una relación en la cual se da por sentado que cada persona no es responsable por los sentimientos, necesidades, expectativas o tareas de los demás. Se refiere a la posibilidad de responder a los sentimientos de la otra persona sin reaccionar frente a ellos o referirnos a la persona de uno. Es decir que uno escucha las cosas que dicen las otras personas como afirmaciones acerca de ellos y no acerca de uno, y hace un esfuerzo para convalidar esos sentimientos demostrando que los ha comprendido. A veces esto significa responder con sentimientos similares, y otras, simplemente expresar que uno ha comprendido. Los psicólogos que se dedican a estudiar nuevas maneras de comprender el modo como las mujeres establecen relaciones llaman a esto empatía. Las mujeres son buenas respecto de esta cualidad cuando no sienten culpa, vergüenza o responsabilidad hacia los sentimientos del otro.

En esta historia, la primera cosa que debe haberle llamado la atención es que Barbara no sentía estas cosas. Cuando Tom comenzó a hablar acerca del problema que tenía con el cumpleaños de su madre, Barbara no reaccionó ni lo criticó. Ella no le dijo: "Deberías haber pensado en eso antes de tomar tantos compromisos". O "Supongo que esperas que vaya yo y compre un regalo." Tampoco aconsejó a Tom acerca de cómo manejar la situación. No se puso a la defensiva ni justificó su decisión de tomarse el fin de semana libre. Dijo sí que pensaba que Tom debía hacerse cargo por sí mismo del cumpleaños de su madre.

Como no se guiaba por el mandato de hacer funcionar las relaciones, ni por el de no ser egoísta, Barbara pudo dar una buena respuesta a Tom. Ella pudo expresar su comprensión de los sentimientos que él experimentaba y demostrarle que deseaba conversar con él acerca del modo como podía resolver su problema. Trató de demostrarle su apoyo, aunque hubiese bastado con demostrarle su interés. Le dio algo más porque deseaba hacerlo. Hay que notar que, al demostrarle sus sentimientos, ella estaba indicando, aunque no lo dijese, que de ninguna manera se sentía responsable de ocuparse del problema de Tom, aunque se preocupaba por él y por las dificultades que tenía.

En este punto, Tom podría haber hecho cualquiera de las siguientes tres cosas. Si secretamente hubiese esperado que Barbara se ocupase del asunto, podría haber seguido hablando acerca de su falta de tiempo, para comunicarle indirectamente a Barbara que deseaba que ella hiciese la compra por él. Barbara, entonces, si realmente se sentía libre de esa responsabilidad, hubiese pedido una clarificación: "Tom, parece que me estás pidiendo que vaya yo a comprar el regalo.

¿Es así? Si es así, sería mejor que me lo pidieses directamente". O bien: "¿Esperas que te ayude de alguna manera? ¿Deseabas que yo hiciese algún plan con ella para su cumpleaños?" Fíjense que, de este modo, Barbara no ofrecería directamente su ayuda. Ella no puede decidir si desea hacer algo por Tom a menos que él clarifique que realmente lo desea, y aclarar que esto le corresponde a él.

La segunda posibilidad hubiese sido que Tom le pidiese directamente: "¿Podrías ir a la tienda a comprar un regalo para mi madre?" o "¿Podrías pasar a verla el día de su cumpleaños?" De esta manera, Tom demuestra que él no espera que ella se haga cargo de sus problemas y que respeta su tiempo. Pide ayuda directamente. Ella es libre de responder sí o no. Si ella dice que sí, lo que hace por Tom es una elección, no es una obligación ni una parte de su rol. No se trata entonces de que él sea más importante que ella ni de que sus sentimientos sobre sí misma dependan de cuánto le dé a él. Se trata simplemente de que ella se preocupa por él y desea ayudarlo. Representa un acuerdo entre dos personas que se preocupan mutuamente la una por la otra y tienen mutuas necesidades de ayuda en distintos momentos. Se supone que Barbara tiene la misma libertad de pedir ayuda a Tom cuando lo necesita.

Lo más importante es que Barbara permanece centrada en sí misma y es capaz de tomar decisiones basadas en sus propias necesidades de la misma manera que Tom. Ella puede poner en práctica la reciprocidad porque no es demasiado buena. Ella puede decir que no si es necesario. Ante un pedido directo, "no" es una respuesta válida. A Tom puede no gustarle, pero Barbara ha sido clara respecto de sus propios límites. El tiene derecho de sentirse mal y Barbara no tiene la obligación o la necesidad de justificar su posición. Finalmente es posible que Tom converse con Barbara acerca del problema, pero que finalmente decida su propia solución. Si él le pide sugerencias acerca de cómo solucionar el problema, es adecuado que ella se las brinde.

En todas estas interacciones con Tom, Barbara se muestra sensible pero no actúa de más. Barbara no está sutilmente enojada con Tom. Ella no experimenta presión o ansiedad por no complacerla. No reacciona contra él ni lo critica por sospechar que ella debería hacer algo por él pero no desea hacerlo. No hay en su cabeza voces que le digan: "Soy una persona mala y egoísta porque no quiero ayudarlo. Seguramente me abandonará por otra mujer que cuide mejor de él", ni "Es una cuestión tan nimia... Debo hacerme cargo de eso de inmediato". Barbara no se siente mal consigo misma porque cree que es libre de decir que no. Cree que es aceptable y apropiado permanecer centrada en sí misma. Comparte con Tom una relación en la cual ambos tienen necesidades y sentimientos. Ella no se transforma en su cuidadora a expensas de sí misma.

Barbara puede ser coherente. Cuando Abby la llama, en lugar de enojarse, puede darse cuenta de lo mal que debe de sentirse Abby por haberse ido sin dinero. No la hace avergonzar por haber hecho esto o por haber quebrado las reglas. No se siente responsable del problema de Abby. A partir de su rol de madre de Abby, trata de guiarla, aconsejarla y transmitirle la confianza de que ella podrá hacerse cargo de su propio problema. No se siente molesta porque Abby cometió una infracción, ya que no siente el comportamiento de su hija como un reflejo del propio. Puede mantener sus sentimientos como propios y dejar de lado las críticas, las reacciones y la hiperresponsabilidad.

Cuando Barbara se pone a pensar en Abby, se da cuenta de que tienen un problema de relación entre ellas. En lugar de culpar a Abby por este problema, decide, como madre, dar mejores respuestas a su hija y tratar de comprender mejor sus sentimientos. Ella toma su responsabilidad de madre y se ocupa de su hija.

La reciprocidad es una virtud que las mujeres pueden ejercitar si no se comprometen de más con los sentimientos, las necesidades o las tareas del otro. Al ejercitarla, uno toma conciencia de los sentimientos de la otra persona y puede expresar que la comprende. No se enoja, no critica, no actúa a la defensiva y no siente que lo que el otro dice está referido a uno. Cuando le parece que hay oculta una expectativa, pide una clarificación.

Créase o no, actuar de esta manera hace sentir bien a quien lo hace. Uno se siente más cerca del otro y más cerca de uno mismo. Este proceso requiere que uno se haga cargo de sus propios sentimientos en lugar de reaccionar respecto de los de los demás. Uno no siente el peso de tener que ser bueno o de tener que hacer algo respecto de los sentimientos del otro. No se siente avergonzado por los sentimientos del otro. Uno se siente más real. Como en realidad uno nunca puede resolver un problema por otra persona, es bueno poder liberarse de ese peso y demostrarle que no obstante uno se preocupa.

Aprendiendo a ser nutricia consigo misma y con los demás

Probablemente usted piense que el hecho de ser nutricia no es algo distinto de lo que habitualmente se espera de una mujer. Eso es cierto sólo de alguna manera. Se suele ver a las mujeres como inherentemente nutricias. Sin embargo, nunca se piensa que puedan dirigir esta cualidad hacia ellas mismas. Más aun, nuestros conceptos acerca de lo que significa nutrir suelen ser muy estrechos y no alcanzan para dar cuenta de todas nuestras capacidades de cuidar. A menudo asociamos el nutrir solamente con el comportamiento de maternidad.

Webster define esta capacidad como "alimentar, nutrir, mantener, criar". De manera menos característica, da un sinónimo de nutrir, junto con la definición. Se trata de "abrigar", tener o tratar cariñosamente.

Ser nutricio es otro antídoto contra ser demasiado bueno y demasiado responsable. Como premisa diferente del comportamiento en una relación, el ser nutricio se puede expresar de muchas maneras. Puede significar hablar. Puede significar escuchar. Puede significar alentar, consolar, reafirmar sentimientos. Puede significar enseñar, ayudar, guiar. Puede significar apoyar, compadecer, calmar. Puede significar hacerle saber a alguien que es especial e importante para uno. A veces significa simplemente estar con una persona, ser una presencia que alienta mientras ella debe resolver un problema que le pertenece en forma exclusiva. Básicamente significa comunicar preocupación y cariño. Significa la acción de procurar valorar y alentar la individualidad, la experiencia y el crecimiento de la otra persona.

Uno no puede nutrirse a partir de un pozo vacío. Si uno tiene pocos recursos, no puede dárselos a otro. Cuando uno, en cambio, puede ser nutricio a partir de un sentimiento de plenitud y elección, se puede sentir renovado y vivo a partir de la acción de dar. Un sentido profundo de unión siempre resulta renovador. Tratar de dar a partir de un pozo vacío, en cambio, suele llevar al resentimiento y a una sensación de vacío aun mayor. Es importante nutrirse para poder nutrir. Como adultos, podemos aprender a participar de relaciones mutuamente nutricias.

Barbara, nuestra mujer hipotética, tenía muchas condiciones nutricias, pero esa capacidad comenzaba por ella misma. Cuando Barbara se dio cuenta de que se sentía mal, su primera respuesta fue tratar de ver qué cosas podía hacer por sí misma y cómo podía tomarse tiempo libre. Casi instintivamente ella sabía que lo que necesitaba era tiempo para ella misma, restablecer su sentido del yo y componerse ella misma para poder hacerse cargo de los desafíos de la vida de una manera más eficiente. Sabía que necesitaba de un tiempo sin presiones ni responsabilidades, sin tener que dar cosas a los demás, y estando en cambio en contacto con sus sentimientos íntimos.

En lugar de enojarse con las demás personas, de culparse por sentirse necesitada y de buscar excusas por las cuales no poder tomarse tiempo libre, Barbara se procuró las cosas que necesitaba. Llamó a una amiga y restableció un vínculo importante para ella, que pudo pedir y dar.

Cuando se sintió más equilibrada y renovada, Barbara sintió que podía dar más cosas a Tom. Decidió entonces ir a buscarle al aeropuerto e invitarle a cenar. Ella comprendió que él se sentía muy absorbido y presionado, y quiso darle un poco de tiempo y atención. De manera similar, tomó la decisión de dar a Abby más tiempo y más atención. En la medida que ella se sintió renovada y alimentada, quiso de manera natural cuidar el bienestar de las personas en las cuales estaba interesada.

Es importante notar que nutrir no quiere decir hacer cosas por los demás. No significa tanto cuidar de los otros, sino que más bien significa cuidar de la relación que tenemos con los otros. Tanto Tom como Abby, pese a tener esta sólo dieciséis años, podían hacer por sí mismos sus cosas. Ellos podían y debían cuidar de sí mismos. Lo que podían obtener de Barbara era el sentimiento de que ella se estaba preocupando por cómo les iba y por el bienestar de sus vidas. Ella se preocupaba por su crecimiento y sus problemas y lo comunicaba en sus acciones. Lo que no hacía era ocuparse por ellos de sus vidas y sus problemas, ni trataba tampoco de dirigirlos o indicarles lo que debían hacer.

Otra cosa que Barbara no hacía era intentar que la nutriese alguien que no podía hacerlo en ese momento. Aunque podemos suponer que el hipotético Tom era también una persona nutricia y protectora, en ese momento se encontraba en una situación de mucha presión. Barbara tomó una posición que no era autodestructiva para lograr satisfacer sus necesidades. Buscó una amiga, sabiendo que ese contacto la haría sentirse bien. Si Barbara no hubiese podido buscar nunca el cuidado y la reciprocidad de Tom, entonces la relación hubiese sido desequilibrada porque no hubiese sido mutua. Si Tom nunca se hubiese tomado el tiempo como para nutrir a su hija, entonces Barbara hubiese estado haciendo demasiado.

• *Una guía para ser naturalmente nutricia*

Si logramos salir de la trampa de nuestras propias definiciones, veremos que todas las personas, aun los niños, tienen la capacidad de ser nutricias. Sin embargo, como sociedad, aún no hemos llegado a apreciar estos valores, que por eso tienen una prioridad muy baja en nuestras vidas culturales y emocionales. Posiblemente esta es la clase de comportamiento del que menos disponemos en este mundo obsesionado por la autoperfección y la búsqueda de objetivos cada vez mayores. Sin embargo, la falta de estas conductas nos empobrece a todos. Nuestro entorno sufre porque llegamos a olvidar esta necesidad de alimento. Irónicamente este es el comportamiento más importante para llegar a sentirse bien.

Cuando llegamos a la edad adulta, solemos dar y recibir muy poco alimento, porque pensamos que ya somos muy viejos para necesitarlo. La mayor parte de la responsabilidad recae además sobre las mujeres porque somos las responsables biológicas de la crianza de los niños. A la mayor parte de los hombres jamás se les enseña cómo ser nutricios. Ellos, además, tienden a negar su necesidad de ser enriquecidos, aunque indirectamente esperan estos comportamientos por parte de las mujeres. Las mujeres, en cambio, suelen negar su necesidad de que las nutran y se centran solamente en dar.

Las conductas nutricias nos hacen sentir bien porque se producen naturalmente si no hacemos nada para bloquearlas y restringirlas. Lo que más bloquea la posibilidad de nutrirnos y nutrir a otros es la convicción de que no lo merecemos. El mayor bloqueo para nutrir a los demás es la confusión que suele existir entre nutrir y ser responsables por otros y sentirse tonto si alguien se da cuenta de que nos preocupamos por él. Presentaremos ahora algunas de las cosas que deben y que no deben hacerse para permitir una relación mutua y nutricia, seguida por algunos ejemplos al azar de cosas que se pueden hacer para nutrirse.

COSAS QUE DEBEN HACERSE

—Demuestra cuando te preocupas por alguien, se trate de un amigo, una persona de la familia, un amante, un cliente, un estudiante, un paciente, un compañero de trabajo o un hijo. Muéstralo tan frecuentemente y tanto como desees.

—Sigue los impulsos que te indican lo que debes darte o lo que debes hacer por ti misma.

—Haz aquellas cosas de las que disfrutas tanto como puedas.

—Trata de darte cuenta del momento en que el nivel de nutrición de tu vida se está desequilibrando. Una persona puede no retribuir lo suficiente, pero otras pueden darte más. Sólo cuando sientas que no existe un intercambio adecuado la relación se torna un problema.

—Confía en que mereces ser feliz, que se preocupen por ti, y que mereces tener lo que necesitas.

—Da, permitiendo que otros te den.

—Aprende a pedir lo que necesitas y acepta que a veces los demás te dirán que no.

—Da de un modo que aumentes el crecimiento, el bienestar y la independencia de los otros. Las personas que son independientes se pueden vincular más profundamente.

—Nutre a los niños sin egoísmo, pero recuerda recomponerte a ti misma en tu relación con otros adultos.

—Toma conciencia de que vivimos en un entorno nutricio y de que solamente las personas con creencias negativas y comportamientos de falta de cuidado bloquean ese proceso.

—Toma conciencia, respeta y sé clara respecto de las necesidades de la otra persona. No es adecuado ser nutricio si la otra persona no lo desea o no lo necesita.

—Ocúpate de nutrirte a ti misma, especialmente cuando te sientas mal o estés bajo un estrés superior al normal.

—Recuerda que no sólo las personas, sino también las relaciones, los talentos, los proyectos, los entornos —todo lo que está vivo y en crecimiento— requieren que se los alimente y pueden recompensarnos a cambio.

—Recuerda que cuanto más te nutras y más nutras a los demás mejor te sentirás.

COSAS QUE NO DEBEN HACERSE

—No pienses en ti misma de una manera negativa o autocastigándote y no aceptes definiciones negativas de otros.

—No confundas nutrir con hacer las cosas por otro o con cuidarlo.

—No des si no es por elección, pero a veces da más de lo que desees.

—No pierdas la conciencia de que hay otros que se preocupan por ti.

—No busques cuidados en personas que no pueden dártelos.

—No busques excusas para no prestarte atención a ti misma. Cuando necesites algo, hazlo.

—No impidas a las demás personas que te den cosas. El aceptarlas no te obliga a retribuirlas.

—No supongas que existe un límite para dar o recibir.

—No esperes que la gente te dé cosas. Si quieren hacerlo, lo harán naturalmente.

—No te esfuerces por dar. Si lo haces sin desearlo, sólo crearás problemas.

COSAS NUTRICIAS QUE PUEDEN HACERSE

- Llévale a tu amante una bebida fresca en un día caluroso o una bebida caliente en un día frío.
- Envía una tarjeta a un amigo.
- Pasa un día fuera, sola o con amigos.
- Prepara la cena para una amiga en el día de su cumpleaños.
- Cuando llame un amigo en crisis, escúchalo.
- Dile a tu hermana que piensas que ella es sensacional.
- Pon tu música predilecta mientras cocinas.
- Permite que alguien prepare la cena para ti.
- Cómprate ese nuevo libro que estabas deseando tener y léelo.
- Planea un festejo para el cumpleaños de tu jefe.

138

- Planea pasar un día sola con cada uno de tus hijos.
- Tómate unos días libres y no pienses en nada.
- Toma o da un masaje.
- Recuerda que eres una persona maravillosa.
- Pídele a alguien que te diga cuáles son tus cinco mejores virtudes.
- Planea un festejo para tu propio cumpleaños.
- Confírmale a tu amigo que todo saldrá bien.
- Siéntate, no hagas nada y piensa en lo primero que venga a tu mente.
- Dale a tu amante algo que sabes que él o ella quiere o necesita o que sabes que disfrutará.
- Habla con la gente y cuéntale lo que piensas de la vida.
- Escucha a las personas y trata de comprender realmente lo que sienten y piensan.
- Consuela a alguien que sufre.
- Pinta un cuadro, cuenta un cuento, canta una canción.
- Lleva un diario de tu vida.
- Llama a todos tus amigos para preguntarles cómo están, deseando saberlo realmente. Haz lo mismo con las personas de tu familia.

Ser nutricia a veces conlleva elecciones difíciles. Nuestro tiempo es competitivo y demandante. Algunas veces, para nutrirnos a nosotras mismas o a otros debemos dejar de lado otras cosas, pero debemos considerar que nutrirnos es una prioridad para sentirnos bien.

Este principio se aplica tanto a nuestras vidas personales como a nuestras vidas laborales. Si sentimos continuamente que no estamos en condiciones de dar nada porque nuestro trabajo es demasiado exigente y estresante, y si nuestro contexto de trabajo no es nutricio, entonces hemos perdido el equilibrio. Necesitamos hacer ajustes que permitan que lo nutricio pase a conformar nuestras relaciones. Si no lo hacemos, quedaremos atrapadas por la bondad y acabaremos sintiéndonos vacías y mal.

Aprendiendo a ser firmes

El principal antídoto contra la bondad y responsabilidad excesivas es la firmeza. Ser firme es crear una separación: demostrar a las personas que nuestra independencia y nuestro ser deben ser respetados. Este es un principio acerca de lo que uno hará y no hará, de lo que uno aceptará y no aceptará. Uno no puede ser recíproco y nutricio si no es firme, ya que la firmeza nos impide dar a expensas de nosotros mismos. En lenguaje terapéutico, llamamos a la firmeza una "toma de posición".

La mujer que se esfuerza por ser buena suele no poder ser firme. Como siente y hace demasiado por los demás, no puede definir lo que es y lo que no es aceptable para ella. Simplemente se hace cargo de las cargas de otras personas, sin pensar en sus propios límites o en que las cargas son en realidad de otro. Como se la puede convencer fácilmente de que mueva sus límites o que haga de más, para no ser catalogada de "mala", es vulnerable ante el comportamiento abusivo de los demás. Cuando una mujer no fija los límites, las personas se sienten libres de poner sobre ella expectativas inapropiadas. Ella no puede obtener el respeto de los demás. En su necesidad de que los demás la consideren buena, no se puede definir.

Veamos el modo en que Barbara tomó posiciones y el efecto que estas tuvieron en sus relaciones. En primer lugar, Barbara tomó una posición respecto de su jefe: "Me voy a tomar dos días libres..." No conocemos el contexto de su trabajo. Quizá muchas de nosotras pensamos que no tenemos la libertad para tomar tantas decisiones en lo que al trabajo se refiere, pero muchas veces se trata de algo general: siempre pensamos que no tenemos la libertad suficiente como para hacer las cosas que necesitamos o deseamos. Dado que Barbara creía firmemente en su derecho a tomarse un tiempo para ella, es probable que haya formulado el pedido de una manera tal que él pudo darse cuenta de la importancia que para ella tenía. Ella debe de haber mostrado que sentía que tenía derecho a ese tiempo y que aceptaría las consecuencias de tomárselo. Indudablemente también debe de haber comunicado que esperaba una comprensión respetuosa de su pedido.

Barbara también permaneció firme al no hacerse cargo del problema de Tom con su madre. Había reservado ese tiempo para ella. Eso le parecía importante. Persistió entonces en su plan, aunque hubiese sido amable de su parte comprar el regalo por Tom o ir a visitar a su suegra. Barbara no quería hacer esas cosas, aun cuando su decisión podría haberla indispuesto con su esposo o con su suegra. Decidió que, en este caso, sus propias necesidades estaban primero.

Finalmente, cuando Abby la llamó, Barbara fue cariñosa pero firme. Lo que ella le comunicó fue: "Abby, yo quiero ayudarte y escucharte, pero primero quiero terminar con lo que estoy haciendo. Si eso no está bien para ti, puedes elegir alguna otra opción". "Este es un problema que tú debes solucionar y yo estoy protegiendo el tiempo que tomé para mí."

Para este momento, cualquier persona que no fuese hipotética como Barbara, estaría agotada por el esfuerzo de ser continuamente tan firme. Para poder hacer una cosa relativamente sencilla, ella tuvo que ponerle límites prácticamente a todas las personas importantes en su vida. Este es un testimonio acerca del papel central de una mujer tanto en su trabajo como en la familia. Es una demostración del nivel de expectativas que habitualmente nos imponen sin que siquiera nos demos cuenta. No hay cosa que provoque mayores reacciones que una mujer que fija límites y permanece firme.

Pero veamos los aspectos positivos de esta conducta. Barbara reforzó su respeto por sí misma y en su debido momento manifestó a los demás que esperaba que hiciesen lo mismo. Se hizo responsable de sus propias necesidades y requirió de los demás que hiciesen lo mismo. Fue nutricia y sensible, pero conociendo sus propios límites. Cuando no se esforzó en demasía por resolver los problemas de los demás, tanto Tom como Abby pudieron encontrar soluciones para sus problemas. Tom tuvo que alimentar por sí mismo su relación con su madre, y Abby tuvo que aprender que una de las habilidades necesarias para poder ser independiente es saber pedir ayuda.

Barbara no tuvo que rechazar a nadie ni fue necesario que se enojase para permanecer firme en su posición. Cuando Abby la acusó de odiar a todo el mundo porque deseaba permanecer sola, Barbara no se puso a la defensiva. Se dio cuenta de que se trataba de un enojo de Abby y de un problema de Abby que no tenían nada que ver con sus propios sentimientos. Su respuesta pudo ser clara. Ella en ningún momento pensó que quizá realmente los odiaba ni sintió que su deseo de permanecer sola fuese extraño o anormal. No se cuestionó a sí misma. Todo el tiempo tuvo claro lo que quería y lo que no quería hacer. Además, fue firme respecto de lo que toleraría y lo que no toleraría.

El efecto de ser firme, de poner límites y tomar posiciones es una relación en que todo el mundo se siente mejor. Aunque al principio puede haber reacciones negativas, sobre todo cuando este comportamiento representa un cambio, finalmente una mujer se siente mejor de esta manera, porque está luchando por su derecho a centrarse en sí misma. Su autoestima mejora, se siente fuerte y responsable en lugar de empobrecida y maltratada... También se siente mejor porque consigue lo que necesita. Sus necesidades y las necesidades de sus relaciones se equilibran.

Los hijos se sienten mejor porque conocer las reglas y los límites les proveen una sensación de seguridad. Ver a uno de sus padres fijar límites en forma clara permite al hijo conocerlo más íntimamente y le provee modelos de equilibrio en lugar de modelos de "bondad". Nuestra pareja se siente mejor porque, aunque tal vez no obtiene lo que desea, obtiene el placer de vernos felices. Sabe que, cuanto más nos autodefinamos, más aptas seremos para participar de una relación plena. Sabe también que, en la medida que nos respetemos a nosotras mismas, seremos más capaces de respetar también sus deseos y necesidades.

142

Recordemos que Barbara es hipotética. Para ella es fácil vivir de acuerdo con este nuevo Código, porque nunca estuvo atrapada en el anterior. Para la mayor parte de nosotras, en cambio, encontrar el equilibrio y sentirnos mejor requerirá de toda una práctica: requerirá el trabajo de cambiar.

7

Bondad igual a responsabilidad

Cambiemos la ecuación

Una buena amiga nuestra llamó un día para saber si alguna de nosotras podía escribir una reseña acerca de su último libro. Habíamos hablado con ella unos meses antes y, aunque no le habíamos dicho directamente que sí, habíamos dado a entender que alguna de nosotras lo haría. Sin embargo, en el momento en que ella llamó, ambas estábamos muy sobrecargadas de trabajo. ¿Qué hacer cuando una amiga muy generosa llama para pedir un favor justo en el momento en que uno tiene menos posibilidades de hacérselo? ¿Decir que sí y luego vivir bajo una gran presión? ¿Decir que no y soportar la culpa? ¿Cuál es una respuesta a la vez buena y responsable?

Las dos dijimos que no y las dos sufrimos. Jo-Ann estaba tan molesta que no podía dar fin a la conversación y quería asegurarse de que nuestra amiga no estaba enojada y de que todavía la quería. Claudia buscaba la solución: como ella no podía hacer el trabajo, la ayudaría a buscar a alguien que pudiese hacerlo. Estábamos avergonzadas y nos sentíamos culpables y todavía se sumó a nuestra desdicha que nuestra amiga, al cortar la comunicación, nos dijese en forma dramática que se iba a ahorcar.

Cortamos la comunicación y nos reunimos en la sala de espera que separa nuestras oficinas: "¿Qué sucede con nosotras?", dijo Jo-Ann. "¿Cómo es que estamos escribiendo un libro acerca de cómo dejar de lado el Código de la Bondad y nos sentimos tan malas?"

Claudia sabía que había violado el mandato de no ser egoísta del Código de la Bondad. Jo-Ann pensaba que no había cumplido con la norma de ser competente. Haber dicho que no nos había sumergido en una "crisis de bondad". La crisis era típica. Cualquier decisión —centrarnos en la necesidad de nuestra amiga o en la nuestra— tenía sus consecuencias. De haber escrito la reseña, hubiésemos tenido que modificar nuestras agendas de trabajo. Secretamente hubiésemos estado enojadas y resentidas por su pedido. Pero decir que no nos hacía sentir mal. Nos hacía preguntarnos si en el futuro ella seguiría apreciándonos igual. Hacía que tratáramos de ser demasiado buenas de alguna otra manera, por ejemplo, buscando a alguien que hiciese el trabajo, para reivindicarnos por haber fallado de esta manera.

Las crisis de bondad como esta nos llevan a una experiencia de ruptura del trance. El conflicto entre complacerse uno mismo y complacer a otro puede ser tan doloroso que nos lleve inevitablemente a tener que enfrentarnos con el poder de las reglas de la bondad. Las dos habíamos sido firmes y habíamos dicho que no, respetando un importante principio del nuevo Código del Equilibrio. Sin embargo, todavía estábamos llenas de sentimientos de culpa. Estábamos avergonzadas por haber tenido que poner un límite. De algún modo creíamos que jamás debíamos decir que no a alguien a quien estimábamos, a alguien que era generoso con nosotras. Esta creencia nos hacía sentir mal.

Es evidente que nosotras no habíamos alcanzado el equilibrio de la hipotética Barbara del capítulo anterior. Ella podía decir que no con facilidad y sin temer que esto dañaría sus relaciones. Sin embargo, nosotras no estábamos tan sujetas al Código de la Bondad como lo estaban Lois, Ann o Carol en el Capítulo 5. Pudimos decir que no, pero nos sentimos mal después de hacerlo. Como la mayor parte de las mujeres, estábamos situadas en alguna parte entre el equilibrio y el extremo de ser demasiado buenas.

Como sucede a la mayor parte de las mujeres, nuestro dilema consistía en ser capaces de ser firmes en cuanto a los límites y no sentirnos mal. La situación de Barbara representaba una serie de crisis en las que ella era instada a centrarse en las necesidades de Tom, de Abby y de su suegra en el momento en que ella había decidido ocuparse de sí misma. ¿Cómo alcanzar el sentimiento de equilibrio de Barbara, que le permitía sentirse cómoda caminando en la cuerda floja entre las necesidades de ser buena con los demás y ser buena con ella misma, de dar respuesta a los otros o de hacerse cargo de sus necesidades?

LA OPCION DE CAMBIAR

Las crisis de bondad como esta nos desafían a cambiar si deseamos sentirnos mejor. Es evidente que, antes, de que puedan cambiar nuestros sentimientos, deberán cambiar nuestras creencias acerca de la bondad. Pero la mayor parte de nosotras todavía se comporta como "demasiado buena". En general, solamente cuando hacemos una cosa que no deseamos hacer en absoluto, o cuando no la hacemos y nos sentimos mal, nos damos cuenta de que no nos resulta adecuado estar atrapadas por el Código de la Bondad.

A veces los acontecimientos que disparan nuestra decisión de cambiar pueden parecer nimios. Es frecuente que las mujeres cambien como resultado de acontecimientos que las han motivado para cuestionar sus modelos de bondad.

"Acababa de romper con un hombre con el que había

estado saliendo durante algún tiempo. Estaba sola en mi departamento y, por algún motivo, esa noche en particular me encontré a mí misma disfrutando del hecho de estar sola. Estaba cocinando menú hindú para mí sola y leyendo un buen libro. El me llamó mientras yo estaba friendo las cebollas, para decirme que quería hablar conmigo. Yo sentí que necesitaba hacer lo que estaba haciendo. Le dije que no y corté la comunicación, cosa que no era habitual en mí. Me di cuenta de que algo había cambiado, de que por primera vez era consciente de lo importante que significaba estar centrada en mí misma. Me di cuenta de que durante toda esa relación yo había dejado de lado cualquier cosa cada vez que él quería algo. Estaba desesperada por captar su atención. Decidí que quería descubrir qué era lo que me hacía ignorarme a mí misma de esa manera."

Otra mujer, en cambio, sabía que algo andaba mal, pero no podía precisar qué cosa. Su crisis era menos evidente.

"Susan puso fin a nuestra relación sin darme demasiadas explicaciones. Un día me dijo que había conocido a otra persona. Yo lo acepté. Pensé que posiblemente sería para bien. Sin embargo, durante meses estuve deprimida y sintiendo un gran peso. Alguien me dijo un día: '¿No estás enojada con ella? ¿Nunca le dijiste cómo te sentías?' Yo siempre pensé que no era posible hacer eso. No puedo manifestarle a alguien que estoy enojada, aunque mi enojo sea justificado. La cosa era todavía más complicada porque yo deseaba que ella siguiese formando parte de mi vida como una amiga. Sin embargo, una parte de mí sabía que lo que yo realmente necesitaba era enojarme. Empecé a pensar en todas las ocasiones en las cuales no les digo a las personas lo que siento."

Ambas mujeres experimentaron un dolor o un conflicto que las llevó a tener una mayor conciencia de su comportamiento "demasiado bueno". Cuando ellas dicen "me di cuenta" o "empecé a pensar", están en realidad diciendo que su trance de bondad estaba roto y que se daban cuenta de que necesitaban una nueva manera de comportamiento.

Una crisis de bondad pasa por el lugar donde uno se ha

centrado. Nos desafía a que decidamos si queremos ser demasiado buenas en beneficio de otro o si deseamos actuar en función de la responsabilidad que tenemos para con nosotras mismas: "¿Debo hablar con él cuando lo que verdaderamente deseo es estar sola?" o "Quizá no debo hacerle conocer mis sentimientos porque ella puede sentirse incómoda o enojarse conmigo". El desafío consiste en cambiar nuestras creencias acerca de la bondad de modo tal que tengamos principios diferentes que guíen nuestros comportamientos. El hecho de modificar nuestro comportamiento y nuestras creencias nos llevará finalmente a cambiar nuestros sentimientos acerca de nosotras mismas.

LO QUE SE SIENTE AL CAMBIAR

Al comienzo, dejar de lado la bondad excesiva puede resultar doloroso. Todos necesitamos buscar nuestro camino a través del proceso de cambio, para llegar finalmente a sentirnos bien, en lugar de tener un comportamiento "bueno". Llegar a adoptar el nuevo Código del Equilibrio insume tiempo y energía emocional. El bienestar de Barbara consigo misma y su confianza en el valor de decir no pueden constituirse en aspiraciones para nosotras, pero alcanzarlas es un viaje difícil y a veces podemos sentir que preferimos quedarnos en casa.

Sin embargo, siempre existe un punto final en el proceso de cambio, un momento en el cual alcanzamos un nuevo nivel de bienestar. Recordando sus cambios del pasado, una paciente nos contaba la siguiente historia:

"Hubo un momento en el cual hice un gran cambio, que fue importante para mí. Cuando Don y yo decidimos casarnos, queríamos una boda íntima, en la que sólo participasen los amigos más cercanos. Mi madre, en cambio, deseaba una gran fiesta, muy elegante, en un lugar a la moda y con muchos invitados, luego de una deslumbrante ceremonia. Al comienzo yo hice la cosa habitual. Llevé a Don a ver lugares que podrían gustarle a mi madre. Yo me decía que debía hacer lo mismo que siempre y complacerla. Don y yo hablamos de este tema durante meses. Yo me quejaba ante cualquier persona que quisiese escucharme. Finalmente pensé: 'No. Yo no voy a hacer esto'. Cuando se lo conté a mi madre, ella me dijo: '¿Cómo puedes hacerme esto? He esperado este día durante toda mi vida, y sucederá sólo una vez en mi vida.' Yo entonces le respondí con mucha tranquilidad: 'Mamá, tu día ya pasó. Este será el mío'.

"Luego de esto fue mucho más fácil dejar de intentar complacerla. Ella siempre siguió molesta por lo que yo había hecho, pero nunca volvió a encararme del mismo modo."

A medida que describamos el proceso de cambio, dedicaremos la mayor parte del esfuerzo a ayudarlas en aquellas etapas que generalmente son más difíciles para las mujeres. El hecho de sentir que pueden manejar los puntos más álgidos las ayudará a ahorrar energía para el cambio en sí mismo. El proceso es siempre más fácil si una lo atraviesa acompañada por otras personas. Cuando una está trabajando para cambiar sus modelos de bondad, el sostén que puede brindar un grupo de terapia, un grupo de apoyo o un programa de doce pasos tal como el de Alcohólicos Anónimos o el de Al-Anon puede hacer su trabajo más efectivo y provechoso.

En este momento usted posiblemente se estará preguntando: "¿Qué es lo que ustedes me están sugiriendo que haga y por qué debería yo hacerlo? Es verdad que de vez en cuando me siento mal, pero no estoy segura de desear dejar de ser buena. No estoy segura de querer ser como Barbara. Me gusta ser buena, y dar es placentero". Como decía una mujer: "Si no soy buena, ¿de dónde provendrá el bien? No quiero dejar de hacer algo si eso significa que se quedará sin ser hecho". Otra mujer nos decía: "Ser buena me ha llevado hasta donde estoy. ¿Por qué debería dejar de serlo?"

Esta clase de preguntas son válidas. Si uno no es una persona que se sienta mal a menudo, si es poco frecuente que experimente los síntomas de las crisis de bondad, si es raro que se sienta presa de sentimientos de vergüenza, entonces usted no debe cambiar. Pero la pregunta sería: "¿Qué significa exactamente ser demasiado buena? ¿Cómo podría yo saber si lo soy? ¿Cómo me sentiría si cambio esto?"

Para ayudarla respecto de una decisión de cambio, será necesario afinar la definición de bondad, ponerle palabras más claras y delinear tanto los beneficios del cambio como las consecuencias de dejar todo como está.

LA RESPONSABILIDAD FEMENINA

ALGO BUENO PERO EN DEMASIA

Otra forma de llamar al hecho de ser demasiado buena es "demasiado responsable". Tranquilamente podríamos haber denominado al Código de la Bondad "Código de la responsabilidad". El mensaje que subyace en este código es que las mujeres son responsables del bienestar, el placer, la felicidad, la comodidad y el éxito de quienes las rodean. Cada vez que sienten que fallan respecto de estas responsabilidades, la respuesta típica consiste en esforzarse más y hacer más cosas. Fallar las hace avergonzarse.

En términos de sentimientos, esto significa que, por ejemplo, en el caso de nuestra amiga que nos pidió un favor, nosotras nos sentimos responsables de su bienestar. Ella necesitaba que hiciésemos un trabajo. Nosotras entonces nos sentimos responsables, no sólo del trabajo, sino también *de sus sentimientos respecto de este*. Si ella se sentía decepcionada o infeliz, era por culpa nuestra. En lugar de centrarnos en nuestros propios sentimientos, en nuestros propios límites, y reaccionar de manera responsable pero firme ante su pedido directo, su problema se transformó en un problema nuestro y sus sentimientos también se transformaron en nuestro problema. El límite entre ella y nosotras se había esfumado. Nos habíamos vuelto demasiado buenas, demasiado responsables.

El Código de la Bondad tiende a crear una confusión entre preocuparse por algo y ser responsable de ello. Preocuparse por algo no es ser demasiado buena. En realidad, el comportamiento nutricio que sugiere el Código del Equilibrio está enriquecido por la misma energía que la responsabilidad. Pero cuando nutrimos permanecemos centradas en nosotras mismas. Nutrimos a alguien, pero no somos responsables de él. Cuando somos demasiado buenas nos hacemos cargo de los problemas, las necesidades y los sentimientos del otro como si fuesen nuestros. Tendemos, en cambio, a hacernos menos responsables de nosotras mismas. Como decía una colega: "Para la mayor parte de las mujeres, el ocuparse de sí mismas es un pensamiento nuevo. Para ellas el hecho de ser responsables nunca incluyó a sus propias personas".

La responsabilidad respecto de otros es una cosa buena, pero ejercida en demasía. Cuando somos demasiado responsables, actuamos como si nos preocupásemos más de los sentimientos de los demás que de los propios. Podemos protegerlos, aconsejarlos acerca de sus sentimientos, deprimirnos cuando se deprimen, ponernos ansiosas cuando ellos lo están y molestas cuando ellos están molestos. Actuamos en torno de ellos y nos ponemos ansiosas *por ellos*. Intentamos hacer cosas buenas *para ellos*. Durante este proceso olvidamos centrarnos en nosotras mismas. En efecto, a veces nos centramos en los demás como un modo de evitar centrarnos en nosotras mismas.

Cuando somos demasiado responsables, nos involucramos demasiado con los sentimientos del otro y nos preocupamos demasiado por las reacciones del otro hacia nosotras. Hacemos al otro responsable de hacernos bien. Nuestro valor reside en su aprobación.

Hemos visto un ejemplo de esta forma de ser demasiado buenas en el ejemplo de Carol en el Capítulo 5. Carol suponía que, si ella se esforzaba lo suficiente, su esposo no se enojaría. Si ella cocinara bien el pollo, mantuviese a los niños en silencio, se ocupase de todo, él la aprobaría. Ella se hacía cargo del problema de la ira de él como si se tratase del problema de que no era suficientemente buena. Se hacía demasiado responsable de él y demasiado poco de ella misma. Si hubiese sido responsable de sí misma, hubiese dicho a su esposo: "No puedo aceptar tu violencia y tu alcoholismo. Necesitas ayuda. Si no puedes procurártela, deberé irme porque los niños no están seguros aquí". Pero Carol había aprendido demasiado bien las lecciones acerca de la bondad femenina, por lo cual podría lograr esta claridad después de trabajar mucho sobre el cambio de esta tendencia a hacerse demasiado responsable.

Existen otras formas concretas de ser demasiado responsables. Hacemos trabajos por otras personas que deben y pueden hacerlo por sí mismas; entonces, por ejemplo, cuando estamos ocupadas pagando los impuestos de otro, olvidamos pagar nuestro propio estacionamiento. Si no lo hacemos en forma directa, comentamos o recordamos al otro que debe pagar sus impuestos. Sea que lo hagamos directamente o que lo comentemos, seguimos estando centradas en el otro y en sus ocupaciones.

Jo-Ann cuenta la historia de una paciente suya que tenía una continua lucha con su hijo respecto de sacar fuera la basura. Cuando se aproximaba la hora en que había que sacarla, ella comenzaba después del desayuno a recordarle a su hijo lo que debía hacer. El decía "Bueno, está bien", y luego se iba a la escuela sin sacarla. Afortunadamente la recogían tarde. El muchacho volvía de la escuela y la misma conversación se repetía hasta el momento en que se escuchaba al camión de la basura que se acercaba. El hijo corría entonces con las bolsas en la mano, desparramando por el camino cáscaras de naranja o de huevo. "Nunca hubiese creído que yo podía vivir dos días de la semana obsesionada por el tema de la basura. Mi única preocupación era si él iba a hacerlo o no.

Hubiese sido mucho más sencillo hacerlo yo misma. Pero en verdad ese era un trabajo que le correspondía a él. Entonces aprendí a callarme y no decir nada al respecto y él comenzó a recordar la cuestión por sí mismo."

Por supuesto, esta madre hubiese podido sacar ella misma la basura fuera, pero esa elección hubiese tenido sus consecuencias. Su hijo no hubiese aprendido a hacerse cargo por sí mismo de una responsabilidad. Ella se hubiese enojado y hubiese sentido que había fracasado como madre. La cuestión de quién era responsable de qué cosas hubiese seguido perturbando y desequilibrando la relación entre ellos.

Siempre podemos elegir cuánto queremos involucrarnos con otras personas y sus problemas, pero debemos saber que nuestras elecciones siempre afectan nuestros sentimientos, los sentimientos del otro y las reglas de interacción que se desarrollan entre nosotros.

Los mandatos de ser buena y responsable pueden parecer simples e inofensivos, pero tienen consecuencias profundas y complejas. En la medida en que afectan a las mujeres, tienen un gran impacto sobre las mujeres y los niños. Son mandatos que afectan todas las relaciones y actividades importantes de nuestras vidas. Determinan cómo nos relacionamos con nuestros amigos, nuestros amantes, nuestros padres y nuestros hijos. Determinan también el significado y la influencia del trabajo en nuestras vidas y configuran nuestras reacciones y nuestra intervención respecto de cuestiones sociales importantes de nuestro tiempo.

RECONOCER LA HIPERRESPONSABILIDAD

Debemos observar estas señales para saber si estamos atrapados por un comportamiento demasiado responsable:

- Protegemos los sentimientos de los otros callando lo que sentimos.

- Nos resulta muy difícil decir que no.
- Suponemos que sabemos lo que está sucediendo en la mente de otra persona y adaptamos a ello nuestro comportamiento.
- Nos sentimos culpables o enojadas cada vez que alguien está molesto.
- Sentimos que no podemos pedir lo que deseamos o lo que necesitamos.
- Cuando nos enojamos nos sentimos culpables.
- Sentimos que nos corresponde hacer felices a otras personas dándoles nuestro tiempo y nuestra atención.
- Hacemos por otras personas cosas que ellos pueden o deben hacer por sí mismos.
- Sentimos que debemos aconsejar, dirigir o comentar el modo como el otro hace sus cosas.
- En cualquier grupo, familia o trabajo nos hacemos cargo de una parte mayor de la que nos corresponde.

NOTA DE CLAUDIA

Cuando hablamos de la hiperresponsabilidad femenina, debemos recordar que el hacer demasiado es sólo una de las formas posibles de ser demasiado buena. Una mujer puede ser demasiado buena sin mover un dedo. La cuestión depende de cuánto se centra en otra persona en lugar de en ella misma. Yo pude ver esta tendencia en mí misma durante la preparación de este libro.

Para la época en que comenzamos a planear el proyecto, mi madre se enfermó gravemente de cáncer. Yo vivo a cinco horas de distancia de su casa y no podía estar presente como para poder ayudarla lo suficiente. Sin embargo, la tenía presente en mi mente continuamente. Sentía como si la llevase conmigo permanentemente y ese peso me impedía desempeñarme bien en mi trabajo y en mi vida. Yo sentía que era responsable de hacer algo que le permitiese sentirse mejor. La llamaba a menudo y cuando no lo hacía me sentía culpable. Con frecuencia sentía que yo debía hacerme cargo de su tratamiento médico, pese a que ella tenía una muy buena relación con sus médicos. Cuando ella se deprimió, yo me deprimí. Pasé noches enteras leyendo libros acerca de su enfermedad, como si el leerlos pudiese capacitarme de algún modo para curarla. Me costaba un gran esfuerzo centrarme en escribir y en otras cosas importantes de mi vida. En realidad no estaba haciendo gran cosa por ella, pero era demasiado buena. Nada de lo que yo hacía la ayudaba y, en realidad, cuando lo pensé me di cuenta de que actuaba más para calmar mi propia ansiedad que para responder a una necesidad real de mi madre. La ansiedad estaba tapando la vergüenza que yo sentía por no hacer más.

Finalmente comprendí que no importaba cuánto me centrara en ella, no podría ayudar a mi madre a hacer el trabajo que ella debía hacer por sí misma: hacerse responsable de su vida, de su enfermedad y de su muerte potencialmente cercana. Yo no podía vivir por ella, morir por ella, ni mantenerla viva.

Esta conciencia no cambió demasiado mi comportamiento exterior, pero me liberó de la culpa y de tomar sobre mí el peso emocional de la vida de mi madre. Me ayudó a darme cuenta de que somos dos personas independientes que comparten una relación. Esto me permitió hablar más con ella acerca de lo que nos sucedía, tanto a ella como a mí. En medio de su enfermedad, pude hablar con ella sobre mi vida y recibir sus respuestas a mis problemas, así como también hablar sobre los suyos. Esto no quiere decir que ya no me haya sentido ansiosa y triste, ni que no haya sentido dolor por lo que le sucedía. Quiere decir que pudimos hablar mejor acerca de las cuestiones reales y que me pude centrar más en mi vida. Mi decisión de enfrentar mis sentimientos y de pensar acerca de mis comportamientos me ayudó a llevar mejor mi propia vida. Al no sentirme tan culpable, pudimos además tener entre nosotras una relación más profunda.

SER DEMASIADO BUENAS NOS LASTIMA

LA RUEDA DE LA RESPONSABILIDAD

Cuando vivimos de acuerdo con los mandatos del Código de la Bondad, fijamos reglas desequilibradas en nuestras relaciones y en general acabamos haciendo demasiado. Cuando nos hacemos cargo del mensaje de que somos responsables de los demás, nos estamos diciendo a nosotras mismas que valemos menos que los otros, y también se lo estamos diciendo a ellos. Cuando somos demasiado responsables de los otros, generalmente acabamos por ser demasiado poco responsables de nosotras mismas.

Ya hemos visto los efectos del mensaje que nos dice que valemos menos en los Capítulos 4 y 5. Este mensaje da origen a la vergüenza, y cuando sentimos vergüenza acabamos haciendo más por los otros para sentirnos mejor con nosotras mismas. Quedamos atrapadas en el ciclo de la vergüenza y cuanto más hacemos peor nos sentimos. Además, nos enojamos.

Si somos demasiado responsables, como Ann en el Capítulo 5, tendemos a adoptar comportamientos extremos para escapar de las presiones de la bondad y para procurar equilibrarnos. Podemos comenzar a comer o a beber demasiado. Podemos trabajar demasiado o gastar demasiado dinero. Podemos hacer dietas estrictas e inmediatamente comer un helado gigante, o podemos pasar de estar totalmente centradas en nuestro amante a no prestarle atención en absoluto. Podemos trabajar de más en un área y descuidar otras cosas tales como nuestro estado físico o el cuidado del automóvil. Sentirnos malas, egoístas o locas es el precio que solemos pagar por estas respuestas rebeldes.

Echar un vistazo a la Rueda de la Responsabilidad, en la página 158, nos ayudará a visualizar cómo el ser demasiado responsables nos mantiene yendo y viniendo en un círculo que va de ser demasiado buenas a sentirnos horriblemente mal.

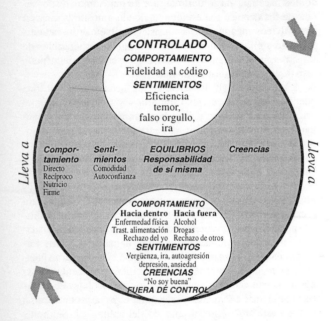

SER DEMASIADO RESPONSABLE DE LOS DEMAS

CONTROLADO
COMPORTAMIENTO
Fidelidad al código
SENTIMIENTOS
Eficiencia
temor,
falso orgullo,
ira

Lleva a

Lleva a

Compor- *Senti-* EQUILIBRIOS *Creencias*
tamiento *mientos* *Responsabilidad*
Directo Comodidad *de sí misma*
Recíproco Autoconfianza
Nutricio
Firme

COMPORTAMIENTO
Hacia dentro   Hacia fuera
Enfermedad física   Alcohol
Trast. alimentación   Drogas
Rechazo del yo   Rechazo de otros
SENTIMIENTOS
Vergüenza, ira, autoagresión
depresión, ansiedad
CREENCIAS
"No soy buena"
FUERA DE CONTROL

SER POCO RESPONSABLE DE SI MISMA

158

e si la expresamos nos comportemos de
bién tememos a veces que los demás no

na mujer niega su rabia, pierde el acceso
tirá determinar desde una posición firme
y qué es lo que no hará. En lugar de ser
revierte la rabia hacia sí misma. Como no
tamente, impide que los demás vean sus
uadas. A veces una mujer es tan buena,
le desde el punto de vista emocional que
sí misma como mala, antes que hacer algo
sentir incómodo a otro. Muchas mujeres,
a ser afirmativas, sólo consiguen sentirse
odas. Logran cambiar sus comportamien-
reyendo que no merecen conseguir lo que
nten mal cuando lo piden.

BONDAD DAÑA
ONES

dos personas sostienen una relación y las re-
a bondad no son claras, tienden a adoptar dos
das: el rol del que hace de más y el rol del que
. Si una persona es hiperresponsable, la otra se
sable. Así como hacer de más tiene consecuen-
en adopta esta posición, hacer demasiado poco
consecuencias emocionales. Lograr un equili-
las dos personas funcionen de una manera ade-
esponsable y mutuamente satisfactoria es un tema

os visto el daño que produce a una mujer el he-
emasiado buena, ¿pero qué hay del daño poten-
de acarrear esta conducta a su pareja o a otros
su familia?
uí algunas ecuaciones que describen los proble-

Cuando alcanzamos la parte superior de este círculo,
estamos esforzándonos demasiado por ser buenas con los
demás. Cuando estamos en este lugar, tenemos la ilusión de
tener todo bajo control, estamos orgullosas por nuestra capacidad de ser buenas. Sin embargo, y de manera inevitable,
como estamos dejando de lado nuestras propias necesidades
y sentimientos, vamos yendo lentamente de esta posición de
control a una posición de descontrol. No nos hacemos lo suficientemente responsables de nosotras mismas. Pasamos de
ese falso orgullo por nuestra bondad a sentimientos de vergüenza y desvalorización. Nos sentimos mal y nos comportamos de un modo hiriente para con nosotras mismas.

Cuando sentimos esta vergüenza, avanzamos nuevamente hacia la parte superior de la rueda, y volvemos a ser nuevamente demasiado buenas y demasiado controladas, con el propósito de sentirnos mejor. Pamela, en el Capítulo 4, por ejemplo, hizo demasiado por su hermana para sentirse mejor luego de haber perdido su empleo y de haberse abalanzado sobre un pastel.

El antídoto que nos permite no estar ni en un extremo ni
en el otro es no ser hiperresponsables ni irresponsables, es
permanecer en la zona media de la rueda: el equilibrio. En
esta zona no sentiremos ni falso orgullo ni vergüenza. No estaremos ni demasiado centradas en los demás, ni demasiado
fuera de nuestro propio centro. Experimentaremos un sentimiento de autovaloración y, en lugar de ser demasiado buenas y demasiado responsables, viviremos de acuerdo con el
nuevo Código. Tendremos relaciones recíprocamente respetuosas y nutricias. Seremos adecuadamente responsables de
nosotras mismas.

Podemos permanecer en esta zona de la rueda
primariamente si obtenemos ayuda y apoyo de otros. Las
mujeres que se tornan adictas utilizan el programa de doce
pasos como un contexto para aprender a pensar y a comportarse de una manera diferente. En realidad todos necesitamos
de otros para que nos sustenten y nos ayuden a permanecer en
una posición de equilibrio. Otras personas suelen vernos me-

jor de lo que nos vemos nosotras mismas, y la preocupación, la aceptación y el cuidado de los otros nos pueden ayudar a compensar los mensajes negativos del Código de la Bondad. Mientras procuramos mantener el equilibrio de nuestras vidas, podemos recibir el benéfico efecto de un grupo de apoyo o de un grupo de terapia.

La rueda nos ayuda a demostrar que, como mujeres, debemos revaluar quién es responsable de qué cosas, de modo tal que cuando hacemos cosas para los otros no nos desequilibremos, nosotras mismas. Si nos damos cuenta de que estamos enojadas, de que no podemos satisfacer nuestras propias necesidades, y de que debemos descontrolarnos para liberarnos de la presión de ser demasiado buenas, eso significa que estamos siendo demasiado buenas en desmedro de nosotras mismas.

Lo más importante es que nuestro modo de definir qué cosa es responsabilidad nuestra y qué cosa no lo es va configurando día tras día nuestros sentimientos. Si somos demasiado responsables, nos privamos de un equilibrio y una plenitud de espíritu que es crítica para el desarrollo de nuestras vidas. Nos cansamos, no tenemos energía o interés suficiente respecto de nuestra vida interior y perdemos los sentimientos de goce, juego y pasión. En nuestro esfuerzo para ser perfectas para otro, nos quedamos con un vacío interior.

DEMASIADO BUENO PARA SER VERDAD

EL MENSAJE DEL ENOJO FEMENINO

Claramente las consecuencias de ser demasiado buena son a menudo negativas para una mujer. Quizá la más importante de estas consecuencias, y sobre la que más debamos pensar, sea el enojo. Como veremos en la rueda, a menudo nos sentimos enojadas cuando somos demasiado buenas o cuando no podemos satisfacer nuestras propias necesidades.

La esc
es una
mente l
pias nec
profund
personas
toda pers
dada. La p
con profu

Una
fiesta para
lo mejor de
sentirme dep
nunca algo a
yo desease qu
por ella. Creo
sido así conmi

Finalmen
bien se la mant
en el caso de An
mente se manifi
sutil de descontr
ponsables de nos

Tal como ve
ira dentro de sí, e
estrés, tales como
blemas estomacales
no deben de ser co
reales que muchas v
res porque los médic
mas de las mujeres s
sos, las mujeres se de
cos de autodesvaloriza
felices.

Nuestra sociedad
rabia son inaceptables.
más y que nos guste hace

ira nos desborde y qu
una manera loca. Tan
puedan soportarla.

Pero, cuando u
a la ira que le perm
qué es lo que hará
firme con los otros,
puede enojarse dire
expectativas inade
tan hiperresponsab
prefiere definirse a
que pueda hacer
cuando aprenden
culpables e incóm
tos pero siguen c
necesitan y se sie

DEMASIAD
LAS RELACI

Cuando
glas acerca de
posiciones rígi
hace de menos
torna irrespon
cias sobre qui
tiene también
brio en el cua
cuadamente re
difícil.

Ya hem
cho de ser d
cial que pue
miembros d
He aq

mas que pueden aparecer en el equilibrio de una relación cuando una de las personas es demasiado buena y hace demasiado. Nuestras relaciones muestran habitualmente diferentes grados de desequilibrio. Nadie tiene comportamientos extremos en todas las áreas, todo el tiempo ni en todas sus relaciones. Nadie mantiene deliberadamente este tipo de desequilibrio. Los hombres, al igual que las mujeres, muchas veces hacen de más en algunas de estas áreas.

LO QUE OCURRE CUANDO UNA PERSONA HACE DE MAS Y LA OTRA HACE DE MENOS

- Si una persona es demasiado adaptada o demasiado buena, la otra se siente mal e inadaptada.
- Si una persona siempre es la competente, la otra no puede serlo.
- Si una persona se hace cargo de todo el trabajo, la otra nunca aprende a hacerlo y nunca obtiene la satisfacción de hacerlo.
- Si una persona siempre tiene disponibilidad emocional, la otra nunca aprende a estar sola o a manejar sus propios sentimientos.
- Si una persona satisface automáticamente todas las necesidades del otro, el otro nunca aprende a pedir y adquiere la idea de que tiene derecho a que satisfagan todas sus necesidades.
- Si una persona siempre sabe lo que es mejor, la otra nunca aprende a decidir.
- Si una persona siempre piensa en todo, la otra nunca se detiene a pensar.
- Si una persona siempre se está ocupando de la felicidad del otro, la otra comienza a pensar que sólo su felicidad es importante.
- Si una persona siempre compone lo que la otra destruye, la otra nunca debe enfrentar las consecuencias de sus propias conductas y elecciones.

- Si una persona está siempre centrada en la otra, sólo existe una persona —no existe una relación.

Lo que estas ecuaciones sugieren es que *la hiperresponsabilidad de una persona siempre lleva a la irresponsabilidad de la otra. Ser demasiado bueno en desmedro de uno mismo significa ser tan responsable que los demás lleguen a hacerse poco responsables de ellos mismos.*

El lado amargo de hacer demasiado en alguno de los aspectos que estas ecuaciones sugieren es que la otra persona acaba por sentirse controlada, despreciada, incompetente y enojada. Su sentido del yo también se resiente.

Sin embargo, la persona en quien nos centramos suele comunicar mensajes muy ambivalentes respecto de nuestros esfuerzos. Después de todo, ¿a quién no le gusta que le den y que lo cuiden? ¿Cuántas de nosotras, mujeres, no disfrutaríamos de tener una esposa o una secretaria personal que se hiciese cargo de muchas de nuestras responsabilidades? Si una persona ha sido objeto de un alto grado de atención por parte de su familia de origen, puede suponer simplemente que tiene derecho a más de lo mismo sin darse cuenta de que una parte de su personalidad está siendo empobrecida por el hecho de no aprender a hacerse cargo de sus propias responsabilidades.

Las personas, adultos o niños, que llegan a ser irresponsables porque son centro de atención sienten algunas de las siguientes cosas:

Culpa, frustración, inadaptación.
Un sentimiento de ser especiales, pero, al tiempo, de no tener poder o control real.
Temor de perder al cuidador.
Temor de intentar ellos mismos.
Ira, porque se sienten muy dependientes.
Falta de confianza en sus propias habilidades.

Como ustedes habrán notado, algunas de estas reacciones, provocadas por el hecho de ser "centro", son similares a los sentimientos de las mujeres que son demasiado buenas. El tema común es que, si uno se centra en demasía en otra persona, uno se torna irresponsable de sí mismo, y si uno es el centro de atención de otra persona, también se vuelve irresponsable de su propia persona. Ninguna de las personas que forman parte de esta ecuación puede pensar en lo que siente o actuar de acuerdo con sus deseos. La interacción se va empastando sin remedio y ambas personas acaban por sentirse mal.

Un ejemplo trivial lo constituye algo que todos habremos experimentado respecto de la decisión de qué hacer un sábado por la noche.

Ella dice: "¿Qué te gustaría hacer esta noche?" (Centrada en él.)

El dice: "No me inquieta, lo que tú quieras". (Le deja a ella la responsabilidad de decidir.)

Ella dice (pensando que a él le gustará): "Bueno, vamos a ver esa película de guerra que mencionaste hace unos días".

El dice: "Bueno, como quieras".

Resultado: Van al cine. A ella no le gusta para nada. El se muestra distante y silencioso toda la noche. Cuando vuelven a casa, ella le dice: "¿Hay algún problema?" El dice: "Podría haberme quedado en casa mirando televisión". Ella dice: "¿Por qué no me lo dijiste?" El dice: "Pensé que tú querías ir al cine". Los dos pasan una noche desagradable y se sienten mal.

En esta escena ella es hiperresponsable, demasiado buena. Ella anticipa lo que supone que él prefiere y trata de satisfacer su necesidad. El no toma ninguna responsabilidad acerca de la salida, suponiendo que debe complacerla. Sin embargo, subterráneamente, él la culpa por haberse perdido su programa de televisión favorito. Ninguno de los dos es claro consigo mismo ni con el otro acerca de lo que desea. Los dos terminan enojados, decepcionados y frustrados.

Veamos ahora cómo esta escena se podría haber desarrollado de una manera distinta:

Ella dice: "Estuve pensando en lo que me gustaría hacer esta noche. Me gustaría salir. Pensé que tal vez te gustaría ver esa película nueva. ¿Qué te parece?"

El dice: "Yo preferiría quedarme en casa. Estoy cansado y no tengo deseos de salir".

Ella dice: "Sé que habitualmente pasamos juntos el sábado a la noche, pero parece que hoy necesitamos cosas distintas. ¿Te molestaría si yo fuese sola o con una amiga?"

El dice: "Sí. No me gusta pasar solo el sábado a la noche".

Ella dice: "Lo sé, y realmente no me gusta salir sin ti. Pero creo que hoy realmente necesito salir. Así es que iré. Volveré temprano y podremos pasar juntos el resto de la noche. De todos modos, si cambias de opinión, yo estaré encantada de que vengas".

En esta escena, ella es responsable de sus propias necesidades, que en este caso difieren de las de su pareja. Ella tiene claro lo que necesita y lo manifiesta de una manera directa, reconoce y responde a los sentimientos que esto provoca en él, pero sin embargo decide que en este caso es importante centrarse en sus propias necesidades. Ella es responsable de sí misma.

Ella le deja a él una opción. Puede centrarse en una necesidad de quedarse en casa o puede sentir que esta necesidad es menor que la de la compañía de ella. Puede ir con ella al cine. Otra noche ella puede decidir en cambio que su necesidad es menos importante y elegir lo que él prefiere. La diferencia entre estas dos escenas es que en la segunda ella tiene claras sus propias necesidades en lugar de suponer que debe preocuparse por las de él. Como ella es tan clara, él tampoco supone que debe complacerla yendo con ella. El también puede ser claro. Los dos eligen qué es lo que desean y lo que no desean hacer.

ESCAPANDO DE LA TRAMPA DE LA RESPONSABILIDAD

Lo que es apropiado

El frustrante "juego de la responsabilidad" que se juega en la mayor parte de las relaciones nos muestra la falta de claridad que existe en nuestra sociedad en general acerca de las reglas de la responsabilidad. ¿Cómo es la responsabilidad adecuada? ¿Quién se supone que debe ocuparse de qué cosa o de quién?

Si debemos definir nuevas reglas que nos ayuden a alcanzar un nuevo equilibrio en nuestras relaciones, debemos pensar en la bondad de una manera distinta. Proponemos esta nueva regla:

> HAZTE RESPONSABLE DE TI MISMA
> Y DEJA QUE LOS DEMÁS SE HAGAN
> RESPONSABLES DE ELLOS MISMOS

Otra manera de manifestar la misma cosa sería decir:
Nunca hagas algo por otro si él es capaz de hacerlo por sí mismo.
Excepto que te lo pida directamente.
Excepto que sinceramente elijas hacerlo.
En tanto el hecho de que lo hagas no redunde en una consecuencia negativa para el otro o para ti misma.

Esta regla es un punto de partida revolucionario para el turbio y poco claro juego de la responsabilidad que se juega en la mayor parte de las relaciones. Es una sugerencia que puede despertar a las mujeres del trance que las ha hecho responsables principales de las necesidades físicas y emocionales de los demás y les ha impedido hacerse responsables de lo propio. Concretamente, significa que no somos las responsables automáticas a cargo de:

167

sentimientos   dificultades en el trabajo
problemas   tareas que no pueden terminar
necesidades   tareas que olvidan hacer
ocupaciones   cosas que no pueden encontrar
comidas   situaciones negativas
tareas   decisiones importantes
jaquecas   enfermedades

LOS BENEFICIOS DE ABANDONAR LA BONDAD

Como las mujeres han sido entrenadas para considerar equivalentes la bondad y el cuidado con la responsabilidad excesiva, la sugerencia de que deben dejar de centrarse en los otros suele provocarles mucha confusión y dolor. "Si no me ocupo de algo o de alguien, ¿entonces quién soy yo? Si no puedo hacer cosas por los demás, ¿cómo sabrán que me preocupo por ellos?" Según las palabras de una paciente nuestra: "Buena, competente y protectora, eso es quien soy yo. ¿Debo ser menos de lo que soy para ser saludable?"

Es cierto que, debido a la socialización, tenemos una sensibilidad muy desarrollada respecto de los problemas emocionales y las necesidades de aquellos con quienes nos relacionamos. Tenemos una habilidad muy desarrollada para unir y nutrir. Estas cualidades son en verdad puntos fuertes y recursos que deben ser admirados y disfrutados. Son cualidades que deben ser aun más cultivadas en todas las personas.

Sin embargo, estar muy bien provisto para algo no significa que debamos hacerlo en beneficio de los demás. El hecho de que las mujeres nos podamos mover cómodamente en el terreno emocional no significa que seamos automáticamente responsables de ocuparnos de ese terreno por todos los demás. Para las mujeres, estar dotadas afectivamente llega a confundirse con ser responsables de ese dominio. Las dos cosas no son lo mismo.

Lo que la paciente preguntaba al decir: ¿debo dejar de ser quien soy para ser saludable? era en realidad "¿Cómo les demostraré a las personas que me preocupo por ellas? Si no las cuido y me centro en ellas, ¿cómo sabrán que me intereso por su bienestar, que las quiero? Si no las cuido, ¿para qué sirvo? ¿Por qué entonces han de preocuparse ellas por mí?"

El nuevo Código del Equilibrio nos provee de alternativas. Nos sugiere formas de participar de una relación sin perder el sentimiento de que nuestros propios sentimientos y necesidades son tan importantes como los de la otra persona. Barbara, al ser responsable, nutricia y firme, había logrado establecer relaciones equilibradas y fuertes. También se preocupaba por ella misma. No tenía dudas de que decir que no a veces es bueno. No negociaba quién haría las cosas: tomaba decisiones y hacía elecciones basándose en los sentimientos que tenía acerca de su propio valor. Ella es la clase de persona que seguramente pensaría: "Bueno, si Tom se enoja o deja de amarme porque no voy a hacer las compras por él, creo que tiene un problema. Considero que yo soy una persona muy agradable para tenerme cerca".

Las creencias de Barbara acerca de sí misma estaban libres de mensajes vergonzantes. Ella pensaba cosas tales como:

- Yo no soy responsable por ellos. Tom y Abby necesitan manejar sus cosas por sí mismos.
- Mis necesidades son importantes.
- Es bueno hacer cosas de las que disfruto.
- Soy buena y disfruto teniendo una conducta nutricia hacia Tom y haciéndome responsable de mis hijos.
- Es importante no sobrecargarme.
- Soy responsable de mis propias necesidades.
- Corresponde esperar que los demás respeten mis necesidades y hagan su parte.

El beneficio más importante de dejar de lado la bondad es el sentimiento creciente de que uno está preocupado por quién es y no por qué hace. Al aprender a ser directo, recíproco y nutricio, en lugar de ser demasiado bueno, uno se siente más cerca de las personas que lo rodean. Los demás se sienten más libres para elegir y decidir.

Cuando uno comienza a valorar más sus propios sentimientos y necesidades, siente menos vergüenza, menos culpa, menos ira. Al no experimentar la carga de ser demasiado buena y de estar demasiado centrada en los demás, se torna más libre para centrarse en su propia vida interior. Se vuelve más creativa, más tranquila y disfruta más. Se siente más equilibrada, se siente bien. Al centrarse más en una misma, desea echar un vistazo a aquellas áreas de la vida que la llevarán a preocuparse más por sí misma.

Lo más importante es que una comienza a proteger su derecho a no ser desvalorizada, tratada irrespetuosamente y no acepta que abusen de su persona. En cualquier situación que conlleve la posibilidad de ser desvalorizada, sea en una relación, en la familia o en el trabajo, es capaz de exigir respeto.

UN NUEVO CENTRO PARA LA BONDAD

Al tomar la decisión de cambiar, uno toma opciones diferentes respecto de algunas de las responsabilidades de su vida. Para sentirse bien es importante satisfacer las necesidades en las siguientes áreas. Cuando se establece otro enfoque de la bondad, uno es responsable automáticamente de:

- Relaciones sociales y de amistad de las que puede disfrutar.
- Intimidad con las personas próximas.
- Contacto sexual satisfactorio.
- Relación satisfactoria con los hijos.
- Relación satisfactoria con los padres y los hermanos.
- Dinero para mantenerse.
- Soledad y tiempo para una misma.

- Un trabajo enriquecedor.
- Expresión creativa.
- Bienestar físico.
- Diversión y recreación.
- Bienestar espiritual.
- Ayuda en cualquiera de las áreas mencionadas.

Dejar de lado la bondad hacia los otros no significa necesariamente que nos hagamos responsables de nosotras mismas. A medida que nos hacemos más responsables de nosotras mismas, podemos contestar que sí a los siguientes items. Cotéjelos y verifique sobre cuáles de ellos necesita trabajar.

LA AUTONOMIA. VEAMOS SI ES USTED CAPAZ DE HACERSE RESPONSABLE DE SI MISMA

—Soy capaz de autoabastecerme en lo económico.
—Puedo manejar las finanzas de mi familia y distribuir el dinero apropiadamente.
—Estoy al tanto de mi situación impositiva o de la de mi familia. Si tenemos un contador, yo participo de las reuniones con él.
—Puedo ocuparme o contratar a las personas que se ocupen del mantenimiento de mi casa y mi automóvil.
—Puedo viajar sola cómodamente, ocupándome de mis reservas de pasajes, el transporte a los aeropuertos o terminales de ómnibus y tren.
—Puedo pasar al menos un fin de semana fuera de mi casa, sola, sin llevar a una amiga.
—Puedo asistir a un congreso o a una conferencia sola y entablar conversación con las personas que encuentro allí.
—Puedo planear una buena comida y cocinarla para mí sola.
—Me ocupo de mi atención médica y dental.
—Puedo decidir acerca de los próximos pasos en mi carrera y pedir consejo si es necesario.
—Estoy en contacto con los objetivos que persigo. Hice por

lo menos una llamada inicial para ponerlos en marcha y me ocuparé del seguimiento en la medida que el tiempo me lo permita.

—Si quiero ver una película y no hay nadie disponible para acompañarme, soy capaz de ir sola.

—Del mismo modo, si deseo ir a comer a un restaurante y no hay nadie disponible, puedo disfrutarlo sola.

—Sé cuáles son las actividades y las cosas que me hacen bien cuando estoy deprimida y me ocupo de hacerlas.

—Cuando siento la necesidad de dejar de trabajar y descansar, puedo permitirme hacerlo sin sentir culpa.

—Cuando no me siento bien puedo faltar al trabajo sin sentir remordimientos.

—Cuando reacciono, me enojo o me salgo fuera de control de alguna manera, tomo la responsabilidad de reconocer mi parte ante quien pueda haber resultado herido. Si me descontrolo con las drogas, el alcohol o la comida, me hago responsable de participar de un programa de doce pasos o alguna otra forma de tratamiento.

—Si sufro de depresión o ansiedad y no puedo superarlas, busco ayuda terapéutica.

—Si no soy feliz en una relación, comparto mis preocupaciones con mi pareja y expreso mis deseos de cambiar la parte que a mí me toca. Espero la misma preocupación por parte del otro.

—Si mi vida parece necesitar un nuevo significado, me ocupo de buscar respuestas espirituales, leyendo o asistiendo a reuniones, o busco comprometerme en algún tipo de acción política o social.

—Si estoy sola, me ocupo de llamar a otros y de integrarme en alguna comunidad.

—Si un amigo me hiere, lo llamo y trato de averiguar sinceramente lo que ocurre entre nosotros.

—Soy emocionalmente sincera conmigo misma y con los demás.

—En mi trabajo, me hago cargo de la responsabilidad de esperar y pedir que me compensen económicamente.

172

—Cada vez que culpo a otro o a las circunstancias, me miro a mí misma para ver cuál ha sido la contribución que he hecho al problema que experimento.

—Protejo mi bienestar físico y cuando me siento tensionada me procuro tiempo libre y cosas que me hagan sentir bien.

—En las interacciones sexuales hago saber al otro lo que me complace. En general no tengo contactos sexuales sólo para complacer al otro.

—Cada vez que me siento maltratada, adopto una conducta afirmativa. Por ejemplo, si un médico me apura durante el examen y no contesta a mis preguntas, le digo algo.

—Si siento que alguien tiene expectativas ocultas acerca de mí, tomo la responsabilidad de pedirle una clarificación en lugar de sentirme resentida.

—Si otros actúan conmigo de manera abusiva, sigo los pasos necesarios para terminar con el abuso y, de ser necesario, acabo con la relación.

Si usted decide dejar de lado la bondad, deberá tener más claro cuáles de los mandatos del Código de la Bondad dominan más su comportamiento y su pensamiento en las relaciones. El siguiente paso en el proceso de cambio es recordar a nuestras familias de origen para ver cómo se construyeron nuestros modelos acerca del buen comportamiento y la bondad y cómo fueron luego reforzados. Es importante recordar cómo se conformaron esas reglas, porque, como sugiere el viejo adagio: "Los que no pueden aprender de los errores del pasado están condenados a repetirlos".

8

DEL PASADO AL PRESENTE

Descifrando las reglas de la bondad

Una crisis de bondad nos muestra la historia de la influencia de los mandatos de la bondad en nuestras vidas. Luchamos con los conflictos acerca de la responsabilidad día a día. Sin embargo, para buscar las raíces de estos conflictos, las bases de nuestro trance hipnótico, es necesario buscar en nuestras familias de origen. Necesitamos examinar, a través de las generaciones, a nuestros padres y a los padres de nuestros padres, y también a las familias que nosotras hemos formado, para ver cómo fue mezclada la poción, cómo fue administrada y qué fuerzas míticas mantiene vivas. Llevamos el pasado con nosotras, en nuestro presente. El Código de la Bondad y sus reglas acerca de la responsabilidad pueden conformar el origen de la socialización femenina, pero nuestro pasado y nuestras relaciones actuales traman los hilos de nuestras vidas individuales.

DOS HISTORIAS DE BONDAD

CLAUDIA CRECE Y JO-ANN BUSCA PERLAS EN LAS OSTRAS

Claudia

Probablemente no resulte sorprendente que algunos de los recuerdos más vívidos de mi infancia tengan lugar en la cocina. Posiblemente sea en la cocina, el lugar simbólico de la alimentación, el cuidado y la nutrición, donde se sientan las bases de las carreras de todas las mujeres buenas. O bien estamos firmemente enraizadas allí, o bien estamos tratando de salir de allí.

Si su familia es italiana como la mía, las cocinas tienen aun más importancia. Parecería haber una regla tácita que indica que toda la comunicación de una familia debe tener lugar allí. Si un miembro de la familia está en la cocina, todos los demás también deben estar allí, incluyendo un gran surtido de vecinos, amigos, tíos y tías, y hasta la mascota.

El episodio que ahora voy a narrar ocurrió allí cuando yo tenía alrededor de diecinueve años. Mi madre y mi hermana estaban en algún lugar en el fondo, pero los personajes de la escena éramos mi padre y yo. En esa época yo estudiaba en la universidad y estaba pasando en casa las vacaciones entre dos semestres. Por alguna razón, estaba de pie frente al horno. Mi padre, apoyado con gesto autoritario en una de las mesadas, sacudía la cabeza: "Me pregunto cuándo vas a crecer". Esa fue la frase con que me golpeó. Yo creía que ya había crecido.

"¿Qué quieres decir, papá?", le pregunté, cuidando especialmente de no ser desafiante. El me respondió: "Bueno, Joe Smith tiene una hija de tu edad. Ella se queda en casa, lo ayuda. Hace los trámites en el banco. No se pasa todo el día con la nariz en los libros. Es más madura que tú. Ojalá yo pudiese decir que tengo una hija madura".

Afortunadamente no recuerdo lo que le respondí a mi padre en ese momento. En realidad, la respuesta me llevó años.

Pero yo sé que en ese momento un poderoso mensaje quedó indeleblemente marcado en mí:

Yo soy mala. No soy una buena hija. No soy una "verdadera mujer". Para lograr la aprobación y el amor de mi padre (y de los hombres) es necesario desear hacer cosas por ellos, cuidarlos.

El problema era que a mí me gustaba leer libros. Yo no quería utilizar mi tiempo en ir al banco por mi padre. Este era el dilema. A los diecinueve años ya era una mujer "mala", y ni siquiera había cometido un error.

Por supuesto, pese a esta conversación con mi padre, volví a la universidad y seguí leyendo libros. Pero el mensaje siguió conmigo y a través del tiempo ejerció un poderoso efecto en la manera como me sentía conmigo misma. Durante muchos años tuve que luchar con el conflicto de hacer lo que yo deseaba para mí o centrarme en los otros para ser una mujer "buena".

Como en todas las familias, las lecciones que se impartían en la mía acerca de lo que es ser mujer eran a menudo contradictorias y siempre complejas. Mi madre tenía un papel especial en la enseñanza de lo que era ser buena. Yo luchaba por complacerla, ya que ella, a diferencia de mi padre, me daba una visión de las cosas a las que yo podría llegar, y yo pensaba que si las lograba me amaría.

Otra escena en la cocina que se me aparece en forma muy vívida es aquella en la que estoy sentada con mi madre a la mesa del desayuno una mañana de domingo. Ella está leyendo la página social del diario local y yo estoy leyendo el *New York Times Book Review*. Ya me había graduado y estaba planeando comenzar un posgrado. Yo pensaba que a ella le iba a agradar esta idea. Su mensaje durante años había sido: "Haz algo por ti misma". Ella me había inculcado este imperativo mientras, como ama de casa, limpiaba incansablemente el horno y las alacenas. Había sido la conversación ritual durante años, después de cada cena. A veces, mientras hablaba, ella lloraba por su frustración y me decía que se sentía mal porque le parecía que le faltaba algo en la vida, pero no sabía bien qué era.

Mi madre se había preocupado por eso y yo había tenido la mejor educación que mi familia había podido costear, al tiempo que en mi casa se habían comprado tantos libros como los ingresos de mi padre habían permitido. Este apoyo que me había brindado había tenido un costo para ella. Mi padre nunca estuvo de acuerdo.

Por eso, la conversación de esa mañana me confundió aun más:

"Hay otras dos compañeras de clase que se casan ahora. Me pregunto qué es lo que sucede contigo". Y esto venía de la misma mujer que durante años me había repetido que ya tendría tiempo para tener hijos luego de haber terminado mi educación.

Mi madre había cambiado las reglas. Lo que servía para ser una buena hija no servía para ser una buena mujer. Primero me había alentado a tener una vida diferente de la de ella, pero luego había comenzado a sentirse mal y pensaba que yo debía hacer la única cosa segura para una mujer: casarme. La otra parte del problema era que yo ahora tenía su sueño y que veía que mis logros la dejaban vacía. Por mi parte, todo lo que yo podía ver era que estaba procurando ser una buena hija, pero que estaba nuevamente con problemas. Como cabe suponer, me casé antes de finalizar mis estudios.

Jo-Ann

Hace muchos años, yo trabajaba como terapeuta de familia en un equipo comunitario de un centro de salud mental perteneciente a una importante escuela de medicina. La CBS produjo allí un documental, en el cual me filmó durante un tercio de la película, mientras yo conducía una sesión de terapia familiar. Fuera porque mi trabajo era bueno o porque la producción era buena, mi aparición fue brillante.

Mis padres vivían en un área rural que tenía escaso acceso a los programas televisivos de la ciudad de Nueva York, de modo que yo arreglé para tener una copia del film para mostrárselo cuando ellos me visitasen para Navidad. Yo pensaba que este sería un regalo particularmente lindo para mi madre, que siempre me había dicho que yo era su estrella. Ella miró el programa y nunca olvidaré sus palabras cuando este terminó. Me preguntó: ¿Llevabas *esa ropa?*

Esa frase muestra sus ideas básicas acerca de los logros femeninos: estos se obtienen si una se viste para agradar. De hecho, siempre había atribuido su logro de llegar a ser directora de uno de los distritos escolares más importantes de su Estado a "saber llevarse bien con la gente" y a vestirse bien. Para mí, ser buena significaba ser eficiente. Para ella, significaba lucir bien. Triste, pero claramente, ella, tal como minimizaba sus propios logros, desvalorizaba los míos.

Las creencias de mi padre acerca de las mujeres, en cambio, tenían más que ver con la competencia que con los logros. Yo aprendí sus ideas sobre este tópico durante las interminables horas de batalla frente al tablero de ajedrez o la mesa de ping-pong. Como había tenido solamente una hija mujer y había perdido a su padre a los catorce años, trataba de recrear conmigo una relación de rivalidad padre-hijo que había terminado prematuramente. Pero, como yo era mujer, escuchaba su mensaje como una lección acerca de cómo ser una buena mujer.

Había dos mensajes que a menudo entraban en conflicto el uno con el otro. El más fuerte y dominante era: "Esfuérzate al máximo y juega para ganar". El era ferozmente competitivo y no daba ventajas a su pequeña oponente. También yo era ferozmente competitiva, tal como lo atestigua un contrato que escribí en mi infancia y que encontré por casualidad hace algunos años. El contrato, redactado cuando yo tenía ocho años, decía: "Si no venzo a papá en el ajedrez antes de un año a partir de esta fecha, juro pasar el resto de mi vida buscando perlas en las ostras". Y luego mi firma. No importa que algunos digan que eso fue exactamente lo que hice, ya que nunca gané al ajedrez ni tampoco al ping-pong a mi padre, pese a tener muy buen nivel en tenis de mesa en la escuela. No pude triunfar una sola vez. Mi nivel de frustración crecía tanto que llegué a la furia. Entonces él traía a colación los principios del buen deportista y se enojaba si yo demostraba rabia por perder. Cuando pienso en esto, me doy cuenta de que era el mensaje arquetípico de un hombre a una mujer: "Debes perder, pero con elegancia. No me molestes a mí, el varón, mostrando disgusto por mi dominio. Sonríe y continúa jugando".

Los mensajes de estas historias son bien claros. Una vez más muestran cómo los mandatos para ser una mujer buena están siempre en conflicto y también demuestran el poder de las reglas familiares acerca de la bondad. El padre de Claudia veía a las mujeres como cuidadoras, y suponía que ellas debían centrarse en las relaciones. Su madre, infeliz en ese papel, la alentaba a que fuese adelante, a que fuese eficiente, pero no de una manera que pudiese poner en peligro las relaciones.

La madre de Jo-Ann había triunfado, pero estaba convencida de que los logros de una mujer dependían de su habilidad para ser atractiva: uno tiene tanto éxito como lo muestra su apariencia. El padre de Jo-Ann la alentaba a ir adelante, a competir, pero a ser una dama al mismo tiempo, controlando siempre las emociones. Estos eran mandatos casi completamente contradictorios. El pretendía que Jo-Ann fuese agresiva, "masculinamente", una ganadora, pero que fuese sumisa y, "femeninamente", una buena deportista, todo al mismo tiempo.

Aunque es tentador suponer que desarrollamos nuestros sentimientos primariamente en las relaciones con nuestras madres, está claro para nosotras que los mensajes y creencias de nuestros padres fueron igualmente poderosos en cuanto a la transmisión de las reglas acerca de cómo llegar a ser mujeres buenas.

También es verdad que esos mensajes que escuchamos fueron afectados por muchas ansiedades distintas que se transmitieron a través de las generaciones en nuestras familias. Nuestros padres no fueron villanos. Explorando los modelos familiares, Claudia se dio cuenta de que aquellas mujeres que fueron intelectuales en su familia no se casaron y vivieron apartadas del resto. El padre posiblemente temía perderla. Claudia fue el primero de sus hijos que concurrió a la universidad, y este cambio despertó sus temores de separación. "Ocúpate de mis cosas" en realidad significaba "No te vayas".

Los padres de Jo-Ann se habían casado durante la depresión. Ellos trataron de inculcarle fuerza y competitividad para que estuviese mejor preparada para enfrentar las posibles pérdidas en la vida. Sin embargo, al mismo tiempo pensaban que era importante que fuese "femenina" desde un punto de vista tradicional.

Algunos de los mensajes familiares fueron configurados por las ideas generalizadas acerca de cómo son las mujeres, que subyacían en la cultura circundante. Otros, en cambio, fueron desarrollados para satisfacer necesidades y expectativas que nuestros padres tenían a partir de sus propias experiencias familiares. En otras palabras, la legalidad de las reglas que manejaban nuestros abuelos, así como también las experiencias vitales que debieron enfrentar nuestros padres, fueron cruciales para conformar los sueños y expectativas que ellos pusieron en nosotras.

HISTORIAS QUE AYUDAN A DEFINIR LA BONDAD

Contamos estas historias acerca de nosotras mismas desde la perspectiva de muchos años de exploración de los modelos familiares que nos configuraron. Nosotras contamos estas historias, pero, lo que es más importante, estas son las historias que nuestras familias nos contaron acerca de nosotras y de los hechos familiares significativos. Así como ciertas imágenes acerca de los roles femeninos son transmitidas por los medios a través de libros, películas, programas de televisión y comerciales, todas las familias cuentan sus historias favoritas que confirman las reglas que quieren imponer a sus vidas. Algunas de estas historias se transforman en "mitos" familiares que confieren una significación especial a ciertas personas o ciertos hechos. Estas historias tienen el poder de ponernos o mantenernos en un trance.

Existe por ejemplo el mito de Jo-Ann como la estrella de la familia. Este es un tema importante que fue desarrollado a través de diversas historias familiares, todas ellas dirigidas a mostrar que Jo-Ann era "especial". Jo-Ann nació cuando sus padres ya llevaban ocho años de casados. Ella fue prematura, no obstante lo cual era un "bebé perfecto". Nació durante el huracán de 1936. Se dice que mientras su padre conducía hacia el hospital, en medio del huracán, veía cómo los árboles eran arrancados por el viento. Su padre, supuestamente, dejó su mal genio bohemio el día en que ella nació, renunciando a la ira e intentando la autoperfección. Durante el bautismo de Jo-Ann, el sacerdote dejó fuera a la familia esperando en medio del frío de la calle. Sus padres se enojaron tanto que, según dicen, por eso abandonaron la Iglesia Católica.

Historias míticas como esta confieren a la persona un carácter mágico y especial, pero también la cargan con un peso y una responsabilidad sobredimensionada. Si Jo-Ann, ya de bebé, era tan poderosa como para ser una fuerza de cambio, es fácil suponer que más tarde debería aceptar como parte de su destino ser eficiente sin quejarse. Después de todo, alguien que era tan poderoso y tan especial debía ser siempre capaz de hacerlo todo sin limitaciones y sin sentirse sobrecargado. En el mito, Jo-Ann era una persona "tormentosa" que tenía el poder de hacer cambiar a los otros. Lo que todas estas historias familiares no contemplaban era que ella tuviese poder o permiso para vivir su propia vida.

A menudo el sentido subyacente de un mito familiar es advertirnos lo que sucede a las personas que no adoptan el Código de la Bondad. "Si tú no eres una mujer buena, acabarás quedándote soltera, escribiendo poesía impublicable, con diecisiete gatos como toda compañía, tal como sucedió a la tía Meredith."

Piense en los personajes míticos de sus propias historias familiares: ¿son ellos hombres, mujeres o hay de ambos? Las circunstancias que rodean un nacimiento o una muerte son las que a menudo nos proveen las claves del mito. ¿Quizá su hermano nació justo en el momento en que pasaban dos pájaros negros? ¿Quién fue engrandecido por las historias que de él se cuentan? Tal vez en su familia hay una oveja negra, un tío excéntrico, un rebelde o un artista que pasó a ser el personaje central de la mitología familiar.

¿Cómo era esa mitología? ¿Se basaba sobre hechos buenos o malos? ¿Eran grandes venturas que culminaban en un final trágico? ¿Eran elecciones acertadas que determinaban la dicha familiar? ¿Cuáles eran los roles de hombres y mujeres en esas mitologías? ¿Las mujeres acaso brotaban de la cabeza de los hombres, como Atenea de la de Zeus? ¿Un sexo corrompía al otro, como Adán y Eva?

Quizá le contaron que su abuela Silsby trató de escapar de su casa a los diecisiete años, pero sólo le alcanzó el dinero para llegar a la estación de trenes de Kansas City, donde fue rescatada por el abuelo Harry, que justamente pasaba por allí, al verla vagar sin rumbo. ¿Cuál sería el papel de las mujeres en esta historia?

Los mitos idealizan implícitamente algunas características de personalidad y requieren conformidad con la historia de quiénes somos. Nos impiden escribir nuestra propia historia. Culturalmente prevalecen los grandes mitos de la maternidad, femineidad y bondad. Nuestra tarea en la familia consiste en diferenciar quiénes somos realmente de lo que estas historias nos dicen acerca de quiénes debemos ser.

LOS LAZOS QUE NOS UNEN

Las historias y los mitos conllevan mensajes metafóricos acerca de la bondad. Los rituales familiares llevan estos mensajes aun más lejos. Las celebraciones de las fiestas y otros acontecimientos especiales establecen las reglas de quién es responsable de qué cosa. En la mayor parte de los casos refuerzan el papel de la mujer como la responsable de sostener las relaciones familiares. Lo más seguro es que la abuela fuese la responsable de cocinar la cena para las fiestas, hiciera la limpieza y fuese quien planificase toda la celebración. Probablemente el abuelo Harry fuese el responsable de colocar las luces en el árbol de Navidad. La ruptura de los roles y las funciones en los momentos rituales nos aportan muchos datos acerca de las expectativas familiares respecto de los hombres y las mujeres. Todavía recibimos un refuerzo mayor cuando seguimos llenando estas expectativas, luego, en nuestras propias familias.

Los rituales de nuestras familias de origen nos dicen mucho acerca de quién es responsable de qué cosa, pero no hay nada tan poderoso como el poder magnético de las lealtades emocionales que se daban en esas familias y que configuraron nuestros sentimientos acerca de quién es responsable de quién. Por lealtad, nos referimos a un lazo especial hacia alguien en nuestra familia de origen.

El dilema de la lealtad se produce en la mayor parte de los casos en relaciones en nuestra familia que constituyen lo que se llama un triángulo emocional. Esto significa que algo de lo que sucede en nuestra relación emocional con algún miembro de nuestra familia afecta a otro de sus miembros. Cuanto más nos acercamos a uno, más dejamos fuera al otro. Cuanto más nos centramos en una relación, menos participamos en la otra.

Aprendemos las lecciones acerca de los triángulos emocionales en nuestras familias de origen, pero cada vez que se relacionan tres o más personas en cualquier contexto, existe la posibilidad de un triángulo. Cada vez que nos sentimos intensamente atraídas y centradas en la relación con una persona, y que eso nos hace sentir incómodas o en conflicto con un tercero, estamos participando de un triángulo emocional.

Veamos un ejemplo de lealtad infantil que reaparece en la vida adulta. Supongamos que nuestro hermano desea ven-

184

der la casa de veraneo de la familia en Vermont. Puede ser que nuestra primera reacción sea telefonear a nuestro padre para saber qué piensa al respecto. Podemos estar preocupadas si sabemos que esta casa era de nuestro padre y que él se deprime cada vez que se habla del tema. Sabemos de qué lado estamos en la disputa. Podemos inclusive sentirnos especiales porque somos la persona que mejor entiende a nuestro padre y la que mejor defiende sus intereses.

El problema es que nuestro vínculo con nuestro padre muchas veces entra en conflicto con nuestro vínculo con nuestro hermano, quien puede enojarse porque apoyamos a nuestro padre y no a él o porque hablamos de él con nuestro padre. Cuando queremos pasar algún tiempo a solas con nuestro hermano, por ejemplo, saliendo con él el día de su cumpleaños, podemos sentir algo raro al dejar fuera a nuestro padre. Las lealtades especiales entrañan también responsabilidades especiales.

LAS LEALTADES COMIENZAN TEMPRANAMENTE

Los triángulos de lealtad no llegan a ser problemáticos si no son muy intensos. Es normal estar más atado o sentirse mejor con algunos miembros de la familia que con otros. Un triángulo se torna problemático cuando llega a ser tan rígido que la relación con una persona afecta fuertemente el modo como nos relacionamos con otra.

Algunas de las formas más intensas de triángulos comienzan en las familias entre los padres y sus hijos pequeños. Si se desarrollan de una manera extrema pueden ser perjudiciales porque distorsionan nuestros sentimientos acerca de lo que es bueno y nos obligan a hacernos responsables de alguien a expensas de nosotras mismas. Un triángulo define el significado de ser "bueno" porque lealtad es otra palabra para significar bondad.

A menudo se producen triángulos entre los padres y sus hijos cuando hace falta equilibrar la balanza de la justicia; en otras palabras, si uno de nuestros padres sufrió de una carencia muy importante durante su infancia, y si no siente que eso haya sido subsanado por su relación marital, puede buscar a uno de sus hijos para obtener de él el contacto emocional que necesita. Nuestro padre o madre puede atribuirnos: "Tú serás el padre o la madre que me faltó". Este padre, entonces, desarrolla un lazo muy estrecho con nosotros, dejando fuera a su cónyuge y probablemente al resto de sus hijos. Como resultado, pueden llegar a desequilibrarse todas las relaciones del grupo familiar.

Los triángulos de lealtad son formas en que se le pide a un niño que sea demasiado responsable, demasiado bueno. Tener un lazo demasiado estrecho con uno de los miembros de la familia nos presiona y nos impide relacionarnos bien con el resto de las personas que son importantes en nuestras vidas. Un triángulo crea un vínculo que, en lugar de incentivar, restringe nuestros sentimientos para relacionarnos con otras personas y otras actividades. Por ejemplo, el divorcio de los padres puede acrecentar la lealtad que se espera de los hijos. En realidad, suele aumentar nuestros conflictos acerca de con cuál de nuestros padres debemos ser buenos.

Recientemente hemos visto un gran crecimiento de los movimientos que reconocen las necesidades especiales de los niños de padres alcohólicos o provenientes de otros tipos de familias disfuncionales. Estos movimientos reflejan una conciencia del daño que puede ocasionar la distorsión de las lealtades familiares. Estas distorsiones hacen que los hijos no vean satisfechas sus necesidades de desarrollo. No se les permite a los niños que sean verdaderamente niños porque se les pide que se hagan responsables de sus padres de una manera inapropiada. Como describe la terapeuta Lorie Dwinell, la actitud predominante del padre hacia el niño es: "Tú estás aquí y puedes cuidarme".

Las familias disfuncionales presionan de este modo a los niños hasta grados muy extremos, pero es importante recordar que el Código de la Bondad femenino predispone a las mujeres en general a ser demasiado buenas y demasiado leales hacia sus padres desde edades muy tempranas. Siendo mujeres, los triángulos en los que nos vemos involucradas tienen una especial configuración debido a los dictados del Código de la Bondad respecto de los roles femeninos en general. Se espera de nosotras, aun desde niñas, que nos transformemos en cuidadoras nutricias. Probablemente debido a nuestro lazo común con el género femenino, la mayor parte de nosotras siente un intenso, aunque a veces inconsciente, vínculo de lealtad para con sus madres. El conjunto de lealtades puede resultar en relaciones muy conflictivas o en un fuerte sentimiento de obligación de cuidar los sentimientos de nuestra madre.

La relación de Lois con su padre alcohólico, descrita en el Capítulo 5, es un buen ejemplo de triángulo de lealtad extremadamente disfuncional. Lois había sido puesta en el lugar de tener que cuidar de su padre y, al llegar a la edad adulta, ella sentía que ella "no existía" de no ser por su relación con un hombre. De niña había llegado a sentirse intensamente responsable por su padre. Su madre estaba fuera de esta relación. Como ella tenía que hacer prevalecer los intereses de su padre, estuvo privada de tener una relación con su madre. Llegó a sentir que su madre era la culpable de los problemas de su padre. En realidad sus padres nunca manejaron los problemas que existían entre ellos. Lois se transformó en una esposa suplementaria cuya presencia en el triángulo permitía a los padres evitarse el uno al otro. Como su madre tenía muchos otros problemas, en realidad ninguno de ellos se ocupó de las funciones paternas respecto de ella. El triángulo mantenía todas las relaciones familiares en desequilibrio y, cuando Lois creció, sentía que ella debía a su esposo el mismo tipo de lealtad que a su padre.

A partir de las relaciones triangulares de lealtad aprendemos muchas de las lecciones acerca de cómo ser buenas y responsables en nuestras familias. Nos transformamos en padres de nuestros padres, centrándonos en una relación, en lugar de recibir el apoyo y la riqueza que podría llegarnos de distintas relaciones con distintos miembros de la familia. No aprendemos a satisfacer nuestras necesidades, porque nuestro papel es satisfacer las necesidades de otro. No aprendemos a manejar nuestros propios sentimientos, porque estamos centradas en los de los demás. Aun cuando podamos darnos cuenta de lo que necesitamos, aprendemos a no pedirlo; el problema de tener que cuidar de nuestros padres es que, cuando niñas, no disponemos de los recursos necesarios como para hacerlo. Lo más posible es entonces que fracasemos en nuestro intento, nos avergoncemos, y que nuestra respuesta sea esforzarnos aun más por ser buenas.

Si de niñas hemos aprendido a formar parte de los triángulos de lealtad de la familia, fijaremos reglas similares en nuestras relaciones adultas. Una continua relación de lealtad hacia uno de nuestros padres puede inclusive obstaculizar la relación con un esposo o con una pareja. Podemos no llegar a comprometernos plenamente con una pareja porque la lealtad hacia uno de nuestros padres implica que en primer término debemos satisfacerle a él. Modelos improductivos de bondad se seguirán desarrollando a través de las generaciones.

Como adultas, nuestro objetivo debe ser permanecer fuera de los triángulos de lealtad. Debemos tener relaciones personales independientes con cada una de las personas que son importantes en nuestras vidas. Nuestra relación con una persona no debe afectar la que tenemos con otra. Para que esto suceda, deberemos abandonar la bondad, deberemos abandonar esos comportamientos de lealtad y esos sentimientos que nos mantienen atadas a las expectativas de otra persona, en lugar de estar centradas en nuestros propios objetivos. Cambiar estas relaciones de lealtad hacia las familias de origen es uno de los trabajos más importantes que debemos realizar para dejar de lado la bondad.

EVALUEMOS NUESTRAS LEALTADES

Una de las formas más frecuentes de triángulo de lealtad que sucede en las familias es aquella en la cual una hija
tiene un lazo muy intenso con su madre, y su padre queda
fuera de la relación. Por ejemplo, ustedes habrán tenido la
experiencia de telefonear a su casa, saludar a su padre, quien
contestó la llamada, y que él diga, antes de que ustedes pro-
nuncien tres palabras: "Espera un momento, llamaré a tu madre". El simplemente supone, como todos los demás, que él
está fuera.

Un modo de evaluar cuánto de intenso es este triángulo
en su familia es probar con el siguiente ejercicio. Si usted se
asusta mucho frente al ejercicio, esto será posiblemente un
indicador de que el triángulo es muy fuerte en su caso. Pruebe entonces a realizar el ejercicio en la fantasía. Aun el pensar en hacer estos cambios le dará una idea del poder de las
lealtades emocionales.

• *Ejercicio del triángulo*

Imagine que usted llama a su casa y su padre contesta el
teléfono. Cuando dice "Espera un momento, llamaré a tu madre", pruebe contestarle "No, papá, no llames a mamá, telefo-
neé para hablar contigo"; sostenga con él una conversación
en la que no mencione a su madre. Entonces cuelgue.

• *Pasos para romper un triángulo*

Probablemente estas sugerencias para evaluar un triángulo y romperlo le parezcan difíciles y promuevan su ansiedad. La mayor parte de las personas sólo pueden ponerlas en
práctica con la ayuda de un terapeuta de familia que los acom-
pañe durante el proceso. Sin embargo, comenzar a comprender algunas de las formas de los triángulos puede ayudarla a

reconocer el poder que estos tienen y algunos de los modelos de bondad que la pueden estar afectando. Trate de poner en práctica algunos de los cambios sugeridos solamente en el momento en que se sienta preparada para hacerlo.

Seguramente usted forma parte de un triángulo emocional con uno de sus padres u otro miembro de la familia o persona significativa si:

- Usted se da cuenta que está del lado de esa persona cuando esta sostiene una discusión con un tercero. Trate de hablar con este tercero para comprender también su punto de vista. Trate de no tomar partido si para usted es importante sostener una relación independiente con ambas personas.
- Usted sabe mucho acerca de una parte de su familia y casi nada acerca de la otra parte. Trate de averiguar más acerca de la "parte olvidada" de su familia.
- Usted recibe información secreta que un miembro de la familia da cuenta sobre otro miembro de la familia, o es la depositaria del secreto familiar de una persona. Trate de no aceptar guardar secretos.
- Usted se siente tensa cada vez que dos personas en conflicto están juntas. Por ejemplo, le resulta difícil estar en la misma habitación con su pareja y su madre. Trate de no cuidar a uno a expensas del otro. Relaciónese con ambos de manera similar. Deje que sean ellos los que resuelvan los problemas que tienen entre sí. Salga de en medio.
- Usted se siente bloqueada para relacionarse con una persona de su familia, porque esto afectaría su relación con otra persona. Por ejemplo, si su madre está enojada con su tía, usted siente que no puede llamar a su tía porque su madre se molestaría. Trate de hablar con su madre al respecto y trate de llamar a su tía. Su relación con su tía es independiente de su relación con su madre.
- Usted se da cuenta de que conversa con alguna persona acerca de los problemas que tiene con su pareja, pero

no los conversa con él. Esto significa que usted intenta resolver el problema dejando a su pareja fuera. Trate de hablar acerca de sus sentimientos directamente con su pareja, preferiblemente antes o por lo menos además de pedir consejo a otros.

• Usted se siente infeliz con su pareja y se encuentra a sí misma teniendo una aventura secreta con otra persona: este es un tipo de triángulo de deslealtad. Trate de resolver sus problemas con su pareja de una manera abierta y a partir de allí resuelva de qué manera quiere relacionarse íntimamente con otra persona; trate de no mantener secretos. Los secretos mantienen los triángulos y los triángulos dañan a todo el mundo.

DE GENERACION EN GENERACION

Las maneras de ser leales y buenas propias de las relaciones en nuestras familias de origen suelen trasladarse a nuestras relaciones actuales. En el Capítulo 2, el informe del jardín maternal ya describía a Mary como una "perfecta dama".

"Yo siempre supe que era una 'niña buena', y pensaba que yo procuraba ser buena principalmente por mi madre. Ella parecía gozar especialmente cada vez que yo me mostraba educada y agradable. Mi padre trabajaba mucho, así es que no solía estar presente. A mí no parecía importarme mucho lo que a él lo complacía. Mi madre era el centro de mi mundo."

Claramente Mary formaba parte de un triángulo emocional en el cual ella era leal a su madre, mientras que su padre se mantenía en una posición distante. A partir de este triángulo, ella aprendió algunas reglas acerca de cómo ser buena en una relación. Al describir sus formas de expresar la bondad en la edad adulta, Mary contó que ella tenía un problema con la mantequilla de maní. A su esposo le gustaba el tipo más suave, mientras que ella prefería el más espeso. Por supuesto, siempre compraba la más suave. La pareja había tomado las palabras "mantequilla de maní" para referirse a todos aquellos comportamientos en que ella era demasiado buena con él a expensas de sus propios deseos. Estos comportamientos tenían por objeto granjearse la aprobación siendo la niña buena que había aprendido a ser a los cuatro años.

Un dilema aun mayor se planteaba para Mary cada vez que entraban en conflicto las expectativas de su madre y de su esposo. El viejo lazo de lealtad para con su madre todavía ejercía una influencia muy fuerte. A Mary le resultaba muy difícil decirle que no a cualquiera de los dos. Cuando las necesidades de ambos entraban en conflicto, a ella le resultaba muy penoso modificar su antigua lealtad hacia su esposo, a quien ahora correspondía. Intentando entonces complacer a ambos, a menudo dejaba de lado sus propios deseos.

Al igual que Mary, quienes hemos sido demasiado buenas cuando niñas, llevamos con nosotras modelos de comportamiento tales que trasladamos a nuestros esposos, amantes y otras personas, muchas veces con resultados desastrosos. Si hemos estado en la posición de ser padres de nuestros padres, también llevamos con nosotras el triste legado de dejar de lado nuestras propias necesidades. Estos sentimientos son una carga para nuestras nuevas relaciones y acarrean expectativas y reglas desequilibradas. Podemos seguir siendo demasiado buenas, pero a menudo una furia oculta emerge en contra de nuestra pareja. Es posible que inconscientemente esperemos que nuestras relaciones actuales compensen las necesidades insatisfechas en nuestra infancia, y al mismo tiempo tratamos lealmente de satisfacer todas las necesidades de nuestra actual pareja. El resultado suele ser la confusión y el conflicto.

LAS REGLAS EN NUESTRAS RELACIONES ACTUALES

Heredamos de nuestras familias un legado de rituales, reglas y creencias que conforman las bases de nuestro comportamiento presente. Los dictados del Código de la Bondad son reforzados en cada una de nosotras de una manera particular y única que depende del estilo de la familia de cada una. Aprendemos cuáles son los comportamientos premiados con la aprobación y cuáles no lo son y aprendemos modelos de lealtad para sentirnos amadas. Los mitos de nuestra infancia dan forma a nuestra manera de ser en la edad adulta de muchas maneras profundas e inconscientes.

Aunque no todas las reglas acerca de cómo relacionarnos que heredamos de nuestra familia son erróneas, aquellas que refuerzan nuestra tendencia a ser buenas limitan nuestras elecciones y nuestras posibilidades como adultas. Esas reglas reflejan legados hipnóticos del pasado, y a menudo representan y refuerzan el Código de la Bondad.

En nuestras relaciones con los otros ponemos en juego nuestra adhesión a las reglas de la bondad y la lealtad. Este comportamiento resulta en un juego mutuo de reglas, interacciones y expectativas que van evolucionando entre dos o más personas. Estos modelos interaccionales de mutuo refuerzo se llaman sistemas relacionales.

Pensar en una relación como un sistema implica que las conductas de una persona siempre afectan y son afectadas por las conductas de la otra. Cada persona actúa de una manera tal que incentiva o desalienta las conductas de la otra. El efecto último de este proceso de ida y vuelta es que se crean reglas que definen el modo en el que las personas que se comprometen unas con otras pueden interactuar.

Por ejemplo, si la primera vez que nos encontramos con una amiga a almorzar nos deja esperando durante veinte minutos sin un buen motivo, tenemos frente a nosotros la elección de cómo manejar la situación. La manera como lo hagamos contribuirá a fijar las reglas de la relación. Ella puede o no dar una explicación de su tardanza. Una puede o no manifestarle que se sintió molesta por tener que esperar. Si ella no ofrece explicación alguna y una no le dice nada, comienza a crear en conjunto la regla de que es aceptable quedarse esperando. La regla conlleva una implícita aceptación de que ella es más importante y de que una lo acepta y no lo pone en discusión. Gradualmente esta regla se puede poner en juego en muchos otros aspectos de la relación.

La mayor parte de nosotras tenemos poca conciencia acerca de cómo hemos creado las reglas en nuestras relaciones. No somos conscientes de las maneras en que el Código de la Bondad nos afecta de una manera automática y a través de las reacciones de las personas con quienes nos relacionamos. Es difícil darse cuenta de que una relación puede tornarse difícil a partir de una serie de pequeñas conductas y opciones que han creado reglas que en verdad no son adecuadas.

En la situación antes descrita, una pudo pensar que no hacer una cuestión por la demora era una manera de ser buena o educada. Probablemente habíamos aprendido en nuestras familias que las mujeres no se enfrentan al comportamiento de los otros y que siempre se acomodan a los horarios de los demás. Una puede decirse a sí misma que le está dando a su nueva amiga otra oportunidad. Cuando la nueva oportunidad arroja un resultado similar, entonces puede comenzar a pensar que sus expectativas no eran adecuadas.

Influidas inconscientemente por los mandatos del Código de la Bondad, habíamos creado un modelo de reglas desequilibradas respecto de la amistad. A partir de este desequilibrio, podemos llegar a sentirnos enojadas, decepcionadas y distantes respecto de nuestra amiga. Finalmente podemos llegar a sentir que distanciarnos, apartarnos emocionalmente o cortar la relación son las únicas opciones para resolver el problema.

Los efectos negativos de ser demasiado buenas suelen ser muy evidentes y dolorosos en nuestras relaciones con otras personas. Por eso, si queremos superar la condición de "demasiado buenas", una de las principales cosas que debemos cambiar son las reglas que rigen nuestras relaciones con los demás. Una vez que hemos comenzado a comprender los legados y las lealtades emocionales que hemos heredado de nuestras familias, podemos darnos cuenta mejor de cuál es la manera como nos hemos hecho demasiado responsables de los demás, y podemos comenzar a ver las reglas de bondad inadecuadas que hemos establecido para nuestras actuales relaciones.

9

ELLEN Y BRAD

Cómo modificar el equilibrio

Ellen sintió un nudo en el estómago en el momento en que supo que había sido contratada como fotógrafa para participar en un trabajo de campo en México. En realidad había tenido esa sensación desde dos semanas antes, cuando supo que era una de las candidatas. Había decidido no decirle nada a su pareja, Brad, hasta que estuviese segura de que sería la seleccionada. Pero estaba nerviosa porque preveía cuál iba a ser la reacción de él. Sabía que él sentía que algo andaba mal, porque había estado quejándose de que ella no le hablaba y de que estaba muy desapegada. Habían tenido un par de peleas. Una vez ella se había enojado porque él se había mostrado suspicaz y le había hecho preguntas acerca de una llamada telefónica. La otra pelea había sido de esas en las que se discute por todo y por nada.

El día que ella regresó a su casa a contarle a Brad acerca del nuevo trabajo, era un acontecimiento especial. Se trataba del aniversario del día en que se habían ido a vivir juntos. Ellos tenían la costumbre de celebrarlo con una cena romántica. Ellen llegó tarde de la universidad. Brad había estado preparando la cena:

—¿Tienes hambre? —preguntó Brad desde la cocina.

—Huele muy bien —respondió Ellen.

—¿Recuerdas qué día es hoy? —preguntó Brad.

—Es el día en que me contrataron para ir a México como fotógrafa —dijo Ellen.

—¿Qué cosa? —Brad salió de la cocina y entró en la sala.

—México. Me voy a México por cinco semanas... No me mires así.

—¿Mirarte cómo? ¿De qué estás hablando? ¿Irte a México por cinco semanas? —Brad apretó las mandíbulas de un modo que Ellen conocía bien.

—No empieces...

—¿Y cuándo pensabas decírmelo? ¿Cuándo es?

—Dentro de tres meses. El primero de julio.

—¡El primero de julio! Pero esa es la fecha en que habíamos planeado ir de campamento. —Brad estaba furioso.

—No. No lo planeamos. Tú lo planeaste. Ni siquiera me preguntaste. Simplemente hiciste planes para los dos, como siempre.

—Espera un momento, Ellen. A ti te gusta ir a acampar.

—Muy bien. Di tú lo que me gusta. Di tú lo que yo quiero. —Ellen, que desde el comienzo estaba tensa, se iba enojando cada vez más.

—¿Tú no querías ir? ¿Y por qué no lo dijiste? ¿Qué crees, que puedo leer tu mente?

—Te lo dije. Pero tú no me escuchaste. No haces caso al decirte las cosas.

—Entonces, te vas a México así como así. Es grandioso. ¿Y qué se supone que debo hacer yo? ¿Dar de comer al gato, pasear el perro y tal vez hasta pagar las cuentas?

—Me pagan por el trabajo —dijo Ellen fríamente.

—¿Y se supone que entonces está bien? No es que me moleste. Simplemente me sorprendes con esto.

—Lo supe hoy. Lo siento. ¿Con cuánta anticipación debo avisarte? Y no me digas que no te molesta. A ti te molesta que yo haga cualquier cosa que tú no puedas controlar.

198

—¡Basta, Ellen! ¿Qué diablos pasa?

—Si yo te importara, pensarías que esta es la excavación más grande de Centroamérica y que me han contratado como fotógrafa.

Brad trata de calmarse.

—Bueno, cuéntame. Tú me importas. Siento no haberte preguntado. Cuéntame.

—No tengo ganas de hablar de eso.

—Escucha, lo siento. Es que me parece que no te importo, que no te importa nuestra vida.

Ellen deja la habitación. Brad la sigue. Ella enciende el televisor y él lo apaga. La disputa acaba en una pelea a gritos. Finalmente Ellen se va al cuarto de huéspedes. Exhausta de pelear, se va a dormir. A la mañana pide una sesión de terapia de urgencia, para hablar de que quiere terminar su relación con Brad.

DESCUBRIENDO LAS REGLAS

Ellen había estado trabajando durante meses en su terapia para intentar centrarse menos en Brad y más en sus propios objetivos e intereses, pero la discusión acerca de México sobrevino antes de que ella hubiese podido comprender plenamente el conflicto que un cambio como este acarrearía en su relación.

Ella decía: "Yo creía que amaba a Brad, pero he llegado a sentir que apenas si me deja respirar".

Brad también pidió una sesión de terapia. La pelea había sido terrible también para él. Estaba contento de que Ellen hiciese cosas que le interesaban, como ese curso de arqueología. Pero la perspectiva de que estuviesen separados un mes le molestaba.

"Además, estuve planeando ese viaje juntos a Tetons durante meses." Estaba claro que él estaba decepcionado y que no quería que ella tomase ese trabajo.

Ellen, por otra parte, sentía que él estaba socavando sus esfuerzos para ocuparse más de sus propios intereses. La pelea había llevado a la superficie una cantidad de cuestiones. Ellen no se había dado cuenta de que ella experimentaba sentimientos hacia muchas cosas, como los viajes de campamento, que de pronto se habían transformado en grandes conflictos.

Ellen y Brad habían llegado a un *impasse*. Las reglas que habían establecido para su relación hacían que este cambio fuese penoso y difícil.

Ellen contaba: "Yo nunca hice cosas sin él. No sé por qué esto lo pone tan mal. Inclusive si lo desea puede venir a pasar un fin de semana conmigo. Es decir, antes de esta pelea yo hubiese deseado que fuese a verme. Ahora ni quiero que aparezca. Cuando él se entusiasmó con el teatro y quiso producir una obra, yo asistí a cada uno de los ensayos. Para él era bueno tener sus propios intereses, y yo lo apoyaba. Pero parece que lo inverso no funciona. Yo siento que me esté haciendo esto. Me pregunto cómo puedo estar con alguien a quien le importa tan poco mi vida. El es el centro de todo". Ellen comenzó a llorar: "Pero no quiero lastimarle".

Mientras Ellen hablaba fue haciéndose claro que ellos habían establecido una serie de reglas tácitas en su relación. Una de ellas se refería a estar juntos versus estar separados. Para decirlo brevemente, Ellen creía que "Brad es quien decide cuánta independencia podemos tener". La regla había sido escrita inconscientemente y Ellen interpretaba que establecía que la independencia de Brad era aceptable y que ella debía apoyar sus intereses no poniendo nunca por delante los propios. El podía ser independiente pero ella no, o por lo menos no de un modo que le incomodase a él; ella nunca había hablado con él acerca de esto. El viaje a México puso en cuestión una regla que nunca había sido hablada o acordada directamente.

La regla acerca de la independencia había ido evolucionando, como lo hacen todas las reglas, a partir de muchas pequeñas decisiones que se habían ido tomando a lo largo de la relación. La habían conformado tomando sus mutuas ideas acerca de lo que significaba estar juntos. Brad y Ellen habían pasado la mayor parte de los fines de semana y las vacaciones juntos, habían compartido las amistades, compartido muchos intereses y se sentían parecidos en la mayor parte de las cuestiones emocionales importantes. Si Brad se enojaba con el hermano de Ellen, esperaba que ella también se enojase con su hermano. Si uno de los dos estaba cansado a las once, el otro también se iba a dormir a las once.

"Al comienzo, me gustaba tanto estar con Brad que realmente no me importaba demasiado estar con otras personas. Pero había una amiga mía, Jill, a quien yo conocía desde la escuela secundaria. Estaba divorciada dos veces y a Brad no le gustaba ni confiaba en ella: siempre nos encontrábamos una o dos veces por mes en Nueva York y pasábamos una velada juntas. Ibamos a cenar, luego a un espectáculo y nos quedábamos conversando hasta muy tarde. Recuerdo que la primera vez que llegué a casa después de medianoche, él estaba muy inquieto. Me dijo que se había preocupado, pero luego se puso furioso. Me acusó de haber salido con otro hombre. Yo me enojé. Me quité los pendientes que él me había regalado en el aniversario de nuestra primera cita y se los arrojé. Tomé el teléfono y le grité que llamase a Jill para corroborar dónde había estado. ¿Cómo se atrevía a acusarme de haberle engañado? Soy la persona más honesta que haya conocido. Odio las mentiras. Nunca me había enojado tanto con él. Entonces él me dijo que había estado mal. No podía disculparse más de lo que lo hacía. Tenía lágrimas en los ojos. Sabía que él se había puesto tan mal porque su madre había abandonado a su padre. Lo calmé e hicimos las paces. Me sentí muy estúpida por haber perdido el control. Uno de los pendientes se rompió y me sentí muy disgustada; pero a partir de entonces nunca me quedé hasta tan tarde con Jill."

El no quedarse más hasta tarde con Jill fue uno de los primeros errores tácticos de Ellen en la creación de las reglas de independencia. Al comprender el temor de Brad, ella comenzó, inconscientemente, a cuidarlo a expensas suyas. Como si fuese algo natural, ella comenzó a salir menos. Simplemente no se le ocurrió que podía haber cosas que pusiesen ansioso a Brad y que ella hiciese de todos modos si eran importantes para ella. La regla de la independencia así concebida era reforzada cada vez que ella se quedaba en casa y no hacía algo que deseaba.

Ellen y Brad tenían otra regla oculta que reforzaba la primera. También había sido creada a partir de pequeñas decisiones tomadas al comienzo de la relación.

"Recuerdo las primeras vacaciones que pasamos juntos —cuenta Ellen—; a Brad siempre le gustaron las vacaciones rústicas, y fuimos a acampar a Canadá. Yo sabía que acampar era su pasión. Por eso, cuando llovió durante dieciséis días seguidos, lo tomé alegremente, me senté a ver pasar los ciervos y aprendí el nombre de cada flor silvestre. Pensaba que eso era romántico. Sin embargo, finalmente sugerí pasar el último fin de semana en un fabuloso hotel de la ciudad de Quebec. Luego de tanto campamento, yo deseaba un poco de lujo. Brad lo aceptó, pero protestó todo el tiempo. Decía que el hotel era demasiado caro y que la comida francesa no le gustaba. Finalmente yo terminé disculpándome por haber deseado ir a ese hotel."

Claramente, en esas primeras vacaciones, Brad y Ellen estaban fijando las reglas de su futura relación. La expectativa era que Ellen hiciese todo lo que Brad deseaba y que lo disfrutase. Brad podía criticar las elecciones de Ellen y esta se sentía responsable de la incomodidad de él. Al no manifestar directamente el tipo de vacaciones que ella hubiese preferido y al no decirle a Brad que sus críticas la hacían sentir mal, Ellen estaba colaborando inadvertidamente en la creación de una regla que decía: "Las necesidades de Brad son más importantes que las de Ellen y no es necesario el mutuo respeto y la consideración".

Sin la ayuda de una nueva comprensión de la bondad, hubiese sido difícil para Ellen manejarse de una manera distinta. Ella sentía que no debía ser egoísta y que no debía contradecir el deseo de Brad de acampar, aun cuando lloviese y ella estuviese físicamente incómoda. Pensaba además que era bueno no enojarse cuando él criticaba sus planes para el último fin de semana. Pero, al permitir que la regla rigiese sus interacciones, hicieron imposible negociar una solución como dos personas independientes que poseen distintas necesidades y deseos.

En la siguiente sesión de terapia, Ellen habló acerca de algunos de los hechos que la habían llevado a sentir que ella no podía tener sus propios intereses si estos hacían sentir incómodo a Brad. Comenzó a darse cuenta de que lo que parecía la elección de ir dejando de lado partes suyas era en realidad el resultado de pequeñas decisiones, casi inconscientes.

"Antes de conocer a Brad, yo estaba interesada en la fotografía. Pasaba horas en el cuarto oscuro y horas en excursiones fotográficas. Al comienzo Brad venía conmigo a estas expediciones, pero se aburría. Supongo que era aburrido. El no hacía nada más que andar por ahí, mientras yo dedicaba un largo tiempo a cada toma. Luego, el cuarto oscuro me llevaba muchas horas. El trabajaba una jornada muy larga. Entonces, cuando llegaba el fin de semana, yo sentía que debía dedicarle mi tiempo. Gradualmente dejé de tomar fotografías y comencé a pasar más tiempo con él en el teatro. De todas maneras, yo estaba interesada en el teatro también. A menudo me pedía que leyera una parte cuando debían hacer la lectura de una nueva obra, y disfrutaba.

"Me di cuenta de que estaba dejando de lado más y más cosas de mí misma y, muy dentro de mí, le culpaba a él. Algunas veces intentaba que hablásemos al respecto. Pero a menudo todo lo que yo hacía era enojarme. Le acusaba de que sólo se ocupaba de sí mismo y de que era arrogante; él me pedía entonces que le diese ejemplos. Siempre me costó encontrar ejemplos. Entonces me decía que yo no estaba interesada en sus facetas creativas, que él necesitaba mi apoyo. Yo sabía que su familia lo había comparado siempre con su hermano, que era un astro del fútbol. Ellos se reían de que Brad escribiese teatro. Sus padres se habían divorciado. El padre se había hecho cargo de la custodia de los dos hijos, y yo sabía que Brad se había sentido muy abandonado por su madre. Por eso creo que pensé que estaba siendo egoísta o que debía ser más sensible. Así fue como cada vez me fui viendo más arrastrada a estar allí, a su disposición, y a dejar de lado mi propia vida."

Las muestras de enojo de Ellen eran su expresión de que quería romper las reglas de la relación, pero, como ella en realidad no tenía conciencia de lo que le estaba sucediendo, no podía utilizar su enojo de una manera efectiva. Cuando Brad le pedía ejemplos, no los encontraba. Cuando le decía que necesitaba su apoyo, sentía que si no se lo daba era egoísta. El hecho de que su madre le hubiese abandonado le inspiraba compasión y deseos de cuidarle. Pero esos sentimientos de sensibilidad, que suelen aparecer tan fácilmente en las mujeres, trajeron muchos problemas a Ellen. *En lugar de utilizar su sensibilidad para comprender a Brad, la utilizaba para excusar los comportamientos de él y para justificar su propia bondad.*

La historia de Ellen revela que ella estaba sujeta a varias reglas de bondad. Suponía que debía hacer funcionar las relaciones a través de su falta de egoísmo. No ser egoísta significaba que, si Brad quería ir a acampar y ella a un hotel, iban a acampar. Si él quería ir al teatro y ella a tomar fotografías, iban al teatro; pero la regla más insidiosa era la que se refería a la responsabilidad emocional. Ella debía ser una dama, y controlar sus necesidades de modo tal que nunca molestasen a Brad, lo hiciesen sentir ansioso o inseguro o entrasen en competencia con las de él. Si él se ponía nervioso cuando salía con Jill, ella rápidamente establecía la regla de ver menos a su amiga.

La evolución que hemos visto en la historia de Brad y Ellen es un sistema de relación, el proceso por el cual dos personas desarrollan a través del tiempo un sistema de reglas y comportamientos que determinan cómo ha de ser cada uno con el otro. Estos comportamientos se tornan recíprocos. Cuantas más cosas deja de lado Ellen en función de los sentimientos de Brad, y cuanto menos expresa sus propios sentimientos, más espera Brad que ella se ocupe de él. Juntos comienzan de esta manera a crear modelos negativos y destructivos para la relación.

Tanto Ellen como Brad llevaron a la relación concepciones acerca de ellos mismos y de las reglas aceptables. Ellen, en su familia de origen había visto cómo su madre siempre se acomodaba a su padre y nunca se oponía a sus comportamientos. Ella, por ejemplo, siempre le esperaba para cenar, y no pretendía que él la llamase si iba a llegar tarde. Ellen vio también cómo su madre dejaba de ir a la ópera porque a su padre no le gustaba.

En la familia de Ellen, las necesidades de los hombres siempre estaban primero. Ellen había visto a su madre atrapada en un triángulo de lealtad. La madre de Ellen nunca contradecía al padre, aun cuando él era demasiado duro con Ellen. Nunca tenía amigos propios, ni siquiera votaba por un partido político diferente. Su madre había aprendido que ser buena con quien tenía al lado significaba no centrarse nunca en otra relación o en otro interés. Ellen había aprendido bien estas lecciones de lealtad, ya que repetía el comportamiento de ser leal con Brad a expensas de sí misma.

Brad se había convertido en el centro de atención de su familia, para compensar el divorcio y el secreto alcoholismo de su madre. El aprendió que cualquier cosa que hiciese era importante, excepto escribir teatro, y esperaba que todos los demás se acomodasen a sus necesidades. Raras veces se esperaba de él que estuviese atento a las necesidades de los demás. Las personas se centraban en lo que él hacía, pero prestaban poca atención a lo que él sentía. El esperaba secretamente que algún día encontraría este tipo de comprensión en una pareja.

Cuando Ellen vino por vez primera a esa sesión de urgencia, pensaba en términos extremos: o bien Brad cambia, o bien yo le dejo. Anteriormente había hecho intentos inútiles de cambiar las reglas a través de su enojo. Aunque su enojo la hacía sentir más independiente y más poderosa, en realidad no cambiaba nada. Ellen se enojaba, Brad se disculpaba, Ellen cedía y volvía a ser buena.

REVISION DE LOS SISTEMAS DE RELACION

Recordemos que los sistemas de las relaciones son creados siempre al menos por dos personas. Cuando una de las personas se sienta en un sitio inamoviblemente, la otra vuela por el aire. Si una persona es demasiado "pesada", demasiado responsable y nunca empuja hacia el lado del otro, el sube y baja nunca se balancea.

Idealmente el sube y baja de las relaciones humanas va y viene, hacia arriba y hacia abajo. Primero una persona está arriba, luego lo está la otra. Cuando se queda estático en una posición, es cuando comienzan los problemas.

Aunque Ellen estaba sentada inamoviblemente en su lado del sube y baja, haciéndose cargo siempre de los sentimientos de Brad, en otros aspectos de la relación, era Brad quien se sentaba pesadamente. Cuando Brad vino a terapia con Ellen se hizo evidente que él también era demasiado bueno de otras maneras. El y Ellen raras veces tenían relaciones sexuales si él no las iniciaba. El se preocupaba mucho más que ella por pagar las cuentas. Cuanto más renunciaba Ellen a tomar decisiones, más sentía Brad que era él quien tenía que tomar decisiones por los dos.

No sería justo decir que fue Ellen la que provocó la falta de respeto de Brad por su independencia. Pero el sentimiento de Brad de que él merecía la atención de ella se acrecentaba por la tendencia de Ellen a ser demasiado buena.

ELLEN TOMA LA DECISION DE CAMBIAR

La regla acerca de la unidad y lo que esta presuponía: "Las necesidades y sentimientos de Brad son más importantes que los míos" habían surgido de la creencia de Ellen en el Código de la Bondad. Además la lealtad hacia las reglas que regían la familia de la cual ella provenía la habían reforzado, pero a medida que la relación se desarrollaba de acuerdo con estas reglas, Ellen sentía cada vez menos respeto por sí misma. Se sentía atrapada y deprimida por un peso al que no podía poner un nombre. Esta carga era la bondad, y ella comenzó a darse cuenta de que quería dejarla de lado.

"Usted sabe, yo tengo que hacer este viaje. Comencé a darme cuenta de que debo hacer un cambio con respecto a Brad. Ir a México es parte de eso. Tratar de ser tan amorosa con Brad, cediendo siempre frente a él y no anteponiendo nunca mis propios deseos de hacer lo que yo quiero, me ha hecho sentir muy mal conmigo misma. Es como si hubiese hecho muchas cosas para que él me amase, pero lo que me sucede ahora es que yo misma no me amo o no me valoro lo suficiente. Me siento avergonzada por esto. Me doy cuenta de que nadie podría darme la clase de amor que yo trataba de obtener de él a partir de adaptarme siempre. Decidir esto es como decirme a mí misma: "Yo soy importante. Mi vida es importante". Esto no significa que yo no ame a Brad. Sería lindo si con sólo pensar que soy importante pudiese creerlo; pero sé que no es así, que tendré que hacer las cosas de una manera diferente. Creo que decidir ir a México es un símbolo de que quiero preocuparme más por mí misma."

Cambiar una conducta, ir a México, era toda una transformación en la manera como Ellen y Brad se relacionaban. La decisión de Ellen de ir a México fue su primer intento real de cambiar las reglas de la relación, su primer esfuerzo sólido para abandonar la carga de la bondad. No sólo era importante que Ellen hiciese un cambio, también era importante el modo como lo hiciese. La cuestión era cómo hacer un cambio efectivo sin tener que terminar con la relación.

EL CAMBIO EFECTIVO EN LAS REGLAS DE UNA RELACION

Desgraciadamente, cuando no hemos aprendido a negociar un cambio en las reglas que rigen nuestras relaciones, podemos quedar atrapados en peleas tales como la de Ellen y Brad. La mañana siguiente a su pelea, ambos se sentían desdichados y ninguno de los dos sabía cómo había sucedido. Brad se sintió abandonado. Estaba seguro de que Ellen ya no lo amaba. Ellen fue a la universidad sin saber si debía rechazar el trabajo, asustada por la intensidad de su propio enojo, sintiendo que ella era la mujer desamorada y egoísta que Brad decía. Ella se representaba la escena una y otra vez en su mente y no entendía por qué había sido tan terrible. Ella sabía que, pese a la pelea, Brad la amaba. No era capaz de sentirse bien frente a una perspectiva de cambio.

Ellen estaba tratando de cambiar una de las reglas primordiales de su relación con Brad, y la movida que había hecho era radical. Ella estaba tan asustada al respecto como lo estaba Brad. La regla de la unión los protegía a ambos de la ansiedad y de otros sentimientos desagradables. No era infrecuente que ellos actuaran como en una guerra de guerrillas. Ellen había salido a pelear y Brad se protegía a sí mismo.

Tomar una posición serena

El primer punto problemático en el intento improductivo de cambio fue que Ellen decidió no contarle desde un comienzo a Brad la posibilidad de ese trabajo. La madre de Brad había sido alcohólica, y para él no era sencillo confiar en las personas. Al ocultarle información que podía molestarle, Ellen alimentó su desconfianza. Esconder el secreto durante dos semanas había puesto tan nerviosa a Ellen que, en el momento en que ella le contó lo del viaje, él ya había comenzado a sentirse mal en cuanto a la relación con ella. Cuando Ellen se lo contó a Brad, lo hizo abruptamente y durante lo que se suponía era la celebración de aniversario. Un anuncio que de por sí iba a resultar molesto resultó más molesto aun por la falta de oportunidad.

Ellen sabía que a Brad no le gustaba que ella hiciese cosas sin él. También sabía que él se iba a enojar. Por eso se puso a la defensiva anticipadamente, ya que no estaba segura de si el enojo de él era o no responsabilidad de ella.

El proceso de cambio de Ellen ya había comenzado sutilmente con su decisión de retomar la fotografía y ya había podido dar algunos pequeños pasos. Pero, cuando se trató de una cuestión más importante como este viaje, su conducta habitual hubiese sido proteger a Brad y ni siquiera presentarse. En el pasado ella no hubiese considerado la idea de irse por un tiempo tan largo. Ahora, sabiendo que debía irse y que lo deseaba mucho, había entrado en crisis. Había decidido no quedarse en su casa para proteger los sentimientos de Brad. Sin embargo, se seguía sintiendo mal al saber que iba a molestarle. Como se seguía sintiendo responsable, se enojó. Avanzó un paso hacia el cambio, pero en lugar de hacerlo en calma lo hizo de una manera reactiva.

Si Ellen se hubiese preparado para la reacción de Brad sin sentirse responsable de ella, podría haber dado una respuesta a los sentimientos de él y no obstante haberse mantenido firme. Un cambio en el comportamiento representa un cambio en la *posición* que uno tiene frente a una regla de su relación. Una posición es una afirmación clara de lo que *uno va a hacer* y no de lo que *uno siente* o piensa que va a hacer el otro. Ellen debía permanecer calma y permitirle a Brad que tuviese sus sentimientos. Naturalmente él no iba a desear un cambio en las reglas, al menos no al comienzo. Ellen debía responder a sus sentimientos sin intentar cambiarlos. Necesitaba reconocer que su posición representaba un cambio. Y luego era necesario que mantuviera su posición.

Después de su sesión, Ellen pudo volver y expresar su posición a Brad de una manera diferente. Esta fue la forma en que se desarrolló la nueva interacción:

—Brad, realmente siento que hayamos peleado. Estuve pensando cuidadosamente en todo el asunto de México. Es una gran posibilidad para combinar la fotografía con mi pasión por la arqueología. Siento que realmente quiero tomar ese trabajo.

—Es grandioso. Tal como te dije, déjame solo con el

perro, el gato y las cuentas, olvídate de mí. Supongo que has sabido de esto durante semanas y que por esto actuabas tan fríamente.

—Comprendo tu enojo. No te lo dije antes porque sabía que estarías decepcionado por el viaje de campamento y no quise contarte hasta no estar segura. Creo que me aparté un poco porque temía tu reacción. Entiendo que te sientas herido. Pero no se trata de que yo quiera abandonarte. Se trata de que quiero aprovechar esta oportunidad. Tú me has alentado y has sido mi mayor apoyo.

—Maravilloso. Entonces, si te preocupa tanto lastimarme, no lo hagas. Rechaza el trabajo.

—He decidido aceptar el trabajo. Tú y yo podemos tener unas vacaciones diferentes. Ahora los dos estamos enojados. Posiblemente esto se deba en parte a que yo deseo hacer las cosas de una manera distinta. A mí también me asusta un poco estar sola durante cinco semanas. Pero no voy a pelear por esto. Es más, voy a dejar aquí esta conversación, pero volveremos a hablar durante la cena.

En esta nueva escena Ellen permaneció tranquila, respondió a los sentimientos de Brad y comprendió su ansiedad. Fue directa, sensible y firme.

Anticipar las reacciones al cambio

Los cambios en el sistema de una relación casi siempre provocan reacciones negativas al comienzo, aun cuando la otra persona finalmente acepte y guste del cambio. El enojo de Brad ante la necesidad de independencia de Ellen fue la respuesta inicial. El cambio suele asustar y el enojo es muchas veces nuestra primera respuesta ante el temor.

Ustedes podrán preguntarse por qué cuando Ellen se mantuvo en calma y comprensiva Brad seguía enojado. Otro obstáculo en el camino del cambio es pensar que, si nosotros hacemos las cosas bien, la otra persona no reaccionará mal. Esto no es verdad. Nuevamente *cualquier cambio provoca una reacción inicial.* La cuestión es comprender que esta reacción es natural y que *es importante no reaccionar ante la reacción.*

Nuestra tendencia a reaccionar ante las reacciones de los demás es el obstáculo mayor para obtener el cambio de reglas en una relación. En el proceso de ajuste al cambio, las personas a menudo expresan su ansiedad o enojo en forma de exabruptos. Una vez que pasa este momento, en general pueden responder desde su verdadera posición. En este momento el cambio se torna interaccional y comienza el proceso de negociación de las nuevas reglas. Pero el éxito del cambio estará amenazado a menos que uno pueda sostener y afirmar su posición con tranquiliad durante este proceso, en lugar de reaccionar emocionalmente.

Para Ellen era importante recordar que estaba tratando de cambiar ella y no de cambiarle a Brad. Este cambio representaba su decisión personal de ir tras un objetivo importante. Después de haber reconocido que ella había participado de la situación anterior, permitiendo a Brad que tomara todas las decisiones para poder permanecer fiel al Código de la Lealtad, ella había decidido hacerse cargo de su propia vida. Mantener su propia posición sin intentar forzar una reacción, en particular por parte de Brad, le permitió a él aclarar sus propios sentimientos. Dos semanas después, Brad respondió desde su verdadera posición:

"He estado pensando en el asunto de México. Creo que simplemente yo estaba asustado, ya que siempre hemos hecho las cosas juntos. Realmente creo que es una oportunidad extraordinaria, y me alegro de que no me hayas permitido privarte de ella. Pero voy a extrañarte. Cinco semanas es mucho tiempo, sobre todo para nosotros".

Ellen dijo: "Yo también voy a extrañarte. ¿Cómo podríamos hacerlo más fácil? ¿Piensas que será posible para ti ir allá y quedarte durante un fin de semana largo? Así podremos compartir al menos una parte de la experiencia".

Brad respondió: "No sé si quiero hacer eso. Me he dado cuenta de que me gustaría pasar algún tiempo con mi herma-

211

no. Pensé que quizá podríamos ir juntos a hacer un viaje en canoa durante el tiempo que tú estés fuera. Luego, en el otoño, tú y yo podremos tomar juntos unas vacaciones cortas. ¿Qué te parece?"

COMO SE BENEFICIAN LAS RELACIONES CUANDO CAMBIAN LAS REGLAS

Ellen experimentaba un complejo conjunto de emociones respecto de su cambio. Se daba cuenta de que había vivido de acuerdo con las reglas que configuraron su relación con Brad porque pensaba que debía ser buena para que la quisieran. Ella, además, amaba verdaderamente a Brad y deseaba ocuparse de él. Como mujer, ella había internalizado el mensaje de que interesarse en alguien significaba dejar de lado lo propio y que uno solamente tiene valor si vive apegado a las reglas del Código de la Bondad. Ella sufría intensamente de lo que hemos denominado la vergüenza femenina. Esta vergüenza había sido reforzada por los mensajes familiares: Ellen había visto que las mujeres debían ser leales para que las quisiesen.

La decisión de cambiar de Ellen surgió de su disconformidad con el estado de cosas. Sólo cuando decidió comenzar a hacer algo diferente comenzó a tomar conciencia del precio que había pagado por ser buena. Por eso su primera respuesta al cambio fue sentir dolor y vergüenza por no haber cambiado suficientemente rápido. Ella vio de una manera vívida y detallada todas las maneras como ella se había desvalorizado a sí misma. Esto la puso en contacto con todos los modos como las demás personas también la habían desvalorizado. Sintió entonces dolor y luego furia, y debió pasar muchas semanas en terapia explorando estos sentimientos y haciéndolos desaparecer. Brad trabajó en su terapia tratando de comprender mejor cómo el hecho de tener una madre alcohólica le había hecho temer mucho ser abandonado emocionalmente.

A Ellen el viaje a México la hizo sentir que podía liberarse de una prisión, la prisión de la bondad, del sacrificio de sí misma en aras de otro para sentirse valorada y querida. En ese viaje ella conoció personas que apreciaron su talento y valoraron su trabajo. Sintió que su capacidad como fotógrafa aumentaba notablemente. Le fascinó formar parte de un proyecto de arqueología. Por todo esto, fue adquiriendo un respeto renovado por su capacidad de hacerse cargo de sí misma —de enfrentar los temores y ansiedades que le provocaba ser independiente y tomar decisiones propias. Había hecho una ruptura: se sentía libre del Código de la Bondad y libre para ser ella misma.

Brad, por su parte, pasó mucho tiempo con su hermano, hablando de cosas de las que nunca habían hablado. Brad volvió de su viaje en canoa con una mayor comprensión acerca de cómo el traumático divorcio de sus padres y el alcoholismo de su madre habían afectado a él y a su hermano. Vio claramente por qué solía reaccionar como lo hacía respecto de los intereses y ocupaciones independientes de Ellen. Se sintió más cerca que nunca de su hermano y se dio cuenta de cuánto necesitaba de este tipo de contacto en su vida, y fue consciente de que no podía recibirlo todo de Ellen.

Cuando Ellen volvió, la relación entre ellos mejoró notablemente. Ella contaba que nunca se había sentido tan cerca de él, y él refería lo mismo. El cambio de reglas había beneficiado a ambos. Ellen se sentía bien consigo misma. Comenzó a trabajar más en lo que le gustaba. Brad comenzó a acercarse más a su hermano y a sus amigos varones y nunca más exigió de Ellen una unidad como la de antes. Cuando estaban juntos, tenían muchas cosas para compartir y se entusiasmaban con los intereses y experiencias del otro. Habían cambiado el equilibrio, y la bondad ya no ocupaba el mismo lugar.

10

APLICACION DE LOS PRINCIPIOS
DEL CAMBIO

Liberarse de la carga de la responsabilidad es un desafío, y se pueden aprender las habilidades necesarias para enfrentarlo. Podemos mantener mejor la motivación para el cambio cuando comprendemos ciertos principios. El más importante de esos principios es que cualquier cambio personal modifica tanto el modo como nos sentimos respecto de nosotros mismos como el modo como los demás reaccionan respecto de nosotros. Por eso, una parte del cambio consiste en modificar las propias conductas y otra en anticipar y manejar las reacciones de los demás.

Ya hemos visto cómo Ellen negoció cambios importantes en su conducta respecto de la bondad y en sus reglas de relación con Brad. Vimos cómo sus primeros intentos no habían sido planificados y no fueron efectivos. Pero cuando ella aprendió a utilizar distintas herramientas y principios su cambio dio como resultado mejores sentimientos acerca de sí misma y mejoró su relación con Brad.

Ellen atravesó una serie de etapas que son comunes a todo proceso de cambio:

Enfrentó una "crisis de bondad" en la que experimentó un conflicto entre sus propias necesidades y las reglas que habían establecido entre ella y Brad.

Se dio cuenta de que sentía un peso y de que estaba muy molesta por haber sido "demasiado buena" y tomó la decisión de cambiar.

Exploró de qué maneras las herencias y mandatos familiares habían influido en sus sentimientos de lealtad hacia Brad.

Tomó una decisión que involucraba tanto un cambio en su comportamiento como en su responsabilidad emocional hacia Brad.

Aprendió a adoptar su propia posición en calma, sin reaccionar frente a las reacciones de Brad.

UNA NOTA IMPORTANTE RESPECTO DE LAS REACCIONES DE LOS DEMAS FRENTE AL CAMBIO

Habitualmente hacer un cambio en las reglas de una relación significa romper los mandatos del Código de la Bondad. En algunas raras ocasiones, las personas que la rodean pueden sentirse tan aliviadas porque usted haya decidido unirse a la raza humana en lugar de seguir siendo "demasiado buena" que aplaudirán lo que usted ha hecho y tomarán gustosamente sobre sus espaldas el peso de las resposabilidades que usted abandone. Brad, por ejemplo, se sintió aliviado cuando Ellen se centró menos en él.

Sin embargo, como el cambio suele ser incómodo en los comienzos, es más probable que suscite reacciones negativas. Estas reacciones pueden tomar dos formas: directa o indirecta. Las personas pueden decirle cosas negativas, o bien pueden actuar con hostilidad. Pueden mostrarse enojados y desafiantes. Las respuestas negativas indirectas suelen implicar que las personas se vuelvan aun más irresponsables. La persona en la cual usted ha dejado de centrarse puede comenzar a beber o a comer en exceso, o bien puede presentar síntomas emocionales severos, tales como depresión o ansiedad. La respuesta puede ser tan simple como la de Adam en el Capítulo 1, que se olvidó de poner el filtro en la cafetera. Este olvido fue una respuesta indirecta al cambio.

Las reacciones verbales suelen ser variaciones de "eres mala", "estás loca" o "no me quieres". La clave para poder sostener y hacer efectivo el cambio es poder anticipar esas respuestas y permanecer en calma frente a ellas. En el momento en que usted piense en cambiar, trate de prever qué personas pueden reaccionar y de qué manera. Tenga a su alcance amigos o un terapeuta que pueda ayudarla a convivir con estas reacciones a su alrededor sin reaccionar usted y que le confirmen que usted no es mala por el hecho de dejar de lado la bondad.

Es imprescindible tener planeada una estrategia para el cambio y poder manejar las reacciones que este genere. Los siguientes pasos pueden aplicarse, sea que el cambio que usted va a efectuar afecte a su esposo, a su amante, a un amigo, a su jefe, a sus padres o a sus hijos.

ESTRATEGIAS PARA EL CAMBIO

1. Cuéntele con tranquilidad a la otra persona cuál es el cambio que usted planea realizar.

2. Elija un momento en que otros acontecimientos o asuntos no puedan desviarla de su objetivo o darle al cambio más significación de la que tiene.

3. Comprensiva y amablemente explique que este cambio puede ser duro para las dos partes.

4. No reaccione frente a las reacciones.

5. Reafirme su posición con firmeza y dulzura.

6. Si el enojo es demasiado, posponga la conversación para otro momento.

7. Consiga apoyo para convalidar su derecho a efectuar el cambio.

8. Permanezca en su posición.

9. Concédale a la otra persona el tiempo necesario para adaptarse al cambio.

Estas estrategias están basadas en el Código del Equilibrio y presuponen su capacidad para actuar de una manera directa, comprensiva y firme. Tienen como resultado que usted tomará la parte de responsabilidad que le toca en la relación, pero no se hará cargo de los sentimientos de su pareja ni de hacer funcionar la relación, que es un trabajo que corresponde a ambos. Su misión consiste en llegar a sentirse bien por haber tomado la decisión de cambiar.

ABANDONAR LOS COMPORTAMIENTOS BONDADOSOS

Los cambios que la mayoría de las personas decidimos hacer raras veces son tan fundamentales como la decisión de Ellen de viajar a México, aunque pueden ser igualmente importantes y simbolizar cosas también fuertes. Es fundamental recordar que Ellen se dio cuenta de que sentirse mejor consigo misma significaba *hacer algo diferente*. Si bien el cambio de Ellen fue importante, aun aquellos pequeños pasos que implican dejar de lado pequeños comportamientos de hiperresponsabilidad suelen producir una reacomodación en las reglas emocionales de una relación. Aplicar este principio significa que los pequeños cambios pueden ser tan efectivos como los grandes.

Las reglas de la bondad se expresan de muchos modos distintos en diferentes situaciones. Podemos dejar de *hacer cosas* que no debemos hacer por otras personas o podemos dejar de *centrarnos en sus sentimientos*. Muchas veces un pequeño cambio acarrea las dos cosas.

Por ejemplo, a Ellen le gustaba ser puntual, en cambio Brad era siempre impuntual. Ellen siempre se quedaba esperando a Brad, lo que traía como consecuencia que siempre llegaban a un acto después que este había comenzado. Ella se sentía incómoda y enojada. En el camino hacia el lugar adonde fuesen, siempre protestaba y gritaba por este motivo. Brad, entonces, se enojaba con ella.

Cuando comenzaron a venir juntos a sesiones de terapia, ellos habían acordado encontrarse en su casa y venir juntos desde allí. Siempre llegaban tarde, y como la terapeuta ya había abandonado la bondad, las sesiones no se prolongaban más allá de lo establecido. Finalmente Ellen tomó una posición sencilla: "Brad, yo no quiero seguir llegando tarde. Te encontraré en la oficina de Jo-Ann. Si llegas tarde, comenzaremos la sesión sin ti. Si llegas demasiado tarde, continuaremos sin ti".

En poco tiempo, Brad comenzó a llegar a tiempo a las sesiones. El cambio fue sencillo. Ellen dejó de centrarse en Brad y simplemente hizo lo que necesitaba hacer. Cambiar un pequeño comportamiento en esta área eliminó los enojos, las protestas y las escenas negativas entre ellos. Brad debió asumir la elección de comportarse o no de una manera más responsable.

Para elegir los cambios que usted desea hacer respecto de los *comportamiento*s que implican ser demasiado buena, pruebe con los siguientes ejercicios:

- Tome algo que usted hace frecuentemente. Por ejemplo, si usted siempre debe buscar por él las llaves del automóvil, es mejor elegir cambiar esta conducta que dejar de hacer las compras de Navidad para su madre. Esta es una conducta que sólo se ejerce una vez al año.
- Tome algo que usted hace siempre y que claramente no es de su competencia. Es mejor tomar en principio un comportamiento que incumbe sólo a la otra persona que centrarse al comienzo en algo que afecta a los dos. Por ejemplo, encontrar las llaves del automóvil claramente le corresponde a él. Pagar a tiempo la hipoteca de la casa, aunque hacer los cheques y pagar las cuentas le

corresponda a él, la afecta a usted directamente. Es mejor entonces no experimentar con el pago de la hipoteca hasta no haber probado con otros cambios antes.

- Tome alguna cuestión que irrite por igual a ambas partes. Por ejemplo, Ellen y Brad siempre se irritaban uno con el otro a causa de la impuntualidad crónica de él. Brad se sentía controlado cada vez que Ellen protestaba. El se resistía a cambiar y ella se centraba más en el cambio de él que en el suyo propio. Busque una cuestión que termine siempre en estos ciclos repetitivos de irritación y frustración.

- Una vez que haya aislado uno o dos comportamientos claves, practique dejarlos de lado de una manera consistente durante por lo menos un mes. Cuando la otra persona le pregunte al respecto, actúe como si se hubiese confundido o no se hubiese dado cuenta. "Creo que lo olvidé" o "No sé por qué no lo he estado haciendo. Probablemente tenía mi mente ocupada con otras cosas." Asegúrese de no recordarle a la otra persona que haga lo que usted no va a hacer, excepto que la otra persona requiera de cierta información para hacerlo, dado que usted se ha estado haciendo cargo de eso por mucho tiempo. No haga comentarios respecto de su cambio.

- Cuando usted se sienta segura de que puede mantener el cambio, tome otras conductas de las cuales se ha estado haciendo responsable sin que le correspondan y comience a conversar con su pareja acerca del modo como quiere que se manejen las reglas de la relación que usted desea cambiar.

USTED Y LOS SENTIMIENTOS DE LOS DEMAS

Ellen protegía los sentimientos de Brad no haciendo nada que lo pudiese poner ansioso. Estar demasiado centrado en los sentimientos del otro a menudo implica preguntarles continuamente acerca de sus emociones, tratar de reparar sus sentimientos, intentar resolverles los problemas, o estar demasiado preocupadas por protegerlos del dolor o de las consecuencias de sus propios comportamientos.

A menudo también solemos proteger a las personas de *nuestros* sentimientos. Ellen, por ejemplo, no le hizo saber a Brad de su posibilidad de trabajo en México porque temía su reacción. Como mujeres buenas, solemos pensar que nuestros sentimientos y necesidades, si los expresamos sinceramente, pueden hacer sentir mal a las otras personas. Como pensamos que debemos dejar de lado el egoísmo, ser serviciales, ser damas y no herir ni causar inconvenientes a nadie, solemos ocultar la verdad. No somos directas.

Esta tarea de ser demasiado buenas, puede tomar distintas formas: podemos fingir un orgasmo en nuestra relación sexual, no manifestar cuando estamos enojadas, mantener en secreto nuestro lesbianismo o el hecho de haber sido víctimas de una violación incestuosa. Más tenue aunque no menos peligrosa es otra de estas formas: decir que sí cuando deseamos decir que no.

Una vez que hemos identificado la relación que deseamos cambiar, es importante seleccionar un comportamiento clave para cambiar. Un gran cambio comienza por pequeñas cosas. Es mejor tomar algún aspecto parcial en el cual usted estuvo actuando de más que intentar cambiarlo todo al mismo tiempo.

Como primer paso para dejar de poner el centro de atención en los otros, pregúntese en primer término de quién es el problema por el cual usted se está preocupando. ¿Dónde está su centro de atención? ¿Está en una pareja, un hijo, un amante, un amigo, un padre anciano? ¿Tiende usted por ejemplo a preocuparse por los problemas de trabajo de su esposo más que él? ¿Usted se molesta cuando su jefe no entrega los informes a tiempo? ¿Usted se siente obligada a aconsejar a su mejor amiga respecto de un problema amoroso, aunque ella no le pida ese consejo? Quizás usted se centra emocionalmente en todas estas personas y su tendencia a ser demasiado buena es global e invade todas las áreas de la vida. Si esto es así, es posible que usted no sea consciente de cuáles son sus problemas. También es posible que usted habitualmente deje de lado sus propias necesidades emocionales para centrarse en los demás. Probablemente usted acepta quedarse hasta tarde en la oficina para dactilografiar los informes de su jefe en lugar de, por ejemplo, asistir a la clase de gimnasia que a usted le gusta.

Mantenga claro su centro

Cuando nos centramos demasiado en los sentimientos o en las necesidades de otra persona, sacrificamos la claridad respecto de los propios para ser buenas. Cuando no tenemos claras nuestras propias posiciones, a menudo llegamos al tipo de interacciones que hemos visto funcionar entre Ellen y Brad, interacciones que llegan a ser conflictivas, confusas y enojosas. Hacemos cosas que en verdad no deseamos hacer o no hacemos cosas que sí quisiéramos hacer. Perdemos de vista ese yo que puede ser comprensivo, nutricio y firme. Como hemos visto en el ejemplo de Barbara (Capítulo 6) y en la resolución de la pelea de Ellen con Brad, estas cualidades funcionan como antídotos contra la excesiva bondad.

Ellen enfrentó, y eventualmente resolvió, una crisis de bondad. La crisis tenía que ver con que ella estaba centrada en exceso en las necesidades de Brad. Cuando estamos atrapadas en una espiral descendente de interacciones confusas y negativas, tal como la que ella experimentaba, resulta útil tener a mano una frase o una palabra clave que nos ayude a centrarnos. Ellen ha aprendido cuatro preguntas que la ayudarán a mantener su postura en futuras interacciones con Brad, cada vez que ella sienta que se sale de su centro, o cuando Brad reaccione en contra de una decisión que ella haya tomado. Estas preguntas son: *¿Cuál es la cuestión? ¿Cuál es mi posición? ¿De quién es el problema? ¿Qué cosa, si es que hay alguna, es la que yo debo hacer?*

Siempre es posible darse cuenta cuando en una relación está por producirse una crisis de bondad. Ellen podía darse cuenta por el nudo que tenía en el estómago desde dos semanas antes. Una se da cuenta que se pone tensa, se siente vagamente irritada. Su esposo o su pareja, o su amiga, o su hijo le dicen algo, y aunque usted trate de negarlo, se enoja o se pone a la defensiva.

Estas reacciones fisiológicas son la advertencia de que sus propias necesidades o sentimientos están en conflicto con los de otro. La tensión de su cuerpo le está diciendo que su necesidad de ser buena ha entrado en conflicto con lo que usted sinceramente desea. Tómese el tiempo de preguntarse: *¿Cuál es la cuestión? ¿Cuál es mi posición? ¿De quién es el problema? ¿Qué cosa, si es que hay alguna, es la que yo tengo que hacer?* Esto le dará la claridad necesaria para mantenerse centrada en usted misma. Mantener ese centro puede abortar las interacciones negativas en las que una trata de ser buena para acabar sintiéndose mal. También evitará que usted desista de su deseo de cambio.

* *Estrategias generales para mantener la claridad*

* Cuando alguien venga con un problema, en lugar de aportar inmediatamente una solución, pregúntele cuáles son las opciones que ve. Trate de controlarse, y no dé consejos a menos que se los pidan directamente.
* Cada vez que se sienta molesta en una interacción con alguien, pregúntese: ¿de qué sentimientos ajenos me estoy haciendo cargo? y ¿cuáles de mis propias emociones no estoy expresando?
* Cuando usted sienta que está reaccionando frente al problema de otro de una manera hiperresponsable, o con enojo, ansiedad, frustración o depresión, vuélvase a centrar en usted misma a través de las cuatro preguntas para mantener la claridad.

ALTERNATIVAS PARA NO DESCENTRARSE EN LO EMOCIONAL

El nuevo Código del Equilibrio nos provee de alternativas que nos permiten dejar de ser demasiado buenas. Practique los ejercicios para ejercer la reciprocidad, para ser nutricia y firme, como maneras de desarrollar sus habilidades para manejar las crisis de bondad y comprender lo que significa dejar de estar emocionalmente centrada en otro.

- *Guía para ejercer la reciprocidad*

Cuando usted habla con un amigo o con un miembro de su familia respecto de algún problema del otro, es posible que usted comience a esforzarse mucho para "hacer algo por él". Esto ocurre en particular cuando estamos muy ansiosas. Por ejemplo, su padre ha comenzado a hablar acerca de lo que hará respecto de su madre si su enfermedad progresa tanto que ya no puede permanecer en su casa. O su amiga ha comenzado a hablar interminablemente acerca de sus problemas matrimoniales. En lugar de ofrecer una solución, practique decirles: "Esto debe ser muy penoso para ti"; o bien: "¿Cuáles piensas que son las opciones a este respecto?". Cada vez que usted se sienta tentada de ayudar, diga algo de este tipo.

- *Guía para ser nutricia con usted misma*
  y con los demás

1. Identifique directamente una necesidad suya por día. Por ejemplo, usted desea hablar acerca de algo que la está perturbando. Pídale a alguien en forma directa que la escuche: "¿Podrías tomarte veinte minutos para conversar conmigo acerca de mi problema con mi madre?", o bien: "¿Podrías leer un artículo en el que he estado trabajando y hacerme comentarios?". "¿Podrías acompañarme al médico? Estoy muy

ansiosa." Si recibe una respuesta negativa, pruebe con otra persona. Que usted lo pida no quiere decir que para el otro sea posible o conveniente satisfacer su necesidad. Practique satisfacer sus necesidades con diferentes personas.

2. Tómese una hora por día para hacer exactamente lo que quiera. Lea el libro que reservó para las vacaciones, escuche música, haga una llamada de larga distancia a un amigo sin preocuparse por el gasto, dése un masaje.

3. Tómese tiempo para pensar en lo que le gustaría a un amigo o a un miembro de su familia. No lo que a usted le gustaría darle sino lo que a él le gustaría recibir. Déselo. Ser nutricia es satisfacer una necesidad real del otro. Puede ser simplemente preguntarle cómo le fue ese día y escucharlo con atención.

• *Guía para ser firme*

1. Practique expresar un sentimiento suyo en forma directa a la persona por quien lo siente. Por ejemplo, si a usted le molesta que la interrumpan cuando está trabajando u ocupada en alguna tarea, practique decir: "Me molesta que me interrumpas tanto. Voy a estar encantada de hablar contigo cuando haya terminado lo que estoy haciendo".

2. Piense en una situación en la cual usted se sienta vagamente molesta por las expectativas de otro respecto de usted. Hable directamente con la pesona y pregúntele qué es lo que desea o espera. Dígale directamente lo que puede hacer, lo que no puede hacer, lo que desea hacer y lo que no desea.

3. La próxima vez que hable con alguien que trate de tenerla durante demasiado tiempo en el teléfono, practique su firmeza. Cuando usted quiera terminar con la conversación, dígale a la persona: "Voy a despedirme ahora". Hágalo sin dudar. Diga: "Me voy", en lugar de "Tengo que irme".

4. Practique decir frases tales como: "Esto no es aceptable", "Esta no es la cuestión", "Esto no es lo que yo quiero", "Quiero hacer otra cosa", "Tenemos opiniones diferentes en

este punto", "Entiendo tu problema, pero no quiero hacer lo que me pides", "Ese comportamiento es inaceptable para mí".

5. Cuando hable con alguien que la hace sentirse culpable o hiperresponsable emocionalmente, practique decir: "Lamento que te sientas así. Me doy cuenta de que estás molesto conmigo. Siento no poder hacer lo que tú quieres".

COMO MANEJAR SUS PROPIAS REACCIONES FRENTE AL CAMBIO

Por extremas que puedan ser, las respuestas de las demás personas frente a nuestros cambios generalmente corresponden a un espectro de respuestas predecibles frente a las modificaciones de las reglas de una relación. (La excepción es cuando se produce algún tipo de comportamiento abusivo, cosa que nunca debe ser tolerada.) Pero no son sólo los demás quienes experimentan resistencia frente a nuestros cambios. Nosotras también reaccionamos, y no solamente ante los cambios de los demás. Reaccionamos frente al sentimiento de que estamos perdiendo el control. Las innovaciones pueden poner en marcha nuestra propia ansiedad.

Cuando el cambio que hemos decidido efectuar tiene que ver con el cuidado y con tareas concretas, nuestra ansiedad dominante suele tener que ver con alguna versión de "No se hará" o "No se hará bien". Tememos que el informe no se entregue a tiempo o que nuestra pareja no sepa cómo limpiar bien el baño. Estamos seguras de que, si dejamos que nuestra pareja se ocupe de vestir a los niños para ir a la escuela, ellos aparecerán vestidos de una manera totalmente inapropiada o con la ropa sucia del día anterior. Algunas veces tenemos razón.

Para que los cambios en estas áreas sean viables y tengan continuidad, es importante aceptar que, si alguien comete un error o no hace las cosas exactamente como las hubiésemos hecho nosotras, no es el fin del mundo. Los cambios en estos aspectos requieren cierta flexibilidad. Una debe ser capaz de dejar que la otra persona haga las cosas a su manera, aunque dentro de lo lógico. Además, hace falta dar a los otros tiempo para llegar a ser eficientes en áreas en las cuales una se ha manejado con mucha experiencia. Si usted sabe que se va a sentir incómoda con el modo en que otra persona realiza una determinada tarea, lo mejor será cambiar en alguna otra cosa y aceptar que usted seguirá esforzándose mucho en ese terreno.

EL VACIO COMO SIGNO DE CAMBIO

Una vez que una se las ha arreglado para cambiar lo suficiente en cuanto a algún comportamiento que representaba ser demasiado buena en función de los demás, puede llegar a sentir una sensación de confusión y vacío durante un tiempo. Cuando se ha vivido la vida entera obedeciendo incuestionablemente el Código de la Bondad y se ha estado continuamente centrada en las emociones de las demás personas y no en las propias, dejar de lado la bondad es al principio como dejar la propia identidad. Una se puede sentir como si se desconociese a sí misma.

También es posible sentir confusión, ansiedad acerca de qué hacer con una misma, dificultades para concentrarse o mucha tristeza. No se trata realmente de una depresión, sino más bien de sentirse carente de objetivos. Algunas veces es difícil saber qué hacer con una misma. Es posible comenzar a cuestionar las relaciones, preguntarse si una realmente ama a las personas que piensa que ama, si le gustan sus amigos, si sus relaciones son recíprocas y saludables o si están basadas en lo mucho que una hace.

Es posible también llegar a poner en cuestión los propios valores. Es posible sentir que, al no ser ya tan buena, sería mejor pasar al otro extremo. Probablemente usted puede llegar a experimentar fuertes deseos de descontrolarse, de volverse irresponsable, de no ir a trabajar, de dejar la casa desordenada, de dejar que los niños y los gatos se mueran de hambre. Posiblemente sienta que dentro de usted habita un monstruo de egoísmo. Usted puede desear traicionar la confianza en una relación estable, tener aventuras salvajes, irse de su casa. Puede sobrepasarse con la comida, el alcohol, las drogas, el sexo o los gastos.

En esta fase del proceso de cambio, una comienza a cuestionar todas las creencias que han dirigido su comportamiento. Además, puede estar en la incómoda posición de no haber adoptado aún otro conjunto de creencias para regir su vida. Puede sentir que está frente a un vacío. Si su respuesta es salirse de control y ser tan irresponsable como hiperresponsable era antes, desafortunadamente estará demorando el día de enfrentarse con ese vacío.

Jo-Ann lucha contra el vacío

Hace poco tiempo me mudé a una nueva ciudad y tuve algún tiempo libre antes de comenzar a trabajar nuevamente. Decidí ir a la biblioteca de una universidad cercana para obtener un carnet de lectora —algo que no había tenido tiempo de hacer en los últimos veinte años de duro trabajo—. Seducida por los archivos, volví atrás treinta años, a la bella época de estudiante universitaria, cuando iba a la biblioteca por el mero placer de explorar libros e ideas. Tomé un periódico que no tenía ninguna relevancia para el trabajo que últimamente había estado haciendo. Leí un artículo acerca de una escritora famosa. Luego me volqué hacia un libro de antropología. Me imaginaba a mí misma siendo nuevamente una estudiante, y mi corazón se llenaba de alegría. No estaba haciendo gran cosa y, ciertamente, no estaba trabajando, pero mi corazón estaba lleno de sentimientos placenteros y fantasías. Estaba disfrutando.

Entonces pensé que debía regresar a casa. Comencé a sentirme muy ansiosa. El perro estaba en el automóvil y tal

vez tenía frío. Posiblement[...]
copiar artículos y leerlos más ta[...]
ciente del diálogo interno entre mí misma, podía foto-
decía que este ataque de hiperrespon[...]ve entonces, cons-
tenía un objeto preciso al cual referirse. La voz que me
que me hacía sentir "mala" por estar disfru[...] ni siquiera
pósito concreto. Aunque había decidido no h[...] y la otra,
portante, comencé a sentirme confundida. Estaba [...] pro-
impulso que no me era familiar; por eso estaba desconce[...]

• Ejercicio: enfrentar el vacío

Una de las cosas que puede llegar a reconocer es que
dentro de usted hay interminables conversaciones interiores
y que en su vida hay mucha actividad, por lo cual los sentimientos de vacío no la sobrepasan. El esforzarse tanto por los
demás puede haber sido inclusive una manera de evitar el vacío
que todos sentimos a veces, sea o no como respuesta a un
cambio. He aquí un ejercicio que la ayudará a enfrentar el
vacío en lugar de escapar de él. El propósito de este ejercicio
es llevarla por un atajo a experimentar algunos de los sentimientos típicos que se produce cuando uno desea abandonar
la bondad.

Para tener una experiencia directa de lo que sucede si
usted deja de hacer cosas y de centrarse en todos los de afuera, planee dos horas o una tarde o todo un día para estar sola
y sin distracciones. Asegúrese de que no habrá nadie más en
su casa, desconecte el teléfono y no se permita siquiera leer
un libro o una revista. Simplemente *esté*. Si lo desea, salga a
caminar un rato, pero no haga ejercicio ni ninguna otra actividad productiva. Deje salir todos los pensamientos que ven-
gan a su mente. Permítase estar sin un propósito, simplemente vagando. Observe lo que sucede.

Cuando se les indica esta tarea, la mayor parte de las
mujeres responde: "No tengo tiempo para eso" o "Nunca podría permitirme malgastar tanto tiempo." Este tipo de respues-

..." o los dictados del Código de la
... ellas son lo que hacen, que las muje-
tas indican qu.. tan su tiempo en no hacer nada. Luego,
Bondad esta.. po de poner en práctica el ejercicio, suelen
res buena.. sentimientos y entre ellos suele aparecer un
si se tor.. asosiego o ansiedad. Algunas incluso sienten que
aflor.. ..ontacto con la realidad, o sienten la desesperante
...cesidad de volver a ponerse en contacto con algo o alguien.
Aparece la culpa, la preocupación por las cosas que no se
están haciendo, la preocupación por si Janie tomó el bus correcto o recordó hacer sus tareas. Repentinamente la mujer se
ve enfrentada con el vacío. Invariablemente, cuando una mujer comienza a disfrutar de un tiempo de no hacer nada, inmediatamente se cataloga a sí misma de "perezosa", "egoísta" o
"mala".

Muchas mujeres no pueden tolerar este ejercicio durante más de media hora. Son muy pocas las mujeres que
creen en su derecho de tener sus propios sentimientos y su
propio tiempo. Muchas mujeres sienten miedo si no tienen
el apoyo de la hiperactividad que les dice quiénes son. Si
fuesen capaces de tomarse este tiempo en forma regular,
sucederían muchas cosas positivas. La mayor parte comen-
zaría a sentirse más feliz y menos avergonzada de sí misma. Aprenderían a disfrutar de su propia compañía y a divertirse. Comenzarían a poder realizar algunos de sus sueños, a dejar salir sus pensamientos, fantasías y sentimientos a la luz del día.

Una de las cosas que nos resulta más difíciles a las mujeres frente al cambio es detenernos frente al vacío y la ansiedad durante el tiempo suficiente como para reconocer algunos de los impulsos que nos llevarían a disfrutar, y que emergen
cuando dejamos de esforzarnos tanto. No hay nada que haga
sentir peor a una mujer buena que darse cuenta de que le gusta más jugar que trabajar, hacer algo por sí misma que algo
por otro. Si podemos evitar nuestra tendencia a huir del vacío, ganaremos una mayor conciencia no sólo de nuestros
impulsos negativos, sino también de los positivos que nos lle-

van a disfrutar y expresarnos, cosa que habitualmente está tapada por nuestra hiperresponsabilidad hacia otros. Una de las consecuencias más positivas del cambio es el aumento de nuestra posibilidad de ser nutricias para con nosotras mismas. Enfrentar el vacío nos da la oportunidad de redefinir nuestros valores y abrazar nuevas premisas respecto de la bondad.

SI YO NO SOSTENGO LA RELACION, ¿QUIEN LO HARA?

El vacío es sólo una de las reacciones que provoca el hecho de dejar de lado la bondad. Cuando una intenta dejar de estar emocionalmente centrada en otra persona, puede sentir ansiedad por quedarse sola con sus propios sentimientos. Si usted ha sido siempre la que más se ha esforzado por ser sensible en una relación, otra reacción posible será sentirse triste al reconocer que mucho del aparente contacto emocional que existía con su pareja, su hijo o su amiga era en realidad iniciado y sostenido por usted.

A veces pensamos que algunas relaciones emocionales son muy estrechas, pero finalmente nos damos cuenta de que somos nosotras las que iniciamos las conversaciones, resolvemos los problemas, planeamos las actividades que ambos disfrutaremos y nos afligimos por sus sentimientos. Nos damos cuenta con tristeza de que nunca se interesan por nosotras.

Lo que ocurre es que, si nosotras hacemos todo el trabajo de una relación, la otra persona no tiene que hacerlo. Si tenemos la costumbre de hablar acerca de nuestros sentimientos sin que nos pregunten, es posible que la otra persona pierda el hábito de preguntarnos, ya que sabe que nosotras hablaremos de todos modos. Si nosotras hacemos todos los planes, la otra persona se acostumbra a aceptarlos. Si nosotras siempre sostenemos las conversaciones, el otro no siente la necesidad de expresar sus opiniones o sentimientos.

Esforzarse demasiado en el terreno emocional nos puede ayudar a evitar sentir el temor de que no somos importantes para el otro, de que no nos preocupamos lo suficiente por él o de que no estamos socialmente bien adaptadas. Cuando dejamos de estar en exceso centradas en otro, sentimos que ya no tenemos reglas que nos guíen. Nos sentimos asustadas de nuestros propios sentimientos, ya que los de los demás son mucho más familiares para nosotras.

Jo-Ann espera

Me he dado cuenta de que, cuando se trata del exceso de trabajo en lo emocional, es sorprendente ver las variaciones que se registran a partir del cambio, con sólo esperar. Una noche, hace algunos años, fui con mi amigo Jerry a ver una película muy fuerte, acerca de un grupo de nazis en un submarino. La película ejerció un gran impacto emocional sobre mí.

Siempre consideré a Jerry un muy buen amigo, pero era consciente de que él nunca compartía demasiado sus sentimientos conmigo. Eso siempre me había molestado. Decidí entonces probar con los consejos que daba a mis pacientes. Decidí pues que yo no expresaría mis impresiones hasta que él no lo hiciese.

Después de la película pasamos más de cuarenta y cinco minutos conversando sobre cuestiones triviales. "El está muerto emocionalmente. Yo inventé una relación profunda, que en realidad existe sólo en mi imaginación. Fui una tonta al compartir con él mis sentimientos durante todos estos años." Comencé a sentirme profundamente triste y enojada.

Mientras yo sufría a causa de lo que pensaba que había sido una relación ilusoria, Jerry comenzó a hablar. Me enteré así por primera vez de que sus padres habían sido sobrevivientes del Holocausto y de que el resto de su familia había muerto en campos de concentración alemanes. El me habló de su dificultad por simpatizar con el protagonista nazi de la película. Compartió conmigo su dolor. Yo me di cuenta de que mis reacciones frente a la película habían sido superficiales en comparación con los sentimientos de él. Me pregunté entonces cuántas veces en el pasado yo habría privado tanto a Jerry como a mí de establecer una real intimidad por haber estado siempre haciéndome cargo del aspecto emocional y de la interacción entre nosotros.

La manera de aplicar la lección que aprendió Jo-Ann en este incidente es seguir una regla muy simple: *Cuando usted considere que se está haciendo cargo de todo el trabajo emocional en una relación, deténgase y espere a ver qué sucede.* Deténgase a observar sus propias reacciones mientras espera. Ellas serán las claves que le indicarán los sentimientos que usted estaba tratando de evitar con su acción.

LOS BLOQUEOS MAS FRECUENTES FRENTE AL CAMBIO

Para que el cambio sea efectivo, una mujer debe ser consciente de dos bloqueos potenciales que pueden aparecer para minar su decisión de cambio. El primero es interno. Tiene que ver con el falso orgullo que mencionamos en el Capítulo 4. Ya está claro que muchas veces actuamos de más para evitar un sentimiento de vergüenza. Comenzamos, entonces, a sentir un falso orgullo por nuestra manera de actuar, y ese orgullo nos protege de muchos sentimientos incómodos.

El orgullo puede bloquear el cambio. Si nuestra propia imagen está demasiado ligada con la bondad, nos resultará muy difícil soportar las reacciones de las otras personas frente a nuestro cambio, y experimentaremos el problema de sentir el vacío interior. La primera vez que una persona nos diga que somos egoístas, nuestro orgullo de ser generosas puede bloquearnos como para que no podamos seguir centradas en nosotras mismas. Intentaremos entonces probar que seguimos siendo buenas. La primera vez que no podamos mantener nuestra imagen de eficiencia, sentimientos de vulnerabilidad e inseguridad nos pueden empujar nuevamente a trabajar compulsivamente.

Para muchas de nosotras, hacer demasiado por los demás puede haber sido la fuente principal de autoestima, y nos puede haber conferido algún tipo de poder en nuestra familia o en nuestras relaciones primarias. Es poco probable que podamos dejar de lado estas conductas si no hemos encontrado otras formas de sentirnos bien con nosotras mismas. Esto sucede especialmente cuando otras personas se hacen cargo de nuestras antiguas responsabilidades y parecen hacerlo "mejor". Nuestra pareja no solamente cocina, sino que parece transformarse instantáneamente en un verdadero "gourmet". Mientras nosotras nos sentimos agotadas después de un fin de semana solas con los niños, nuestro esposo nos dice que el fin de semana que nos fuimos en viaje de negocios fue maravilloso. Si no tenemos cuidado, podemos acabar sintiéndonos mal por haber dejado de lado la bondad. Podemos ver en todas partes señales de nuestra propia imperfección.

En momentos como este, es particularmente importante mantenerse centrada en una misma. El punto es mantenerse equilibrada y no se trata de ganar una competencia con las personas que nos rodean. Para este punto sería importante revisar el inventario acerca de la autonomía, al final del Capítulo 7. Cada uno de los items a los que usted pueda responder afirmativamente la ayudará a mantener la autoestima.

El segundo bloqueo respecto del cambio es de tipo interaccional. Se trata de nuestra tendencia a olvidar que toda variación es un proceso que ocurre a través del tiempo, y que eso también se aplica a los cambios en las relaciones. Por ejemplo, si la primera vez que le hacemos en forma directa a nuestra pareja un pedido para que satisfaga una necesidad nuestra obtenemos una respuesta negativa, tendemos a pensar que la relación no funciona. En lugar de reconocer que un cambio real puede implicar muchos intentos para sustentar las modificaciones, simplemente creemos que hemos cometido una equivocación en la elección de nuestra pareja. Entonces o bien dejamos de lado el cambio, o bien dejamos a nuestra pareja y volvemos a tener la misma experiencia en la siguiente relación.

Algunas veces dejamos de lado los cambios cuando no somos financieramente capaces de autoabastecernos. Sea que decidamos o no trabajar fuera de casa, siempre nos sentiremos más seguras si tenemos confianza en que tenemos habilidades que nos permiten ganar dinero. Debemos saber cuáles serán nuestros recursos en caso de que nuestro matrimonio o nuestra pareja se disuelva. La autonomía financiera es un punto crítico para la autonomía en general. No es necesario que tengamos un trabajo, pero sí que al menos tengamos un plan que nos permita mantenernos. De otro modo, si la otra persona nos dice: "Cuando pagues las cuentas podrás hacer lo que quieras", nos sentiremos tentadas de abandonar nuestros planes de cambio.

REVISION DEL PROCESO DE CAMBIO

En los últimos cuatro capítulos hemos hablado de las etapas típicas que se dan en un proceso de cambio. Ahora haremos una breve revisión de las mismas:

1. La bondad comienza a abatirla. Usted se siente deprimida o conflictuada. Sabe que es necesario cambiar algo, pero no sabe bien qué cosa.

2. Experimenta una "crisis de bondad".

3. Comienza, con la ayuda de otros, a darse cuenta de que ha sido demasiado buena a expensas de usted misma y que ha fijado reglas en su relación que mantienen el problema.

4. Usted explora los orígenes de sus ideas acerca de la bondad. Investiga su mitología familiar y las reglas que conforman las bases de sus definiciones de bondad.

5. Usted hace un pequeño cambio. O bien deja de lado los comportamientos hiperresponsables, o deja de estar centrada en los sentimientos de otro. Hace algo importante por usted misma. Toma una posición con tranquilidad y se mantiene firme en ella.

6. Responde de una manera efectiva a las reacciones que se producen frente al cambio.

El cambio involucra los principios del Código del Equilibrio. Usted remplaza las conductas de hiperresponsabilidad por aquellas que la hacen sentir bien con usted misma, es directa respecto de sus sentimientos, puede dar buenas respuestas a los sentimientos de los demás y nutrirse a usted misma y a sus relaciones. Es firme respecto de lo que hará y lo que no hará.

Practicar el nuevo código implica:

Mantenerse centrada en usted misma.
Tomar posiciones claras y hacerlo con calma.
No reaccionar frente a las reacciones de los demás.
Salir del vacío y llegar al goce y al placer.

NOTA FINAL ACERCA DEL CAMBIO

Comprometerse en el proceso de cambio requiere valentía, paciencia y voluntad como para permanecer firme pese a una serie de sentimientos difíciles. También lleva tiempo. Nuestros modelos de bondad y responsabilidad excesiva tienen una larga historia. Adquirir nuevos comportamientos y creencias a menudo significa que hagamos un pequeño cambio que deberemos repetir muchas veces. Dejar su antiguo modelo de autoexigencia es una de las cosas más difíciles que una mujer puede hacer. Debemos entonces darnos el tiempo suficiente como para ver los resultados.

Tercera Parte

El poder del cambio

11

CUESTIONES MAS PROFUNDAS

*Las mujeres y los hombres;
las mujeres y las mujeres;
las mujeres y el trabajo*

El Código de la Bondad suele estar en funcionamiento detrás de todas las escenas que tienen lugar en todas nuestras relaciones. Sin embargo, es frecuente que tengamos creencias particulares que sustenten nuestra bondad de una manera diferente según el tipo de relación de que se trate. Por ejemplo, a veces nuestras creencias acerca de la naturaleza de los hombres nos impiden cambiar. Cuando leemos la historia de Ellen y Brad, es posible que muchas de nosotras digamos: "Brad es un hombre poco común. La mayor parte de los hombres no hubiese soportado que Ellen se fuese a México".

Sin embargo, como terapeutas, nosotras pensamos que el cambio es posible. Vemos diariamente los cambios que se producen, especialmente cuando las mujeres comienzan a hacer pequeñas modificaciones en las reglas que rigen sus relaciones. Los hombres no cambian tan rápido como a nosotras nos gustaría. Sin embargo, ellos pueden cambiar y se pueden obtener relaciones más equilibradas.

También es posible que nosotras pensemos que no es necesario dejar de lado nuestro antiguo código cuando se trata de nuestras amigas, o de relaciones íntimas con mujeres. Podemos pensar, que cuando dos mujeres se relacionan, debido a su condición femenina, parten de una base idéntica y que cuando están juntas no ponen en funcionamiento las reglas de la bondad. Por otra parte, en la vida laboral, a veces pensamos que la única alternativa es hacernos cargo de todo sin ayuda y sin demostrar que estamos sobrecargadas. En estas áreas, no obstante, también es necesario el cambio y también es posible hacerlo si comprendemos nuestras presuposiciones y estamos dispuestas a reescribir las reglas.

Todas las relaciones son susceptibles de tornarse desequilibradas de alguna manera. En este capítulo examinaremos los problemas particulares de nuestras relaciones con los hombres, con las mujeres y con el trabajo.

Jo-Ann va al salón de belleza

Un día decidí ir al mismo salón de belleza al que concurre Claudia. Me di cuenta de que estaba equipado con los secadores de cabello "de burbuja" propios de los años cincuenta. El salón también contaba con secadores modernos, pero habían decidido conservar los antiguos como recuerdo del pasado.

Fui a cortarme el cabello con Mona y le pregunté si podía entrevistarla. Di a sus respuestas el siguiente título: "Una teoría marxista del matrimonio: de cada uno según las capacidades de ella. A cada uno según las necesidades de él".

Mona preguntó: —¿Estas preguntas son para el libro?

Yo le respondí: —Eres muy perspicaz. Sí, lo son.

Maureen, la propietaria, intervino entonces: —¿Estás escribiendo un libro? ¿Cuál es el tema?

—Estoy escribiendo una Sección acerca de los hombres y las mujeres.

—Entrevista a Maureen —dijo Mona—. Ella siempre tiene algo que decir acerca de cualquier tema de que se trate.

—Hoy es miércoles. Es un buen día para una entrevista —intervino Maureen—. Los miércoles sé todo. Hazme una pregunta.

Jo-Ann: —Bien, ¿quién es más fuerte, el hombre o la mujer?

Maureen: —Es evidente: la mujer. Una mujer es mentalmente más fuerte porque da a luz. Si los hombres tuviesen que dar a luz, no necesitaríamos control de la natalidad.

Mona: —Una mujer debe hacer más que un hombre. Ella hace fuerte al hombre. Desde el comienzo ella es más fuerte.

Otra cliente interrumpió el diálogo. Era una mujer mayor que estaba haciéndose rizar el cabello: —El hombre tiene que hacer primero a la mujer.

Mona me susurró: —Ella quiere decir algo distinto.

—Lo sé.

La peinadora de la mujer mayor intervino: —La mujer debe rendirse ante el hombre.

Maureen pareció alterarse: —¿Qué? Conozco mujeres que no hacen nada y los hombres las tratan como a reinas. Yo no creo que haya que hacer demasiado por un hombre.

—Si das mucho, recibes mucho —dijo Mona.

Para ese momento la discusión era acalorada y el tono de las voces había subido considerablemente. Muchas de las clientas participaban.

—Estás en la Edad Media, Mona —dijo Maureen—. Ahora el mundo es diferente. Ya no sucede más que el hombre sea el proveedor y la mujer deba hacer todo lo demás.

—No, no —dijo Mona—. La mujer es más fuerte. Ella da más porque tiene más capacidad de dar. ¿Han visto a un hombre solo? Está perdido. Así son los hombres. Una mujer sola, en cambio, puede manejarse bien.

Para ese momento todas estaban muy entusiasmadas y yo no podía prácticamente intervenir en la conversación.

—Hazme otra pregunta —dijo Maureen.

—¿Quién es más infantil cuando está enfermo?

—El hombre —acordaron todas.

—Bueno, eso es porque las mujeres estamos más acostumbradas a cuidar a los enfermos —dijo Mona.

—Mona, tú eres una anticuada —gritó Maureen.

Mona sacudió las tijeras violentamente en dirección a Maureen:

—Estás equivocada. Los hombres suelen estar más preocupados porque tienen más responsabilidades. Una debe hacerles creer que les debe el sustento. Ellos son así.

Cuando yo me fui, la discusión continuaba llena de entusiasmo. En realidad, casi ni notaron mi retirada.

Estas opiniones en realidad son más frecuentes de lo que creemos. Las mujeres a menudo hablan de ese sentimiento de ser más fuertes que los hombres.

Una amiga nuestra dice: "Las mujeres deben ser fuertes porque los hombres son total y absolutamente incompetentes. No se puede contar con ellos para nada. Las mujeres en sus charlas suelen comentar esto. Los hombres son completamente frágiles. No se les puede decir nada porque son demasiado sensibles como para escucharlo y, si pudiesen escucharlo, de todos modos no podrían hacerse cargo. Morirían en el intento. En mi familia se cuenta una historia acerca del nacimiento de mi tía Sally. Ella nació en la India y el médico no pudo llegar hasta un día y medio después porque estaba ebrio (no se puede confiar en los hombres). Mi abuelo tuvo que asistir a su esposa en el parto. Fue un parto difícil y no pudo hacerlo bien. Por eso la tía Sally más tarde se volvió loca (los hombres son incompetentes)".

Nuestra amiga reía mientras contaba esta historia. Ella no cree realmente que los hombres sean incompetentes, pero dice que el viejo mito familiar en ocasiones hace impacto en ella. "Como ocurrió cuando yo volví de las vacaciones tres días antes que Sam para trabajar y pensé para mí misma: 'Oh, él olvidó poner los *spaghetti* en la lista de compras y yo no los agregué. No podrá comer pastas'. Por supuesto, yo no se lo hubiese recordado abiertamente porque le habría hecho sentir incompetente. Todo esto es muy automático."

La mayor parte de nuestros comportamientos masculinos o femeninos son automáticos. Se podría alegar que los movimientos de mujeres nos han dado una mayor flexibilidad. Esto es verdad, ya que, desde que se iniciaron los movimientos de mujeres, muchas más se han integrado a las fuerzas de trabajo y más hombres dedican una parte de su tiempo al cuidado de los niños. Sin embargo, no sólo muchos de esos cambios son más superficiales que profundos, sino que además lo que parece una mayor flexibilidad en los roles puede llegar a ser solamente una mayor sobrecarga en los roles. Lo que ocurre aparentemente es que tanto los hombres como las mujeres son actualmente más libres para agregar nuevos comportamientos a sus conductas habituales, pero en cambio no pueden liberarse de sus deberes anteriores que los definían como hombres y mujeres aceptables. Lo que parece flexibilidad es entonces un aumento en las presiones que marcan a hombres y mujeres la necesidad de ser más y de hacer más.

EL CODIGO MASCULINO DE LA FUERZA

Los modelos de perfección de hombres y mujeres constituyen una danza cuya coreografía fue creada por la sociedad en que vivimos. Lo mismo que para las mujeres, las reglas masculinas son reforzadas por mitos y mensajes familiares. Para comprender más claramente cómo se desequilibran las reglas entre hombres y mujeres, necesitamos prestar atención a los modos como se les enseña a los hombres a ser verdaderos hombres.

Los hombres viven de acuerdo con un código que les es propio, al que llamaremos Código de la Fuerza. Tal como en el caso de las mujeres, el código está constituido por mandatos que engendran conductas estereotipadas y que sustentan expectativas irreales y conflictivas.

EL CODIGO DE LA FUERZA

Se un triunfador. Un hombre siempre compite para ganar. Llega hasta la cima de su empresa. Practica deportes competitivos. Nunca pierde una pelea.

Se un explorador. Un hombre que obedece esta regla está caracterizado por la aventura, la audacia y la temeridad. Nunca respeta el contexto que explora. No debe estar demasiado ligado con los sentimientos y con el hogar.

Se luchador y protector. Un hombre sabe que ser un hombre significa esconder sus sentimientos, a menos que estos sean agresivos. Particularmente no puede demostrar miedo. Es un hombre en batalla. Nunca llora o demuestra vulnerabilidad. Protege en primer término a las mujeres y a los niños.

Se un experto. Un hombre debe saber de todo, desde la ruta que debe tomar para dirigirse a un nuevo destino hasta el modo de arreglar cualquier cosa que se rompa. Un hombre nunca pide consejos. Sólo los da.

Se el proveedor. Lograr un buen nivel de vida es un deber que un hombre no puede cuestionar. Desde el momento en que nace, sabe que su rol es ganarse la vida y mantener a la mujer con quien se case y a los niños que tenga.

Se un amante, pero recio. Un hombre nunca admite que necesita del romance. Se supone que debe estar sexualmente motivado siempre, en todos los lugares y por todo objeto femenino adecuado. Siempre puede actuar.

Se un compañero sensible y no seas sexista. Un hombre debe ser sensible a los sentimientos de la mujer y de las personas que lo rodean. Debe ser abierto y vulnerable en lo afectivo y saber cómo ser cuidadoso. Debe alimentar las relaciones.

Al igual que los del Código femenino de la Bondad, estos mandatos son contradictorios. Si un hombre obedece algunos de estos mandatos, indudablemente fallará en otros. Estas expectativas fijan estándares inalcanzables para cualquier hombre. Se supone que el hombre de hoy debe ser un compañero sensible, dedicado a cuidar a los niños al menos durante la mitad del tiempo, debe hacer las tareas domésticas eficientemente y, no obstante, escalar las mayores posiciones en su empresa. Se supone que debe ser un igual, pero se supone al mismo tiempo que debe ser más eficiente, más alto y debe ganar más dinero. Además, cuando comparte sus sentimientos debe asegurarse de que estos sean sentimientos que nosotras, las mujeres, nos vamos a sentir bien de escuchar de un hombre. Ciertos sentimientos nos pueden hacer pensar que él es un bebé.

No es tan seguro que los hombres intenten vivir tan apegados a su Código como lo hacemos las mujeres, particularmente no lo es respecto de los mandatos más modernos. Lo que sí es probable es que cuando un hombre lo intenta y fracasa se sienta tan mal y tan avergonzado como nos sentimos las mujeres.

Los Códigos masculino y femenino sientan las bases de la mayor parte de las relaciones. Las reglas tienden a reforzarse mutuamente. Cuando los hombres y las mujeres se encuentran muy ligados con sus Códigos, tienden a hacerse cargo cada uno en forma excesivamente responsable de ciertas áreas de la vida y a ser poco responsables en otras. Una relación puede, de esta manera, llegar a tornarse muy desequilibrada, y el clima emocional puede llegar a ser muy tenso. Veamos la historia de un hombre y una mujer que seguían muy estrictamente estos Códigos, y a qué resultados llegaron.

EL BUEN PROVEEDOR Y SU DAMA GENEROSA

Cada junio, Judy venía a terapia con la misma queja: "Ha llegado el mes de junio y Max prefiere jugar al golf antes que trabajar. Comenzó a hablar nuevamente de retirarse pronto y parece constantemente enojado conmigo".

—¿Está usted pensando en volver a trabajar?

—¿Volver a trabajar? Max no quiere que yo trabaje. Cada vez que comienzo a buscar empleo, se queja de que no voy a poder jugar al golf con él.

Judy ha vivido toda su vida obedeciendo ciegamente el mandato de no ser egoísta. Lo ha aplicado a todas las áreas de su relación con Max, quien era un alcohólico recuperado, y Judy se sentía tan aliviada al verlo sobrio que no quería hacer peligrar de ningún modo el equilibrio. El había estado en Alcohólicos Anónimos durante cuatro años, y ella era un miembro activo de ALANON. Además era responsable de todo lo doméstico. Si había que llevar al gato al veterinario, concertaba la cita y lo llevaba. Cuando había que llamar al techista para que reparase una teja, lo llamaba y se quedaba en casa para recibirlo. Si Max dejaba su ropa de golf sucia en el piso de la habitación, ella la recogía y la lavaba. Algunas veces eso la enfurecía, pero no decía nada.

Judy también se sentía responsable de aconsejar a Max acerca de sus relaciones con las demás personas, especialmente con su hija del primer matrimonio. Ella manejaba las inversiones de Max sin cobrar nada, aunque su título universitario podía haberle conferido un trabajo mucho más gratificante. Cuando la vida sexual entre los dos no era buena, ella sentía que debía tornarse más deseable, le fuera el sexo satisfactorio o no. En realidad, el sexo no solía ser gratificante para ella, pero esa era una verdad que Max no debía conocer, pues de lo contrario se sentiría herido. Pensaba que el alcoholismo ya había quebrantado la autoestima de él en grado suficiente.

Max comenzó a asistir a las sesiones de terapia con Judy. El dijo: "Quiero retirarme, pero Judy no está de acuerdo. Ella quiere seguir viviendo de la misma manera como siempre hemos vivido. A mí me gustaría jugar al golf. Tengo cincuenta y ocho años. Creo que me he ganado el derecho de hacerlo. Ahora Judy ha comenzado a quejarse de que no tengo lo suficiente como para llevarla a Europa".

Max, un agente de bolsa de éxito, había aceptado plenamente el mandato de ser un buen proveedor. Su familia había reforzado tanto esta regla que él nunca la había cuestionado. Esta regla traía aparejado que su esposa nunca debía trabajar. Cuando Max se recuperó de su alcoholismo, trabajó el doble para lograrlo.

Ahora Max deseaba dejar de trabajar, y según él creía este era el problema en su matrimonio. Aunque Judy tenía otros ingresos, que provenían de una herencia familiar, ella siempre había manejado ese ingreso como su dinero "extra". Durante la época en que Max bebía lo había ahorrado por si decidía separarse de él. Max pagaba todas las cuentas.

Judy había retomado sus estudios durante su matrimonio y había obtenido un título en una profesión altamente remunerativa, pero, en realidad, no deseaba conseguir un trabajo.

El hecho de que Max pensaba que pagar todas las cuentas era cuestión de él, había hecho que Judy no asumiera ninguna responsabilidad financiera. Con el mismo criterio, el hecho de que Judy fuese tan buena para hacerse cargo de las relaciones afectivas había hecho que Max nunca adquiriese habilidad suficiente como para manejar las relaciones con sus hijos, su hermana y sus padres. El nunca había cuestionado que Judy se hiciera cargo de él en estos aspectos, ya que era lo mismo que su madre había hecho por su padre.

El resultado de tal estado de cosas fue la aparición de una especie de enojo subterráneo en ambos que irrumpía de tanto en tanto cuando aparecían cuestiones asociadas con gastos o cuando llegaba la temporada de golf. La relación sexual y emocional entre ellos se había visto en peligro a causa del alcoholismo de Max y más aun por el desequilibrio de las reglas que regían su pareja.

Max se sentía periódicamente explotado y despreciado. El sabía que Judy se hacía cargo de muchas cosas, pero no estaba demasiado satisfecho por ellas. Le parecía como si todavía estuviese a prueba, a causa de su antiguo alcoholismo. Judy se sentía deprimida y carenciada. Estaba contenta de que él se hubiese recuperado, pero resentida porque él pasaba la mayor parte de su tiempo en las reuniones de AA o jugando al golf y no era demasiado comprensivo con ella. Acusaba a Max de ser desaprensivo y él la acusaba de ser egoísta. Como Max daba una particular importancia a ser un buen proveedor y Judy a ser generosa, estas acusaciones los llevaban a pelear con mucha facilidad.

Max y Judy habían trabajado sobre ellos mismos en AA y en ALANON, pero en terapia comenzaron a trabajar sobre el cambio en las reglas de su relación. Era evidente que no iban a llegar tan lejos en sus cambios como Brad y Ellen. Max y Judy eran productos de una era mucho más tradicional. Sin embargo, pequeños cambios a veces hacen grandes diferencias en el modo como las personas se sienten con ellas mismas y sus matrimonios.

La terapia ayudó a ver el problema de Max y Judy como una cuestión de obediencia incuestionada a las reglas de los Códigos de ambos, más que como un problema interno de cada uno de ellos. Judy se dio cuenta de que Max se enojaba porque sentía vergüenza de decir abiertamente que no quería seguir trabajando como antes. Max se dio cuenta de que Judy no había trabajado fuera de su casa durante tantos años que temía no poder hacerlo, y que intentarlo era importante para su autoestima.

Judy había estudiado bibliotecología y, con la ayuda de Max, en pocos meses encontró un trabajo de tiempo parcial como bibliotecaria, y, además, comenzó a contribuir al presupuesto familiar con una parte de sus rentas. Max se retiró parcialmente y, en los días libres que tenía, no solamente se dedicó a jugar al golf, sino que se hizo cargo de una parte de las tareas domésticas. Judy tuvo entonces un poco de tiempo libre para ella, y pudo además jugar al golf con Max. En realidad, sin embargo, no fue ni el trabajo de Judy ni la colaboración de Max en las tareas de la casa lo que los hizo sentir tanto mejor con ellos mismos y con el otro. Era el deseo de Judy de trabajar y era el deseo de Max de participar en lo doméstico lo que los hizo sentir a ambos enriquecidos. El deseo de cambio de los dos los ayudó a reducir el resentimiento que habían construido a través de los años. El entusiasmo que ambos experimentaron con los cambios hizo que pudiesen disfrutar del proceso de la terapia.

Judy comprendió que no debía esmerarse tanto en hacer funcionar las relaciones. Dejó de intentar manejar los problemas que existían entre Max y su hija, y no colocarse más en medio de ambos. En lugar de eso, intentó ser comprensiva con Max cuando él le hablaba de sus problemas con su hija. En lugar de darle consejos, le decía: "Me imagino lo mal que te sientes porque a ella le va mal en la universidad, pero sé que encontrarás la manera de manejarlo". Con el apoyo de Judy, Max efectivamente pudo superarlo y pudo expresarle cuánto apreciaba su comprensión.

Max comprendió que Judy lo necesitaba más como compañero que como proveedor. Juntos encontraron formas de disfrutar el tiempo que eran enriquecedoras para ambos.

La historia de Judy y Max es una historia que trata primariamente de quién hace qué cosa en una relación. La dinámica entre hombres y mujeres es aun más compleja respecto de quién *siente* qué cosa.

PROBLEMAS Y PARADOJAS

Las reglas de la bondad indican que los hombres son exploradores, aventureros, proveedores, guerreros, competidores, expertos y amantes sensibles pero dinámicos. Las mujeres deben ser atractivas, generosas, eficientes y sufridas. Los hombres deben ocultar las emociones delicadas. Las mujeres deben ocultar las emociones poderosas e intensas. Aun cuando los Códigos de la Bondad y de la Fuerza fuesen ideales deseables, nunca serían alcanzables. Ningún hombre es siempre experto, protector y aventurero. Ninguna mujer es siempre una dama, competente y generosa.

Sin embargo, los hombres y las mujeres tienden a reforzar en el otro estos estereotipos. Cuanto más dama es una mujer y mejor puede esconder su enojo, más guerrero es un hombre y mejor puede esconder sus lágrimas.

Vemos a diario ejemplos de este tipo de refuerzos emocionales. Los llevamos a la práctica sin pensar: los mandatos de los Códigos están tan internalizados que tendemos a perpetuarlos como hábitos. Un hombre habla acerca del sobrepeso de su mujer y le dice: "Es una pena, tienes una cara tan linda", y refuerza el mandato de ser atractiva. Es posible que digamos a un niño en la sala de espera del dentista: "Eres todo un hombrecito", y de esta manera reforzamos el mandato de ser un guerrero. Al decir "¿Por qué no dijiste nada a tu jefe? Ponte firme con él", decimos sé fuerte. Como decía una mujer, prestigiosa científica: "Debo admitir que, aunque yo digo que soy liberada, cuando los sentimientos de Bill le impiden imponerse frente a su jefe, pienso: '¿Por qué no será más hombre en esto'?"

El guerrero prepara atún

Chuck era un hombre de ventas de bienes raíces que evidentemente se regía por el Código masculino. Era agresivo, y sus modales rudos hubiesen avergonzado a Clint Eastwood. Cuando le preguntamos cómo se sentía respecto de su trabajo, la reacción fue sorprendente: "Bueno, todos los días me pongo mi traje de macho y me meto en ese mundo terrible. Siempre es igual: '¡A escena! El próximo show comienza a las siete'".

Un día, después de regresar de su trabajo, Chuck llevó a su hijo pequeño a la playa. Al regresar, preparó atún para el almuerzo de ambos; el tiempo que pasaron juntos fue tan agradable que Chuck se dio cuenta de cuánto necesitaba sacarse el "traje de macho", y él mismo decía: "es sólo la armadura que utilizo para ocultar mis sentimientos. En realidad yo deseo pasar más tiempo con mi hijo, en lugar de estar luchando en el trabajo. Yo no puedo permitirme sentimientos delicados como ese".

Muchos hombres, si les preguntamos, nos cuentan acerca de lo presionados que se sienten para proveer y para actuar. A menudo sienten miedo, sobrecarga y una gran tristeza por el poco tiempo que pueden dedicar a sus hijos. Sin embargo, también obedecen a una regla según la cual no deben compartir estos sentimientos con nadie; particularmente no deben hacerlo con sus esposas.

¿Podría el cocinero del atún haber compartido esta historia con sus compañeros? "¿Está usted bromeando? Ni en chiste."

El problema es que las mujeres solemos olvidar que los hombres tienen este aspecto oculto. El aspecto cariñoso y suave. Damos por sentado que los hombres no saben expresar sus sentimientos y que son así. No esperamos que ellos aprendan a hacerlo. Somos como Mona, la del salón de belleza: lo hacemos por ellos.

A las mujeres se les enseña a demostrar vulnerabilidad y dependencia, pero al mismo tiempo deben aprender a ser emocionalmente independientes. Nos enseñan a no ser egoístas y darnos a los demás, y a no experimentar necesidades propias. Muchas mujeres nunca llegan a confiar en un hombre como para depositar en él sus sentimientos más profundos y sus necesidades emocionales. Esto es triste, porque en realidad muchos hombres son capaces de demostrar reciprocidad y ser enriquecedores, si les damos la oportunidad.

La paradoja consiste en que cada uno de los sexos está socializado para demostrar un determinado conjunto de sentimientos, aunque esté experimentando otros en realidad. A las mujeres se nos enseña a demostrar debilidad, pero en el proceso debemos aprender a ser fuertes; a los hombres sólo se les enseña a demostrar la fuerza, pero durante el proceso se tornan dependientes. La mujer, entonces, niega su fuerza, y el hombre niega su vulnerabilidad. ¿Qué tiene pues de sorprendente entonces que se produzca una ruptura en la comunicación sincera entre hombres y mujeres?

La paradoja de la dama y el guerrero

Podemos, pues, resumir las reglas de lo que se espera del hombre y la mujer diciendo que los hombres se conducen de manera adecuada cuando esconden sus sentimientos de mayor vulnerabilidad, los sentimientos más "femeninos", mientras que las mujeres logran lo que de ellas se espera cuando esconden sus sentimientos más fuertes, o más "masculinos". La paradoja de estas reglas radica en que en realidad los hombres son tiernos y las mujeres son fuertes, pero todos nos decimos mentiras a nosotros mismos con el objeto de reforzar los mandatos de los Códigos. Estas mentiras crean un desequilibrio en las relaciones entre hombres y mujeres y nos impiden conocer los verdaderos sentimientos del otro.

Para volver a encauzar la comunicación, a menudo en la terapia utilizamos consignas que permiten a los clientes hablar de una manera lúdica y alegre acerca de las dificultades que tienen. Proponerles que usen ropas que reflejen sus partes ocultas, hacer bromas sobre las relaciones hombre-mujer o compartir videos sobre sus parejas cinematográficas favoritas son modos de hablar sobre los problemas entre los hombres y las mujeres, pero desde una perspectiva humorística.

Jeff y Alison me hicieron uno de los mejores comentarios que escuché acerca de las expectativas paradójicas y contradictorias que tienen los hombres y las mujeres unos respecto de los otros. Se les había pedido que asistiesen a una sesión de terapia llevando ropas o máscaras que simbolizaran su análisis acerca de la relación entre los sexos. Jeff vino con una máscara que representaba a un perrito de ojos tiernos. Dijo: "El problema que tengo con Alison, y que creo que hoy día tienen muchos hombres con las mujeres, es que, por una parte, las mujeres esperan que los hombres sean fieles, afectivos y que les hagan fiestas como perritos". Aquí él se sacó la máscara y la remplazó por otra que representaba a un pirata de aspecto agresivo y continuó: "Pero también quieren que seamos fuertes, atrevidos y arriesgados. Conciliar estas dos cosas no siempre es fácil. En realidad, es bastante difícil".

Alison entró a la sesión llevando un traje negro y una gorra hecha con una media. Llevaba un espejo en el rostro. "Yo creo que lo que el hombre desea ver en la mujer es un reflejo de sí mismo. Y las mujeres se empeñan en ser este reflejo en lugar de ser quienes realmente son. En lugar de verdadera energía, invierten en las relaciones energía distorsionada. Son sólo reflejos."

Cuando una mujer, en un esfuerzo por reforzar su masculinidad, le exige a un hombre que sea fuerte en el momento en que él desea ser tierno, surgen una serie de problemas. Estos problemas son lo que Alison llamaba "energía distorsionada", y que nosotros llamaremos realidad distorsionada en las relaciones. Muchas mujeres, y también muchos hombres, piensan que para seguir siendo buenos deben mantener esa realidad distorsionada.

El espejo de Alison era una metáfora del doble impulso que ella sentía. ¿Debía ser ella misma o debía reflejar la imagen que ella pensaba que Jeff quería ver? Las máscaras de Jeff simbolizaban su propio conflicto: ¿debía mostrar a Alison la imagen del pirata recio o podía compartir con ella el perrito vulnerable? El uso de la metáfora ayudó a Alison y a Jeff a encontrar un atajo para llegar a la discusión de lo que cada uno de ellos deseaba.

Alison pudo decir a Jeff: "¿Quieres sólo una imagen reflejada o quieres mi verdadera opinión?" Jeff pudo preguntar: "¿Quién debo ser esta noche, el pirata o la mascota?"

En realidad no favorecemos en nada a los hombres cuando actuamos como espejos y nos limitamos a reflejar las imágenes que ellos quieren tener de sí mismos. Esta manera de reflejar es una forma de hiperresponsabilidad que les quita a los hombres la oportunidad de expresar sus sentimientos más profundos y también los priva de conocernos. Por otra parte, al ser espejos que reflejan hacia afuera, perdemos de vista a la persona que está detrás del espejo: nosotras mismas.

EVALUACION DE NUESTRAS RESPUESTAS
EMOCIONALES HACIA EL HOMBRE

Las reglas emocionales de cualquier relación permanecen más ocultas que las reglas que prescriben quién hace qué cosa. Algunas de nosotras nos adscribimos, al igual que Alison, a la regla que dice que somos espejos de los hombres, siempre reflejando lo que ellos desean ver. Si sentimos que el ego de los hombres es algo frágil, es muy probable que:

- Finjamos ser más dependientes de lo que realmente nos sentimos.
- Evitemos competir con cualquier hombre al que tengamos la posibilidad de vencer.
- Protejamos a los hombres para que no tengan que hacerse cargo en forma directa de los niños o de otros miembros de la familia.
- Riamos ante sus chistes, nos resulten o no graciosos.
- Raras veces le demostremos que deseamos que él sea diferente cuando hace el amor.
- Seamos nosotras las encargadas de hablar sobre cuestiones emocionales.
- Lo elogiemos excesivamente si se hace cargo de alguna responsabilidad hogareña.
- Tengamos mucho cuidado de no discrepar con él en público.
- Nos sintamos desleales si tenemos más éxito que él.
- Obviemos decir lo que realmente sentimos suponiendo que no escuchará o no comprenderá.
- No le demostremos la manera en que nos afecta su comportamiento.
- No reclamemos atención y respeto por nuestros sentimientos.
- Supongamos que él no tiene sentimientos intensos y profundos y no esperemos que los manifieste.

Para alcanzar un equilibrio distinto en nuestras relaciones, es importante que lleguemos a tener ideas claras acerca de las reglas que nosotras deseamos para nuestra relación. Una vez que hayamos tomado esas decisiones, debemos comunicarlas en forma clara y tranquila, dándonos a nosotras mismas y al hombre con quien nos relacionamos la oportunidad de cambiar compromisos y hacer ajustes acordes con las reglas que ellos desean. Y lo más importante, no debemos ni proteger los sentimientos de los hombres ni, como sugería el artículo sobre la "charla intrascendente" que Jenn denunció en el Capítulo 3, suponer que debemos enseñarles cómo deben sentir.

Seguir el mandato de ser directas que propone el Código del Equilibrio es el mejor reaseguro de que haremos todo lo que esté en nosotras para lograr relaciones con los hombres que sean satisfactorias y abiertas desde el punto de vista emocional, pues todos los comportamientos suelen ser recíprocos. Si nosotras somos sinceras y abiertas, es muy posible que el otro responda del mismo modo.

LAS MUJERES Y LAS MUJERES

Así como nuestras creencias acerca de los hombres nos pueden llevar a pensar que ellos no pueden ser igualmente responsables en lo emocional de lo que lo somos las mujeres, es posible también que adoptemos creencias falsas respecto de nuestras relaciones con otras mujeres. A menudo creemos que cuando nos relacionamos con otras mujeres no es necesario negociar las reglas o explicitar las expectativas. Suponemos que una relación entre mujeres comienza, por definición, desde lugares igualitarios o que todas las mujeres son idénticamente responsables en los aspectos emocionales de una relación.

Las relaciones entre lesbianas son particularmente propicias para el ejercicio de la excesiva bondad. Como los dos miembros de la pareja fueron educados para ser mujeres buenas, a menudo ellas comparten el mito de que las mujeres piensan y sienten igual. Creen que no habrá conflictos y que de haberlos los evitarán. Sin embargo, en cualquier relación es esencial que haya un cierto grado de desacuerdo, de modo tal que los individuos puedan saber dónde están parados respecto de cuestiones fundamentales. No obstante, en las relaciones entre lesbianas es frecuente que los desacuerdos permanezcan ocultos hasta que finalmente explotan de una manera dañina.

Dos mujeres pueden actuar siendo ambas generosas, entregadas y estando más pendientes de la relación que de ellas mismas. Además, la falta de permiso social para las relaciones entre lesbianas contribuye a acrecentar la dificultad que tienen las mujeres para balancear la bondad. Si somos mujeres lesbianas y sentimos que debemos ocultar nuestra identidad para que el entorno no nos avergüence, entonces nuestra relación pasa a ser el único sitio seguro en un mundo incomprensivo. Cualquier relación se vería perjudicada por una presión tan intensa como la que implica ser el único lugar seguro en la vida de una mujer.

La pareja lesbiana es condenada a la invisibilidad: no se la reconoce, no se la acepta y no se la respeta. Podemos ver en los medios distintas imágenes, buenas y malas, de distintas mujeres, pero jamás veremos imágenes positivas de mujeres lesbianas. Al negárseles la validez de sus vidas y sus relaciones, las lesbianas tienen pocos modelos para definir las reglas de sus parejas. Ante el desafío de crear nuevas reglas y rituales, a menudo las mujeres lesbianas pueden enseñar al resto de las mujeres muchas cosas acerca de cómo liberarse del viejo Código de la Bondad y crear relaciones que impliquen un mejor equilibrio.

MARY Y JOAN

Mary y Joan vivieron juntas durante tres años. Su relación parecía un campo de batalla. Cada una estaba tan enojada con la otra la mayor parte del tiempo que ambas se preguntaban qué las mantenía juntas. Ninguna de las dos sabían bien cuál era el problema. Mary decía: "Siento que en esta relación yo no hago más que trabajar y encima soy criticada por eso. Trabajo en casa y trabajo en mi empleo, que es además muy exigente. Siento además que no hay un contacto emocional positivo y que ya no quiero sostener esto. Cuando Joan y yo nos conocimos, todo era tan intenso... Pensé que tendríamos una relación maravillosa. Pero ahora ella parece tan centrada en sí misma que yo debo hacer todo el trabajo. Algo no anda bien".

Joan decía: "Me siento deprimida. Es como si Mary estuviese todo el tiempo encima mío, siempre protestando por algo".

Como Mary se quejaba de que era ella quien debía hacerlo todo, la primera tarea de la pareja fue hacer un listado exhaustivo de las responsabilidades y cotejar quién hacía qué cosa. La lista debía incluir trabajos emocionales, tales como iniciar el sexo y trabajos funcionales, tales como pagar las cuentas.

He aquí la lista de Mary:

- Pagar las cuentas.
- Limpiar la casa.
- Hacer las compras.
- Lavar la ropa.
- Llevar al perro y al gato al veterinario.
- Comprar y enviar regalos y tarjetas a los amigos y a la familia.
- Ganar la mayor parte del dinero necesario para la casa.
- Decorar la casa.
- Mantener el exterior de la casa.
- Planificar el menú.

- Hacerse cargo de las diversiones y el tiempo libre.
- Concertar las entrevistas con el médico y el dentista para ambas.
- Llevar los automóviles al mecánico.
- Limpiar y organizar los guardarropas.

He aquí la lista de Joan:

- Aportar ideas para las vacaciones.
- Dar apoyo emocional.
- Iniciar la recreación para las dos.
- Cocinar (a veces).
- Ayudar a limpiar la casa.
- Concertar el cuidado del jardín.
- Cuidar a los animales.

Cuando las dos vieron la lista de la otra, no es difícil imaginar cuánto se enojó Mary. Ella y Joan nunca habían fijado reglas explícitas acerca de quién debía hacerse cargo de qué cosas. Ellas habían partido de muchas suposiciones respecto de lo que significa un "buen comportamiento".

Joan era una artista. Desde el comienzo, Mary había asumido que ella era demasiado creativa como para hacerse cargo de los detalles mundanos de la subsistencia. Ella sostenía que cuando Joan entraba en una habitación las cosas parecían desparramarse mágicamente y ella no sabía luego cómo restablecer el orden. Mary se acostumbró rápidamente a hacerse cargo de las tareas domésticas, ya que suponía que era la única que estaba capacitada para hacerlas.

Joan sostenía que ella era capaz de ocuparse de la mayor parte de las cosas de la vida cotidiana; en realidad siempre lo había hecho antes de irse a vivir con Mary. Pero en cuanto comenzaron a convivir quedó claro que Mary era más ordenada y más competente en la organización de la casa. Ella también sentía que Mary creía que sus principios morales eran un estándar más alto. Si Joan limpiaba la cocina después de una comida, Mary iba detrás de ella y volvía a repasar todo. Le decía además que no había hecho bien el trabajo.

Joan decía: "No importa lo que yo haga, nunca está bien hecho para ella".

Mary decía: "Lo que pretendo es nada más que lo normal y decente".

Joan decía: "Me molesta que cada vez que vamos a remar, debemos hacer antes todo el trabajo de la casa; ¿para qué?"

Mary decía: "Joan da por hecho que yo voy a hacerlo todo".

Cuando Mary y Joan comenzaron a ver cómo se había desarrollado su relación, se dieron cuenta de que nunca se habían puesto de acuerdo en cosas específicas, ni habían fijado ningún tipo de pautas. Al comienzo de la relación, Joan había tenido un trabajo temporal que le tomaba mucho tiempo. Mary, entonces, había comenzado a hacer más de lo que le correspondía. Joan apreciaba mucho su ayuda. Pero, cuando Joan volvió a su trabajo normal, ya se había establecido un nuevo equilibrio y Mary siguió haciendo más de lo que le correspondía.

Para el momento en que comenzaron la terapia, Mary sentía que todo era considerado como una obligación suya. Una vez, pensando en eso, dijo: "Creo que no sé si Joan me sigue amando por quien soy o solamente por lo que hago. A veces me siento como un conjunto de funciones".

Cuando Joan reflexionó sobre el mismo tema, dijo: "Creo que parte de mi depresión partió de sentir que nunca hago nada bien. En algún momento, entonces, dejé de intentarlo. Me pareció más fácil".

El hecho de encarar los detalles específicos de quién hacía qué cosas les dio una estructura a partir de la cual pudieron comenzar a hablar de las reglas y los presupuestos que definían su relación. Finalmente aparecieron las cuestiones emocionales que estas reglas expresaban.

Joan dijo: "Yo creo que siempre pensé que mi trabajo era importante. Que era más importante que otras cosas, de modo que, si otra persona se hacía responsable de esas otras cosas, yo estaba encantada. Creo que pensaba que si alguien me quería se podía hacer cargo de algunas cosas por mí. Crecí en el marco de una familia en la cual no se esperaba que yo hiciese nada. Pero creo que esto no es justo para Mary. Creo que debo esforzarme un poco más".

Mary se sentía sobrecargada, Joan se sentía inútil y las dos estaban enojadas. Mary porque pensaba que había elegido una relación gratificante y ahora sentía que estaba trabajando duro para obtener muy poca satisfacción emocional. Joan estaba enojada porque las reglas que había aprendido en su familia ya no funcionaban en la vida adulta. Ella tenía que hacerse cargo de otros aspectos de su vida, aparte de su trabajo, se sintiese o no preparada para ello.

Mary dijo: "Yo ya no voy a ocuparme de todo. Insisto en que nos sentemos juntas y decidamos quién va a hacer qué cosa. Y tendré que aprender a convivir con las cosas sucias. No quiero ser más la abeja trabajadora. No era esto lo que yo esperaba de esta relación". Mary contaba que ella se daba cuenta de que si deseaba un mayor contacto emocional debía no centrarse tanto en los detalles y ser menos perfeccionista. Joan se dio cuenta de que ella debía hacerse cargo de más responsabilidades tanto de su propia vida como de la casa de ambas.

En la medida en que la convivencia se hizo más equilibrada en relación con esos detalles, les resultó más sencillo manejar muchas de sus diferencias emocionales; en esta relación quién hacía qué cosa era una marca de quién veía satisfechas sus necesidades emocionales, de quién era más importante. Mary y Joan comenzaron a trabajar para lograr una relación más satisfactoria para ambas.

Unos meses después de concluir la terapia, Joan llamó, bromeando: "Sólo quería decirle que ahora Mary deja la cocina hecha un desastre. Me está volviendo loca. Creo que era lo que yo pedía y que a usted le va a causar mucha gracia".

LAS AMIGAS MUJERES

Muchas mujeres piensan que sus amigas son la relación más importante en sus vidas. En efecto, la amistad suele ser la fuente más satisfactoria y confiable de apoyo emocional, valoración y amor. Janet (Capítulo 1), al preguntarle qué le ayudaba más a sobrellevar su sobrecarga y su presión, inmediatamente respondió: mis amigas. Otra mujer decía: "Mi amistad con las mujeres ha sido siempre la relación primaria en mi vida, aun cuando estuviese con un hombre".

Sin embargo, aun cuando estas relaciones sean tan importantes para muchas de nosotras, suelen ser las primeras en verse afectadas cuando sufrimos las presiones del trabajo o de una familia muy demandante. Un artículo reciente en un periódico importante describía a un grupo de mujeres que eran directivas de grandes empresas. Estas mujeres han conformado un grupo de apoyo porque se han dado cuenta de que el mayor precio que han pagado por sus éxitos ha sido la pérdida de sus amistades femeninas.

Solemos privarnos con demasiada facilidad de esta fuente de enriquecimiento personal. Cuando comenzamos a centrarnos en un hombre o en una familia, muchas veces nuestras amigas mujeres se sienten abandonadas. Otras veces se sienten en competencia con nuestra devoción por el trabajo. Es fundamental para nuestro bienestar que podamos encontrar un equilibrio que nos permita mantener a nuestras amigas como una importante fuente de riqueza interior.

Muchas veces abandonamos nuestras amistades porque nos resulta difícil establecer las reglas de este tipo de vínculos. A veces suponemos que debemos dar más de lo que queremos o podemos; a menudo nos da miedo pedir lo que deseamos. Decirle que no a una amiga puede resultar aun más penoso que decírselo a un marido, un amante o un hijo. Queremos ser generosas con nuestras amigas. Queremos también que ellas sean generosas con nosotras.

Si tenemos un problema con las reglas de la bondad

dentro de la amistad, lo más probable es que no logremos un intercambio positivo. Podemos darnos cuenta de que siempre aceptamos los planes de nuestra amiga, y que siempre tendemos a acomodar nuestros horarios o nuestras preferencias a los de ella. Puede resultarnos difícil decirle lo que realmente sentimos o pensamos. Podemos sentir que nuestra amiga tiene muchas expectativas puestas en nosotras y temer qué sucederá si le decimos que no. Por ejemplo, cuando nuestra amiga nos llama, nos puede resultar difícil cortar la conversación aunque tengamos algo importante que hacer. Entonces, en lugar de decir: "Me gustaría poder hablar contigo ahora, pero estoy ocupada", hacemos que otro conteste el teléfono y diga que no estamos, o permanecemos en el teléfono mientras sentimos resentimiento porque ella no comprende que estamos ocupadas. También podemos temer ser demasiado exigentes o herir sus sentimientos. A veces sentimos que damos más o que hacemos más, sea en lo emocional o en lo concreto, pero no podemos decírselo.

La situación más difícil de manejar puede darse cuando nuestra amiga desea la relación más que nosotras. Para "no herirla", damos mensajes confusos y ambivalentes acerca de cuál es la prioridad que damos a esta relación. Gastamos más energía en tratar de evitar la sinceridad que la que gastaríamos si dijésemos simplemente: "Lo siento, pero yo deseo una relación menos comprometida que la que tú deseas".

Muchas amistades se desarrollan sin problemas. Estas relaciones a menudo alcanzan un buen nivel de comodidad para ambas partes sin necesidad de trabajar demasiado sobre ellas. Pero, como sucede con cualquier relación, cuando adquiere cierto nivel de profundidad, es importante hablar acerca de las reglas que la rigen si deseamos alcanzar un nivel más satisfactorio de intimidad. Es importante saber cuáles son las mutuas expectativas y cuál es el compromiso que cada una asume. No operar desde la "bondad" excesiva es tan importante en la amistad como en cualquier otra relación trascendente. El hecho de esforzarnos demasiado, unido a la exis-

264

tencia de reglas ocultas acerca del cuidado emocional, puede acabar socavando las relaciones que supuestamente pueden proveernos más enriquecimiento, valoración y apoyo.

EL TRABAJO EXCESIVO

Durante el tiempo en que estábamos escribiendo nuestro primer libro, ambas tuvimos la experiencia de que nuestras mejores amigas nos dijesen: "Eres una adicta al trabajo. Tu vida está desequilibrada". Lo que era peor, ellas comenzaron a compartir la mayor parte de su tiempo libre con otras amigas. Cuando tratamos de explicarles las presiones que ejercía el circuito de conferencias en que nos movíamos, ellas decían: "Bueno, tú lo elegiste. A ti te gusta esta posición. No vas a abandonarla, ¿verdad?" Cada una de nosotras pensó: "Ellas no comprenden". Nosotras amábamos lo que estábamos haciendo y en ocasiones sentíamos que no teníamos la opción de poner límites.

Nuestras amigas se sentían heridas porque habíamos sustraído a las relaciones que con ellas sosteníamos una parte de nuestra energía emocional, para no mencionar nuestro tiempo. Se cansaron de nuestras quejas acerca de nuestra falta de tiempo y energía. Se cansaron de mantener con nosotras una relación que de algún modo era unilateral. Entonces su respuesta fue decirnos que éramos "malas" porque trabajábamos tanto. Comenzamos entonces a sentir que estábamos pagando un precio demasiado alto por nuestro compromiso con el trabajo. Nuestras relaciones se resentían demasiado.

Amábamos lo que hacíamos: nos parecía importante y necesario, pero nuestras vidas estaban desequilibradas y nuestras conversaciones con nuestras amigas nos ayudaron a ver ese desequilibrio. Finalmente cada una de nosotras hizo cambios importantes y tomó decisiones que permitieron poner al trabajo nuevamente en una perspectiva diferente. Dijimos que no a ciertas obligaciones. Cambiamos nuestros estilos económicos de vida. Trabajamos en volver a construir un tiempo para las amigas que solíamos tener.

Durante este proceso, pudimos darnos cuenta de lo atrapadas que suelen quedar algunas mujeres por las creencias que tienen respecto del trabajo. Tomamos conciencia de que las reglas vigentes acerca del lugar que ocupa el trabajo para una mujer suelen crear continuos conflictos y un gran estrés.

El trabajo es una importante fuente de satisfacción para muchas de nosotras. Francamente no renunciaríamos al placer que da la eficiencia, al entusiasmo que nos produce poner nuestro talento en una tarea, a la estimulación que nos da movernos en un mundo más amplio y a la independencia financiera que hemos logrado. Algunas de nosotras también gozamos con los juegos de poder que hemos aprendido a jugar. Una paciente, que era la rectora de una escuela de enfermería, decía riendo: "Aprendí a frotar disimuladamente mi muñeca en las reuniones, para que ellos noten que no sólo los médicos pueden tener un Rolex".

Pero no importa cuánto ame su trabajo una mujer, la mayor parte de las mujeres siente que tener relaciones personales satisfactorias es fundamental para tener una vida equilibrada. Por eso, la mayor parte de nosotras trata de equilibrar el trabajo y las relaciones, sea que estas incluyan el matrimonio y los hijos, las amistades o un amante de fin de semana; este esfuerzo por equilibrar el trabajo y las relaciones muchas veces da como resultado que una mujer se sienta fracasada en ambas cosas.

Tina era una mujer que se desempeñaba como vicepresidenta de una gran compañía. Tenía mucha experiencia en su área y sólo le faltaba una disertación para finalizar su doctorado. Pero el centro de su terapia eran sus tres fracasos matrimoniales. Cuanto más logros obtenía en su trabajo más inútil se sentía para hacer funcionar una relación. Cuanto más fracasaba en sus relaciones más desvalorizaba sus éxitos en el trabajo: "Yo consigo que en el mundo exterior todos reconozcan mi eficiencia, pero interiormente pienso: 'Si ellos conocieran mi vida personal, lo desastrosa que es...' sé que soy un fraude".

Los sentimientos de Tina no son infrecuentes. Los sentimientos de malestar y de incapacidad para llevar adelante las relaciones siguen afectando en gran medida a las mujeres. Aunque el trabajo ha llegado a ser parte de la vida de la mayoría de las mujeres, las mujeres no suelen tratar el aspecto laboral en sus terapias. Si lo hacen, es habitualmente porque tienen algún problema de relación en ese ámbito. Más frecuentemente hablan de la vergüenza que sienten por no poder equilibrar el trabajo y las relaciones de una manera adecuada.

Las mujeres solteras que tienen objetivos muy claros en sus carreras, pero que también tienen un fuerte deseo de tener hijos, en una cierta etapa comienzan a preocuparse por la marcha del reloj biológico; se lamentan porque el trabajo les impide tener relaciones más plenas. Piensan que si parecen demasiado independientes todos creerán que no necesitan a nadie. Otras mujeres solteras se preguntan si son anormales por no desear tener una relación estable.

En efecto, progresar en una carrera muchas veces significa trabajar muchas horas, llevar trabajo a sus casas y conferir al trabajo la energía emocional que de otra manera reservaríamos para centrarnos en las relaciones con la familia y los amigos.

Uno de los conflictos más difíciles entre hacer funcionar las relaciones y ser eficiente en el trabajo es el que se produce cuando una mujer es madre. Cuidar al niño sigue siendo considerada una responsabilidad primaria de la madre. Si somos madres que trabajamos fuera del hogar, podemos dejar en la escuela o a la niñera el número telefónico de nuestro esposo, por si se suscita algún problema. Sin embargo, si lo llaman a él, en general nosotras nos sentimos mal. Sentimos como si alguien se hubiese apropiado de lo que es nuestro trabajo. ¿Y qué sucede si somos madres solteras y no tenemos ningún número telefónico para dar?

La regla que la mayor parte de nosotras establece es que podemos perfectamente estar presentes tanto en nuestras relaciones como en nuestro trabajo, ser siempre competentes, no sentirnos incómodas y no entrar nunca en conflicto. Como resultado, nos sentimos mal de una manera crónica. Nos decimos a nosotras mismas que debemos hacer todo perfecto; entonces, cuando la realidad nos muestra que eso no es posible, nos sentimos aun peor. Lo que no solemos hacer es cuestionar nuestras propias expectativas acerca de nosotras mismas. No podemos aceptar que es imposible centrarse tanto en las relaciones como en el trabajo y hacer ambas cosas perfectamente bien. Debemos ser capaces de mover nuestro centro hacia una y otra cosa de un modo tal que en cada momento podamos abocarnos a lo que más atención requiere: si nuestra verdadera prioridad son las relaciones, a veces debemos hacer cambios en el trabajo.

LAS REGLAS CONFLICTIVAS EN EL TRABAJO

Las reglas del Código de la Bondad crean un conflicto entre nuestras obligaciones públicas y nuestras obligaciones privadas, pero también crean conflictos dentro del mismo lugar de trabajo. A menudo nos vemos obligadas a obedecer dos conjuntos conflictivos de reglas respecto de cómo ser "buenas" en el trabajo.

Por una parte, ser "buena" en lo interpersonal significa ser colaboradora, sensible, y no lastimar a los demás. Significa ser una buena compañera de equipo; en algún sentido, también significa ser una dama.

Por otra parte, alcanzar los objetivos propuestos a menudo requiere que seamos insensibles a nuestras propias necesidades o a las de los demás. Como los hombres son quienes fijan los modelos de éxito en los lugares de trabajo, es posible que enfaticemos instintivamente los rasgos masculinos, tales como la agresividad o la competencia; sin embargo, estos rasgos son considerados negativos en una mujer. De este modo, el comportamiento que se requiere para satisfacer las demandas de uno de los aspectos del trabajo automáticamente nos sitúa mal respecto de los otros.

Tanto la mujer que trabaja como soldadora en un astillero como la que trabaja como ejecutiva en una empresa necesitan parecer suficientemente fuertes como para hacer el trabajo sin parecer hombres. Sin embargo, tampoco pueden permitirse un aspecto demasiado femenino. Ser excesivamente competitivas o agresivas en el trabajo nos puede hacer sentir tan mal como requerir mucho apoyo emocional.

Nora, una mujer ya retirada, pero que fue la única mujer en el Comité Directivo de su universidad, decía: "Yo jugaba algunos juegos. Todavía le puedo decir dónde me sentaba en la sala de reunión. Entraba, me sentaba en el lugar principal, apoyaba los codos sobre la mesa y me quitaba las gafas con un gesto enfático. Todos esperaban mis resoluciones, pero sin embargo no dejaba de demostrarles que era una dama. Frente a sus bromas, tosía suavemente como para hacerles ver que eran demasiado groseras para mí".

Nora no se sentía mal por tener que balancear la comprensión masculina del juego del poder con un aspecto tan femenino que rechazaba las bromas de mal gusto. Lo consideraba un desafío y lo tomaba con humor. Sin embargo, muchas de nosotras nos sentiríamos mal en situaciones así. Jean decía: "Yo odiaba los juegos de poder. Sentía que debía utilizar mis partes más masculinas. No me gustaba para nada. Pero, una vez que entraba en el juego, quería ganar. Por eso además utilizaba las lágrimas si tenía que hacerlo. Dejé el mundo empresario porque odiaba esos juegos. Ahora trabajo en forma independiente, como consultora, y puedo elegir los clientes con los cuales no es necesario jugar de esa manera".

A veces necesitamos probarnos a nosotras mismas que nos valoran por nuestros logros profesionales y no por nuestra femineidad. Entonces trabajamos el doble para asegurarnos de que van a reconocer nuestra eficiencia.

Una amiga que ocupaba un puesto ejecutivo intermedio en una gran empresa se tomó una tarde libre porque necesitaba que le practicaran unos exámenes médicos. Su jefe la llamó más tarde para preguntarle cómo estaba.

"Yo me sorprendí gratamente porque sentí que él se preocupaba por mí. En realidad estaba tan sorprendida que le dije que me sentía mejor de lo que en realidad me sentía."

"Bien —dijo él—, tenemos un grave problema con la secretaria en el proyecto en que usted está trabajando. ¿Le resultaría muy molesto venir por una hora para resolverlo?"

"¿Pueden ustedes creer que yo no me di cuenta de lo inadecuado que era su pedido sino hasta después de haber aceptado volver esa tarde a la oficina? Me sentí mal conmigo misma, pero, por otra parte, si yo hubiese estado tan 'enferma' como para no poder ir, eso hubiese deteriorado su imagen de mi eficiencia."

INTENTOS DE ALCANZAR LO IMPOSIBLE

Como ya hemos visto en el Capítulo 3, la mujer que trabaja se rige por una regla que dice que debe hacerlo todo sin parecer sobrecargada. A menudo sentimos que debemos cumplir una cantidad enorme de tareas y equilibrar muchos roles diferentes. Durante este proceso, tenemos además que lidiar con nuestro conocido miedo al éxito, evitar los efectos del estrés, entre los cuales están los trastornos de la alimentación, las adicciones y la compulsión de la perfección. En los años ochenta y los noventa se ha creado la ilusión de que, pese a las desigualdades que aún existen en los lugares de trabajo, las mujeres podemos llegar a tenerlo todo con la sola condición de saber manejarlo. Casi nunca nos damos cuenta de que esta ilusión es imposible, a menos que contemos con toda una tripulación de apoyo que nos sostenga. En cambio, siguiendo ese mensaje que nos dice que es posible, reforzamos nuestras propias expectativas y las de los demás y seguimos luchando.

Creemos definitivamente que las mujeres podemos tener al mismo tiempo carreras y relaciones satisfactorias, pero también creemos que un cierto grado de conflicto es inevitable si no cuestionamos la premisa de que podemos hacerlo todo. No pensamos que para tener una vida plena sea necesario hacerlo todo: hay que hacer elecciones y fijar prioridades que sean coherentes con nuestras propias necesidades.

Mas aun, tanto en el trabajo como en otras áreas de nuestra vida, si demostramos que podemos aceptar más responsabilidades, nos darán aun otras más para que las manejemos. Generalmente el modo de valorar nuestra eficiencia consiste en darnos más cosas para hacer.

Si nos sorprendemos diciendo que no tenemos tiempo en nuestra agenda para asistir a un curso de manejo del estrés, el problema es que tenemos demasiado estrés. La cuestión es que somos excesivamente responsables a expensas de nosotras mismas.

EL MAYOR DESEQUILIBRIO

Nuestras creencias acerca de cómo manejar el trabajo y las relaciones son probablemente la mayor fuente de estrés en nuestras vidas. A partir de la necesidad, la mayor parte de nosotras ha adoptado un modelo de trabajo creado por los hombres. No sólo aspiramos a hacer los mismos trabajos que tradicionalmente han hecho los hombres; también esperamos hacerlos de la misma manera, una manera perfeccionista y mecánica. Mientras nosotras intentamos preocuparnos por los problemas de la gente que nos rodea en el trabajo, solemos no darnos cuenta de que la estructura del mundo del trabajo en sí misma y nuestro lugar de trabajo en particular están totalmente deshumanizados y no responden a las necesidades emocionales de las personas.

Las creencias que sustentamos como sociedad son una fuente de dificultades respecto de los lugares de trabajo. El modo en que la sociedad piensa en el trabajo, sólo en términos económicos, hará que si no se producen cambios fundamentales, las familias y los individuos no sobrevivirán porque no tendrán tiempo. Ya no será una elección posible que el hombre trabaje y la mujer se quede en casa. Las necesidades económicas y la realidad financiera harán que todo el mundo deba trabajar. Cuando esto suceda, más tarde o más temprano, las rígidas reglas del mundo del trabajo deberán ceder paso a la preocupación por la calidad de la vida emocional de las personas. Las dos personas adultas que comparten una familia o una relación no pueden trabajar ambas ocho o más horas diarias durante cinco días a la semana en un entorno demandante y deshumanizado y así y todo criar niños felices y saludables, ni aun seguir siendo ellos mismos felices y saludables.

Simplemente, cuando pasamos la mayor parte del tiempo trabajando, en nuestras vidas hay más cosas para hacer de las que verdaderamente podemos hacer: el trabajo domina demasiado nuestras vidas. Aunque nos guste mucho nuestro trabajo, la mayor parte de nosotras no tiene con él una relación equilibrada y muchas veces esto sucede más por una necesidad que por elección. Una sociedad que requiere de las personas que sacrifiquen la mayor parte de sus vidas en aras del beneficio de otros no es una sociedad saludable.

Cuando las reglas del trabajo comiencen a cambiar en la sociedad, la vida será más equilibrada para todos. Pero las mujeres debemos estimular el cambio mostrando que no podemos hacerlo todo. Cada vez que nos atenemos a una regla, la estamos reforzando. Dado que nuestra participación en la fuerza de trabajo se hace cada vez más importante en el mundo de los negocios desde el punto de vista económico, las mujeres estaremos en una posición de poder privilegiada para impulsar el cambio en el modo como esta sociedad hace sus negocios. Si aprendemos a decir que no más a menudo en nuestro trabajo, cambiaremos la expectativa de que cualquiera, hombre o mujer, puede trabajar con una mentalidad solitaria, sin preocuparse por las relaciones.

Cuando nuestros entornos de trabajo nos den más tiempo de vacaciones, horarios más flexibles y una jornada de trabajo más breve, nos sentiremos de otro modo respecto del trabajo. Nos daremos cuenta de que la perfección, la competencia, los logros y la producción no pueden ser los objetivos de la vida ni tampoco la medida de nuestro valor como personas. Dejaremos de lado nuestra obsesión por tener cosas, que muchas veces es una manera de alimentar aun más nuestro desequilibrio en el trabajo. El trabajo tendrá un lugar importante en nuestras vidas, pero será un lugar equilibrado, tanto para los hombres como para las mujeres. Como resultado, mejorará nuestro propio equilibrio interno.

12

Buenas madres, buenas hijas

"Tú no me dejas ser yo misma." Mónica, de dieciséis años, está llorosa y enojada con su madre, Gwen. "No puedo siquiera tener una expresión triste sin que tú me preguntes: '¿Qué te pasa? ¿Qué te pasa?'"

Mónica es la única hija de Gwen. Gwen se divorció hace cuatro años del padre de Mónica y su mayor temor siempre fue que Mónica tuviese "problemas". Ella le dice a Mónica: "Cuando tú crees que estoy tratando de controlar tus sentimientos, en realidad lo que yo hago es preocuparme por ti. Siento que yo te he dado la vida y que soy responsable de ella. ¿Cuál es el problema de preguntarte qué es lo que anda mal?"

Mónica nos cuenta entonces que su madre la espía todo el tiempo. Su principal queja es que Gwen no acepta a su novio y a algunos de sus amigos. Pero el catálogo de quejas contra Gwen es interminable. "No puedo cerrar la puerta de mi cuarto. Me preguntas todo el tiempo qué es lo que recibo por correo. Levantas el auricular de la extensión cuando estoy hablando por teléfono y siempre estás criticando la ropa

275

que uso y diciendo que me maquillo demasiado. Odias a mis amigos. Piensas que son estúpidos. No te gusta el aspecto o los trabajos que tienen. Eres una hipócrita, siempre diciéndome a mí que no debo juzgar a las personas."

Como era previsible, Mónica reaccionó frente al control de su madre provocándola aun más. Usa indumentarias extrañas y está fuera de su casa todo lo que puede. Basta que Gwen levante una ceja y Mónica se enfurece.

Al analizar más de cerca el problema se hizo obvio que Gwen estaba haciendo demasiadas cosas por Mónica y que se estaba centrando demasiado en ella. "Pensé que un trabajo enseñaría a Mónica a ser responsable. Entonces arreglé con el dueño de la cafetería que la contratara. Ella podía llegar en bicicleta en un momento, pero pensé que si la llevaba en coche todos los días lograría que no llegase tarde." Cuando Mónica tuvo un dolor de garganta, Gwen hizo que faltase por enfermedad. Mónica trabajó allí durante un lapso muy breve, y luego abandonó el empleo.

Le dijimos entonces: "Gwen, cuéntanos un poco más acerca de tus esfuerzos para educar a Mónica tú sola. Te estás esmerando mucho. Cuéntanos tus ideas acerca del oficio de madre". Mientras Gwen hablaba, Mónica la escuchaba en silencio, enjugando una lágrima de vez en cuando.

"Bueno, parte de mi problema fue que mi esposo me abandonó. Mónica conoce esa historia, así es que puedo hablar de ella: él me dejó por otra mujer, pero, antes de hacerlo, fue muy cruel conmigo. No cesaba de decirme que yo era muy mala esposa y muy mala madre. Yo siempre fui la más estricta. Estaba preocupada por ser una buena madre, pero me decía que era demasiado rígida y desautorizaba todo lo que yo le decía a Mónica. Ahora que se ha ido, ya prácticamente no le presta atención a su hija. La rechaza como a mí. Siento que soy todo lo que Mónica tiene. Y en realidad no tiene más familia que yo. Quiero hacer las cosas bien. Quiero que ella se sienta protegida. Mi crianza en mi casa de Ohio no fue gran cosa. Yo quiero que ella tenga algo mejor."

Parecería que Gwen está casi desesperada por tener éxito

como madre. Siente que el hecho de que su esposo la dejara fue culpa suya. Sus sentimientos de fracaso en su rol de esposa hicieron que confiriera aun más importancia a su rol de madre. Además, quiere que Mónica tenga la madre que ella no tuvo. Sin embargo, todos sus esfuerzos sólo hacen que su hija esté en su contra y ella siente que ha perdido el control.

EL PROBLEMA DE GWEN

Imagínese usted misma en el lugar de Gwen. Usted es una mujer que comenzó su vida siendo una buena hija, fiel a las necesidades de sus padres, sin conciencia de sus propios deseos. Imagínese que ahora tiene un hijo y piense lo que ese hijo puede significar para usted. Piense en las esperanzas que en él depositará.

Casi seguramente, si para usted fue importante ser una buena hija, será aun más importante ser una buena madre. Usted puede pensar que su hijo es el símbolo visible de su propia bondad. El hecho mismo de tener un hijo confirma el cumplimiento de la regla de que las mujeres deben centrarse en otra persona, no en ellas mismas. Si los padres de una no pudieron satisfacer alguna de sus necesidades, una querrá asegurarse de no hacer lo mismo. Querrá darle a su hijo todo lo que a ella le faltó. Quizás hasta deseará ver cumplidas en su hijo las cosas que no tuvo.

Como sabemos que nuestro deber es hacer que las relaciones funcionen, y como se supone que la madre es quien ejerce la mayor influencia en el desarrollo del hijo, nos sentiremos totalmente responsables de la salud y la felicidad de nuestro hijo. En efecto, él o ella representará nuestro propio éxito o nuestro fracaso como madres y como mujeres.

¿Es posible para cualquier niño soportar esta carga? ¿Puede alguna mujer satisfacer estas expectativas de sí misma? La respuesta, obviamente, es no. Sin embargo, lo seguimos intentando. En general, poner demasiadas energías en

nuestros hijos lleva a que sean rebeldes, o bien a que se vuelvan ellos también "demasiado buenos" y luego se relacionen
del mismo modo con sus propios hijos. El Código de la Bondad se va pasando de generación en generación del mismo
modo que el mito de que la mujer es responsable de todo.

Además, cuando se trata de la maternidad, la mayoría
de nosotras se siente en un terrible dilema. Sentimos o sabemos que se espera de nosotras que seamos demasiado responsables, y sabemos también que luego se nos atacará por eso.

Nuestra sociedad supone que las madres debemos satisfacer permanentemente todas las necesidades de nuestros hijos. Se culpa a las madres de hacer demasiado, pero también
se las culpa de hacer demasiado poco. Se las culpa si un niño
tiene cualquier tipo de problema, mientras que se supone que
los padres ejercen escaso impacto en el desarrollo de sus hijos. Las madres nunca pueden triunfar. Cuando una mujer
actúa como "demasiado buena" en cualquier relación, se dice
de ella que actúa como una madre... Esto muestra que el trabajo de madre es a menudo frustrante, que se lo suele ver con
ambivalencia y hasta con hostilidad.

Hace algunos años hubo un comercial de televisión que
se popularizó mucho. En él aparecía la frase: "Mamá, por favor, prefiero hacerlo yo mismo". Este comercial se refería en
realidad a este terrible dilema de las mujeres madres: hacer
demasiado y que se enojen con ellas. Hacer demasiado poco
y que se enojen también. Freud preguntaba hace años: "¿Qué
es lo que quieren las mujeres?", pero en realidad hubiese sido
más pertinente preguntar: ¿qué es lo que se quiere de las mujeres, y particularmente de las madres? Como la respuesta a
esta pregunta aparece en el Código de la Bondad, es tiempo
de que las mujeres repiensen los requerimientos que se plantean a las mujeres y a las madres. Ciertamente se deben construir nuevas reglas, basadas en la premisa de que ninguna mujer
es totalmente responsable del bienestar de su hijo.

Como muchas mujeres ponen toda su alma en sus hijos, muchos hombres se las arreglan para faltar a sus obligaciones emocionales. Ellos a menudo asumen demasiado

poca responsabilidad por las vidas que han ayudado a engendrar.

Analicemos un poco más el equilibrio de la responsabilidad y la bondad entre los padres, visto desde la perspectiva de las mujeres madres. Veamos también los problemas de responsabilidad que aparecen cuando una mujer debe hacerse cargo del cuidado de sus padres ancianos y al mismo tiempo de sus hijos. ¿Qué lugar ocupan los hombres en este cuadro? ¿Por qué, cuando de niños se trata, su presencia no parece más definida que la de una sombra en un álbum familiar?

MADRES

COMO SOMOS SEGUNDAS, NOS ESFORZAMOS MÁS

La relación de Gwen con Mónica era problemática a causa de la intensa vergüenza y de la ansiedad que experimentaba cuando sentía que había fracasado respecto de los mandatos del Código de la Bondad. Gwen se cuestionaba su atractivo y se cuestionaba su habilidad para hacer funcionar las relaciones.

El comportamiento de Mónica tenía el poder de definir a Gwen como buena o como mala madre. Como resultado, la relación entre ellas estaba dominada por el conflicto, la desconfianza y el enojo. Cuanto más intentaba Gwen reforzar sus sentimientos de bondad haciéndose responsable de Mónica, más presionada se sentía Mónica y más peleaba con su madre. Cuanto más hacía Gwen por ella, menos hacía Mónica por sí misma.

La relación entre Gwen y Mónica ilustra el tipo de ruptura que puede producirse cuando las madres ponen demasiada energía en ser buenas con sus hijos. Los hijos muchas veces viven esta energía como una expectativa y se rebelan.

El problema se acrecienta cuando los hijos nos hacen saber que, aunque nosotras hagamos mucho por ellos, lo que ellos en realidad desean es el amor y la aprobación del padre. Mónica, por ejemplo, pasaba horas hablando con Gwen acerca de su padre y mantenía la idea irreal de que su padre la amaba verdaderamente, mientras que Gwen sólo le daba penas. Los hijos varones, como es lógico, desean tener un fuerte contacto con la figura masculina más importante en sus vidas. Las hijas mujeres también necesitan contacto, pero aprenden que su valor como mujeres depende de la aprobación masculina y no de la femenina.

Las madres deben manejar la ansiedad que les produce ser las responsables de todo y sin embargo estar en un segundo plano en muchos aspectos, y lo hacen de distintas maneras. Algunas hacen demasiado; otras se asustan de comprometerse demasiado emocionalmente con sus hijos, porque temen necesitarlos demasiado. Como no se sienten seguras de poder cumplir adecuadamente el rol de madres, entonces hacen demasiado poco. Muchas mujeres de nuestra generación trataron de resolver el problema de la ansiedad buscando consejo profesional. Por eso muchos niños fueron criados de acuerdo con los mandatos del Dr. Spock.

Muchas veces nos comprometemos más con algunos de nuestros hijos que con otros. A veces alguno de nuestros hijos tiene un significado especial para nosotras. Puede ser que nuestra respuesta sea distinta frente a los hijos varones que frente a las hijas mujeres. Posiblemente, algún hijo nació después de la muerte de uno de nuestros padres y tuvimos la esperanza de que aliviara el dolor de la pérdida. A veces, alguno de nuestros hijos nos recuerda a un hermano o a un padre especialmente querido o especialmente problemático. Tal vez alguno nació en el momento en que peor nos sentíamos respecto de nuestra condición femenina. O quizá fue un hijo mayor del cual dependimos en el momento de un divorcio penoso. Puede ser que uno de nuestros hijos se haya tornado el centro de atención en el momento de un difícil conflicto matrimonial. O podemos tener un hijo discapacitado física o emocionalmente.

En cualquiera de estas situaciones particulares o, en

general, durante la crianza de los hijos, siempre debemos respondernos esta pregunta: ¿Cuál es la responsabilidad adecuada respecto de este hijo? ¿Qué es bueno para mi hijo? ¿Cuál es la diferencia entre mis ideas acerca de la maternidad y lo que realmente es necesario hacer en este caso? ¿Cuáles son las reglas de la bondad entre madres e hijos?

DEMASIADA RESPONSABILIDAD

En el Capítulo 7 hablamos de una regla básica de la responsabilidad apropiada: Nunca hagas algo por otra persona, si ella lo puede hacer sin problema. Esta regla se aplica igualmente a niños y a adultos, si bien hay que tener en cuenta las limitaciones propias de la edad. Por eso, la primera pregunta que hay que hacerse respecto de los niños es: ¿Yo hago por ellos rutinariamente tareas que ellos están en condiciones de hacer?, o bien: ¿Espero que ellos se hagan cargo de su propio bienestar físico y del espacio que compartimos? Si no, ¿por qué es que no lo hago?

Una de las maneras como Gwen estaba demasiado centrada en su hija Mónica era haciendo demasiado y esperando demasiado poco de ella. A los dieciséis años, Mónica estaba en condiciones de conseguirse un trabajo por sí misma y de ir hasta allí en su bicicleta. No necesitaba a Gwen para que le lavase y le planchase toda la ropa, ni para que le preparase todas sus comidas.

Gwen decía: "Yo sé que hago demasiadas cosas por ella. Es mi modo de asegurarme de que ella esté bien. Si yo me ocupo, sé que las cosas se harán, pero creo que también estoy pensando por ella. No tengo nadie más a quien cuidar y me resulta difícil dejar ese papel. Creo que estoy tratando a Mónica como si tuviese seis en lugar de dieciséis años. Pienso que debo dejarla crecer".

Gwen tenía una mezcla de sentimientos que daban como resultado su sobreprotección hacia Mónica. Quería ser una madre interesada en su hija, quería que todo estuviese bien. Necesitaba un objeto para su capacidad de dar, y, como no tenía una relación íntima en su vida ni tenía otros intereses personales, se centraba en lo que hacía su hija.

Mónica, por su parte, se sentía controlada y quería ser más independiente. Además, según se pudo ver después, la tendencia de Gwen a hacer demasiado la había tornado temerosa e insegura y no se sentía competente para hacer sus cosas.

Como un primer paso para restablecer el equilibrio en cuanto a la bondad y la responsabilidad en esta relación, ambas debían hacer un acuerdo acerca de cuáles eran las cosas de las que cada una debía ocuparse. Este acuerdo podría ir cambiando en la medida en que Mónica se sintiese más segura y que Gwen pudiese aceptar hacer menos cosas.

Gwen deseaba que Mónica se hiciese cargo de su propia ropa. Estaba de acuerdo en que Mónica preparase la cena al menos dos veces por semana y en que ayudase a limpiar la casa. Mónica debía además ocuparse de conseguir un empleo y de ir allí por su cuenta. En lugar de centrarse en hacer muchas cosas por Mónica, Gwen podría ahora centrarse en el funcionamiento del arreglo. Además, el arreglo incluía la premisa de que no era bueno para Mónica que ella fuese demasiado buena.

Las sesiones de terapia ayudaron a Gwen y a Mónica a hablar acerca de sus expectativas y de sus creencias. Gwen se sorprendió al ver que Mónica realmente estaba convencida de que ella debía ocuparse de ciertas cosas por sí misma. Ahora, en lugar de rebelarse cuando Gwen hacía demasiado, Mónica podía decirle: "No estás respetando el acuerdo. Yo me debo ocupar de esto". Gwen podía también decirle a Mónica: "Creí que habíamos acordado que tú harías esto. Me molesta que no lo hayas hecho". Gwen aprendió a expresar lo que le molestaba y a permitirle a Mónica que se hiciera cargo de las consecuencias de no ocuparse de las cosas.

Estos cambios fueron difíciles para ambas. Gwen sentía ansiedad por pensar que tal vez Mónica no lograse hacer las cosas y temía tener el fracaso ante sus ojos. Frecuentemente aparecía la tentación de volver a sobreprotegerla y a menudo necesitaba sesiones extra de terapia para recibir apoyo y refuerzo. Mónica tomó todas las libertades y puso a prueba las nuevas reglas. Pero ambas aprendieron cosas importantes: Mónica aprendió que se esperaba de ella que gradualmente se fuese haciendo cargo de las responsabilidades de un adulto y Gwen aprendió que su mayor responsabilidad como madre era prepararla para hacerlo. Gwen aprendió que, a veces, ser una buena madre significa hacer menos.

LO MAS DIFICIL SON LAS ELECCIONES

Las dificultades de Gwen con Mónica no eran sólo una cuestión de quién hacía qué cosa. Como vimos en el capítulo anterior, las reglas desequilibradas de una relación reflejan un desequilibrio emocional más profundo entre dos personas. Cuando nos hacemos cargo de demasiadas responsabilidades respecto de nuestros hijos, ellos no aprenden a hacer elecciones por sí mismos. A menudo no desarrollan un buen juicio y les resulta difícil aceptar sus propios sentimientos.

Hacerse cargo de demasiadas responsabilidades en lo emocional significa proteger los sentimientos del hijo y evitar o excusar las consecuencias de sus comportamientos. Significa evitar hablar de los sentimientos que resultan penosos y manejar por ellos las situaciones que les pueden resultar emotivamente desagradables. Significa decirle a un hijo qué es lo que debe sentir o pensar.

En sus esfuerzos por proteger a Mónica, Gwen decidía por ella cómo debía vestirse, qué clase de amigos debía tener y a qué debía dedicar su tiempo. No se tomaba la molestia de escuchar lo que Mónica pensaba acerca de estas cuestiones. A menudo Gwen sentía que ella debía decidir por Mónica. Como madre, suponía que era lo mejor. Y, si bien muchas veces sus juicios de adulta eran más adecuados que los de

Mónica, esta no podría aprender nunca, a menos que tuviese la oportunidad de experimentar las consecuencias de sus propias decisiones.

Gwen preguntaba: "¿Qué se supone entonces que debo hacer, si no debo darle indicaciones? ¿Sentarme y esperar mientras ella queda embarazada o se relaciona con cualquiera? ¿Debo dejarla salir de casa vestida de cualquier modo? ¿Y qué hay de las consecuencias que estas cosas tendrán para mí?"

Sabemos que la adolescencia es un tiempo difícil de sobrellevar para los padres y los hijos. Nunca resulta fácil. Alzas y bajas emocionales están a la orden del día. Es el momento en que muchas veces debemos enfrentarnos con que nuestro hijo es diferente de nosotros y que no podemos esperar que actúe como desearíamos.

Sin embargo, Gwen aprendió que debía centrarse menos en lo que Mónica se ponía o en tratar de controlar a quién veía y qué hacía. Debía dejar de ser demasiado responsable por ella, para pasar a ser firme y nutricia.

Gwen aprendió que, por su propia tranquilidad, podía decirle a Mónica: "Espero que estés aquí a cierta hora. Espero que me llames para que te vaya a buscar si han estado bebiendo. Espero que me digas con quién sales y dónde vas a estar". Es decir, ahora podía ser clara con Mónica respecto de los límites, en lugar de dedicarse a contradecir las decisiones de su hija. Gwen habló seriamente con Mónica acerca del control de la natalidad y el sexo e insistió en que Mónica hiciese un plan para cuidar ambas cosas. La ayudó dándole nombres de médicos a quienes podía consultar y la acompañó a la cita. También le dijo que no podía usar cierta ropa cuando salieran juntas, pero, en lo demás, Mónica fue libre de decidir sobre su guardarropa.

Sin embargo, quedaban por confrontarse cuestiones más profundas. Gwen y Mónica habían olvidado cómo disfrutar del tiempo que pasaban juntas. Las dos tenían muchos sentimientos guardados acerca del divorcio y del rechazo del padre hacia Mónica. Nunca hablaban directamente sobre el tema,

284

excepto que Mónica se refiriera a su padre de una manera que hiciese sentir mal a Gwen. Y esta se preocupaba tanto de que Mónica no tuviese problemas que olvidaba hablar con ella acerca de las cuestiones cotidianas. Sabía muy poco acerca de los sentimientos de su hija. Las dos se habían vuelto como extrañas, y Mónica sufría porque deseaba que su madre estuviese más cerca. Lo que podría haber sido un vínculo íntimo y satisfactorio para las dos se había bloqueado a causa de la excesiva responsabilidad que tomaba Gwen. En lugar de ser una guía emocional para Mónica, se había transformado en una especie de policía secreta.

Para Gwen, ser nutricia con Mónica significaba hablar con ella, tratar de comprender sus experiencias, ser comprensiva y darle apoyo cuando se sentía mal. A veces también significaba hablarle de sus propios problemas y frustraciones. No quería resolverle problemas ni establecer juicios acerca de sus conductas, sino guiarla y permitirle tomar decisiones por sí misma, fuesen estas buenas o malas.

Gwen aprendió a decirle a Mónica cosas tales como: "Dime cómo te sentiste en esa situación. Pudo haber sido molesto, o gracioso, o interesante. ¿Necesitas mi ayuda? ¿Qué piensas hacer con ese problema? Te quiero, deseo que lo pases bien. Me pone ansiosa que las cosas no te salgan bien, pero estoy segura de que podrás manejarlas. Te diré mi opinión si quieres saberla".

El hecho de ser más positiva respecto de Mónica ayudó a Gwen a sentirse mejor consigo misma. Aprendió que ser una buena madre significaba disfrutar de su hija y guiarla, no esforzarse para dirigir los resultados de sus elecciones. La tarea de Mónica era aprender a vivir su propia vida. Y Gwen debía dejar de ser tan buena.

El proceso no fue sencillo porque implicó muchos reaprendizajes y algunos momentos dolorosos para ambas. Gwen no se sintió bien desde el comienzo. Al principio, mientras dejaba su vieja manera de ser madre, sintió vacío y ansiedad. Pero luego de trabajar en terapia durante algún tiempo, Mónica y Gwen alcanzaron realmente una nueva relación entre ambas. A menudo venían riendo a las sesiones y se sentían cómodas la una con la otra.

Gwen comenzó a buscar nuevas relaciones y actividades. Le gustaba lo que ella llamaba su "nuevo yo". Decidió que deseaba más afecto en su vida, porque al haber logrado una mayor cercanía con su hija había recordado lo agradable que era. Y Mónica quedó azorada cuando una vez su madre pasó a buscarla para venir a terapia usando el estilo de ropa que tanto le había criticado.

DECIDIR LO QUE ES BUENO

¿SON REALMENTE DISTINTOS LOS MUCHACHOS Y LAS CHICAS?

A veces nos resulta difícil, como a Gwen, decidir cuánto debemos hacer por un determinado hijo, debido a las ansiedades que todas las mujeres sentimos respecto de nuestros hijos. Nos cuesta no intervenir, aunque sepamos que es mejor para ellos.

Otra cuestión difícil es saber cuánto debemos esperar de nuestros hijos. A menudo suponemos de qué cosas debe hacerse cargo cada uno, basándonos en el sexo. Muchas mujeres esperan ayuda doméstica por parte de sus hijas mujeres, pero no por parte de sus hijos varones. Mientras las hijas habitualmente lavan la vajilla, pasan la aspiradora, limpian los baños y preparan comidas, muchos padres miran con benevolencia cómo sus hijos varones simplemente se sientan a comer y se van dejando todo en desorden. Se suele esperar de las adolescentes mujeres que se ocupen de su propia ropa, mientras que las madres suelen seguir comprando la ropa de sus hijos adolescentes.

Como madres, también es típico que tengamos expectativas diferentes respecto de nuestras hijas mujeres y nuestros hijos varones. Esperamos que nuestras hijas mujeres sepan intuitivamente cómo manejar sus sentimientos y cómo relacionarse bien con los demás. Esperamos que hayan absorbido desde el útero los mandatos del Código de la Bondad. A menudo esperamos que ellas sean más responsables, que se preocupen mas por su aspecto, que sean más eficientes, más flexibles y mas generosas que sus hermanos varones. Tendemos a ayudarlas menos. Podemos sobreproteger de tal modo a nuestros hijos varones que estos lleguen a ser verdaderamente incompetentes en ciertas tareas y que siempre requieran que otros las hagan por ellos. Es posible que les toleremos la insensibilidad, el egoísmo, la falta de responsabilidad. Nos decimos a nosotras mismas: "Bueno, así es como son los hombres". No esperamos que ellos hablen de sus sentimientos o que sean comprensivos con otras personas de la familia y muchas veces los excusamos cuando cometen errores. Emocionalmente solemos ser blandas con los hijos varones y duras con las hijas mujeres.

Sexualmente muchas veces tendemos a perpetuar un doble criterio. Decimos a nuestras hijas que son responsables de evitar los embarazos, y muchas veces no decimos nada de esto a nuestros hijos varones. Acabamos teniendo hijas demasiado buenas e hijos que esperan que las mujeres se hagan cargo de muchas de las responsabilidades de sus vidas. Si es que confiamos que alguna vez cambien los mandatos del Código de la Bondad, debemos esperar que nuestros hijos varones y nuestras hijas mujeres sean igualmente responsables por el desarrollo emocional de sus propias vidas. También se debe esperar de ambos una igual responsabilidad respecto de los "detalles" de la vida.

Este tipo de diferencias entre los sexos que aparece en las expectativas que ponemos en nuestros hijos lleva consigo el mensaje de que las mujeres deben seguir haciendo más. Las familias siempre deben negociar la asignación de responsabilidades. Pero si existe una creencia subyacente de que ciertos trabajos son "tareas de mujeres", los hijos varones nunca llegarán a ser competentes en algunos aspectos de sus vidas.

Las hijas mujeres continuarán escuchando el mensaje de que son una especie de ciudadanos de segunda categoría que deben estar al servicio de otros. Y hasta los hombres solteros que han aprendido a bastarse a sí mismos volverán a la "mentalidad de servicio" cada vez que haya una mujer cerca.

LAS CONSECUENCIAS DE SER DEMASIADO BUENA MADRE

Cuando las mujeres hacen demasiado como madres, los hombres suelen hacer demasiado poco como padres. Las mujeres se hacen cargo de ser la única fuente nutricia para los hijos y los hombres nunca aprenden a serlo. En este contrato tácito, pero históricamente impuesto, hay implícita una lealtad triangular. Las mujeres están cerca de los niños y los hombres permanecen apartados. Secretamente los niños ansían a sus padres, pero se sienten desleales para con sus madres si se acercan a ellos. Las mujeres desean mayor participación de sus esposos, pero no quieren abandonar ese lazo tan estrecho que mantienen con sus hijos. El niño a menudo parece estar cerca de su madre, pero secretamente está aliado con su padre. Por otra parte, los hombres se sienten desleales cuando en cualquier conflicto se ponen del lado de los niños. Todos están en una posición insostenible. Nadie tiene la responsabilidad adecuada y todos tienen carencias emocionales.

Este triángulo era aun más evidente cuando las mujeres no trabajaban fuera de su casa y los roles en las familias estaban más polarizados. Pero, aun cuando las mujeres actualmente desarrollen carreras fuera de su casa, se supone que, como una carga heredada por su condición femenina, deben seguir detentando la responsabilidad emocional primaria respecto de los niños. Dado que la mayor parte de los hombres y de las mujeres trabajan gran cantidad de horas, es posible que los hijos ansíen un mayor contacto con ambos padres, pero aún se sigue pensando que el contacto con la madre es más importante. Además, las mujeres aun hoy no se sienten libres como para reclamar que los esposos satisfagan sus necesidades emocionales y las de sus hijos. El viejo triángulo de lealtades está aún bien vivo y solamente ahora está comenzando a cambiar, dado que los hombres se están dando cuenta de lo mucho que han perdido por ser los que estaban fuera de la familia.

La familia Dodge mantuvo este triángulo de lealtad durante muchos años. Fueron los severos problemas de una hija adolescente los que hicieron que el cambio comenzase.

EL PADRE QUE NO COMPRENDIA

Marie y Robert Dodge vinieron a una sesión de terapia para hablar de los problemas que estaban teniendo con su hija de quince años. En medio de la charla, Marie comenzó a hablar de los problemas que tenía con su esposo. Marie decía que ella sentía que había sido el único padre.

MARIE: Recuerdo cuánto me enojé cuando Marla te pidió que estuvieses para su recital y tú no fuiste. Ahora también recuerdo que tampoco estuviste para la representación teatral, ni para su graduación en la escuela secundaria. Yo pensé: "Este no es el modo como quiero vivir". Un pensamiento me asaltó. Realmente me conmovió. Me encontré a mí misma sintiéndome culpable por no haber insistido lo suficiente como para que estuvieses presente en el recital de tu propia hija. Me sentía rsponsable hasta de eso.

ROBERT: No puedo creer que esté oyendo esto. Tú sabes que mi trabajo me exige viajar.

MARIE: Simplemente me he dado cuenta de que no quiero hacerlo sola. Tampoco quiero cargar sola con el problema de Marla.

ROBERT: Es que ya no puedo comunicarme con esa chica.

MARIE: No me vengas con esas cosas. En los últimos dos viajes que hiciste, hasta tuve miedo de quedarme sola con ella. ¿Por qué no podía decirte: "Robert, te necesito aquí. No vayas a este viaje"?

ROBERT: Pero yo volví un día antes. ¿No es verdad?

MARIE: Sí, después de haber terminado prácticamente con tu trabajo. Pero el punto es que yo no quería que tú te fueras en ese viaje. Yo me sentía muy mal. Tú me preguntaste entonces: "¿Quieres que me quede?", y yo te dije: "No lo sé". No tuve siquiera energía como para decirte: "No vayas". Pero cuando te lo dije por teléfono la semana pasada, tú me contestaste: "Para mí es muy importante atender este negocio". Yo no sabía qué decir. Habitualmente tú me preguntas: "¿Quieres que...?", pero lo haces de un modo tal que si digo que sí me siento culpable. No soy lo suficientemente fuerte como para decir: "Escucha, esta vez quiero estar yo en primer término".

ROBERT (meneando la cabeza): No comprendo. Yo sigo pensando que tú eres fuerte.

En este diálogo Marie no se refería a problemas menores en el manejo de Marla. Siendo una chica de quince años físicamente muy desarrollada, Marla tenía violentos ataques de furia y había amenazado repetidas veces a su madre. Hasta la había empujado contra la pared cuando ella se había negado a hacer lo que le pedía. Marie se relacionaba con Marla de una manera muy parecida a como se relacionaba con Robert: se sentía al mismo tiempo enojada y culpable. Le resultaba difícil decir que no, y siempre estaba convencida de que le estaba negando algo importante.

Marie temía privar a Marla de algo, pero la carencia real en su propia vida permanecía oculta. Veremos cómo aparece esto en el diálogo entre ella y Robert.

ROBERT: Creo que nuestro matrimonio fue bueno en muchos aspectos. Creo que cada uno se ha adaptado a la personalidad del otro. Me parece que todos estos problemas han surgido por mi incapacidad para manejar el problema con Marla, por la tensión que esto ha producido.

MARIE: Quiero que ahora dejemos de hablar de Marla. No quiero ser agresiva, pero el problema entre nosotros ha estado allí desde hace mucho tiempo. Hace dos años te dije por primera vez que quería que hiciésemos un plan para el día de nuestro aniversario. Antes de eso nunca te había pedido nada. Tú siempre dijiste que no entendías lo que yo quería porque no lo decía directamente. Entonces, después de varios meses de terapia, finalmente aprendí. Fui y te dije: "Robert, quiero un regalo, no simplemente una tarjeta, y quiero también que hagamos reservas en un restaurante". Te lo recordé una semana antes, y te lo volví a recordar dos días antes, para asegurarme de que no lo olvidarías. ¿Podía ser más directa? Sin embargo tú no lo hiciste. Y no había una excusa para eso.

ROBERT: No se trata de una excusa. Es sólo que los aniversarios no son importantes para mí. Tú has dicho que tampoco lo son para ti.

MARIE: No son importantes para ti, pero son importantes para mí. Yo dije que no es importante que siempre me hagas un regalo. Pero quiero algún tipo de reconocimiento personal. Tú no pensaste en un regalo para mí la pasada Navidad. Hiciste que desde tu oficina me enviasen flores.

ROBERT: Realmente no puedo comprender cómo personas inteligentes pueden hacer una cuestión por un aniversario o una Navidad.

MARIE: ¿Quieres saber por qué? ¡Yo te diré por qué es importante! *(gritando)* Porque yo siempre me he ocupado de todo en esa casa. Tú, tu hija, la limpieza, la cocina, todo... Yo quería que se ocuparan de mí aunque fuera un día. Quería que hicieses un esfuerzo y te ocupases de mí. Eso hubiese sido un símbolo de que puedes ocuparte, de que puedes escribir en un memo que es un día importante, tal como lo haces cuando se trata de un negocio. Estoy celosa de los negocios porque allí sí tú nunca te olvidas de las cosas importantes.

Resulta irónico que una mujer tan carenciada en su propio matrimonio esté tan comprometida emocionalmente con su hija. Sólo después de mucha terapia ella pudo convencerse de que no era "mala" si pedía lo que necesitaba.

Si esta creencia no hubiese dominado su matrimonio durante tanto tiempo, Robert hubiese tenido que aprender mucho antes a ejercer una reciprocidad en lo emocional. Hubiese tenido que abandonar su imagen de "buen proveedor". Hubiese sentido que las recompensas que obtenía en la calidez de las relaciones con su esposa y su hija le conferían una competencia tan importante como la competencia en su trabajo.

Los esfuerzos de Marie por ser una buena madre y las ausencias de Robert en su esfuerzo por ser bueno como proveedor habían dejado a la familia tristemente desconectada. No se puede culpar a nadie: todos eran víctimas del Código de la Bondad y del Código de la Fuerza, como lo es toda nuestra sociedad. Marie hizo lo que le habían enseñado que deben hacer las buenas madres y Robert suponía que su única tarea consistía en mantener a la familia.

A esta familia todavía le falta mucho tiempo de trabajo. Marie deberá aprender a ser nutricia, en lugar de dar y hacer todo por los demás. Robert deberá aprender a estar más presente como padre y como pareja de Marie. El trabajo de Marie como mujer consistirá en pedir más de Robert y ser más firme con su hija. Cuando Marie pueda abrazar el Código del Equilibrio se sentirá menos carenciada y menos presionada a ser una buena madre. Su esposo y su hija podrán comprender sus propias responsabilidades desde una nueva perspectiva. Las reglas de la bondad en esta familia adquirirán un nuevo equilibrio.

CUANDO DEBEMOS SER MADRES DE NUESTRAS MADRES

Es difícil encontrar una mujer de más de treinta y cinco años que no se encuentre enfrentada al problema de la relación con padres ancianos. Muchas veces nos referimos a las mujeres de mediana edad como miembros de la "generación sandwich". Ellas se encuentran en medio de las demandas de sus hijos que aún están creciendo y de las necesidades de sus padres ancianos. Muchas veces se esfuerzan por satisfacer las necesidades de ambos al mismo tiempo. Aun cuando una mujer sea soltera, muchas veces las demandas de sus padres ancianos pueden crear problemas, tanto emocionales como prácticos. La respuesta a la cuestión de quién debe hacerse cargo de qué cosas se hace aun más compleja cuando debemos enfrentar las demandas crecientes que implica el cuidado de padres e hijos.

Martha es una abogada muy ocupada que se esfuerza por equilibrar su tiempo para la familia con sus obligaciones para con sus clientes. Hace poco tiempo, durante un fin de semana, ella y su esposo Jim estaban planeando una salida de dos días a un balneario cercano con sus hijas mellizas. El empleo de Martha era relativamente nuevo y hacía ya mucho tiempo que la familia no pasaba junta un fin de semana.

La madre de Martha era viuda, y vivía en una ciudad aproximadamente a dos horas de viaje de su hija. Justo en el momento en que los planes de la familia estaban tomando forma y Martha estaba deseando irse, su madre telefoneó. Cuando escuchó que se iban ese fin de semana, comenzó a protestar porque no los veía. Dijo entonces a Martha: "No te he visto en un mes. Estoy vieja y sola y el tiempo de que tú dispones para verme no es suficiente. Por lo menos soy sincera".

Martha es una persona tranquila y maneja fácilmente la mayor parte de los problemas. Pero esta discusión la hizo llorar.

"No importa cuánto haga, nunca es suficiente. Amo a

mi madre, pero también amo a mi esposo y a mis hijas. ¿Y qué hay de mí misma? Antes solía sentirme bien, pero en estos momentos me siento como si fuese una egoísta. No lo sé. Quizá debería haberle ofrecido que viniese con nosotros. Probablemente era lo correcto, pero yo no quería. Necesitamos tiempo para estar juntos. Necesito un tiempo fuera, ¡maldición!"

Martha continuó diciendo que nadie, ni su esposo ni sus hijos, tenía el poder de hacerla enojar tanto como su madre. Se preguntaba por qué siempre se sentía tan culpable y tan enojada frente a las demandas de su madre. Su hermano, que vivía más cerca, veía a su madre aun mucho menos, y eso parecía aceptable. Siempre, en cambio, se esperaba que ella estuviese presente.

Martha continuó preguntándose: "¿Por qué será que haga lo que haga mi madre nunca lo aprueba? ¿Sabe que aún continúa enviándome artículos para indicarme cómo debo criar a mis hijos? ¿Que todavía me sigue diciendo que no uso el detergente adecuado o que no presto suficiente atención a Jim? Y, cuando me tomo un tiempo para estar con él, entonces protesta porque no estoy con ella. Jim bromea sobre esto. Dice que para tenerla contenta yo debería abandonar mi trabajo, abandonarlo a él y a los niños e irme a vivir con ella de nuevo. Cuando él dice estas cosas, yo me doy cuenta de que mis reacciones son locas. ¿Todas las madres y las hijas deben pasar por esto?"

Tratamos de ayudar a Martha a que pudiese pasar su fin de semana sin sentir culpa. Le dijimos que estaba bien que se fuese sin ella. Pero, en cuanto a la pregunta de si una hija puede obtener alguna vez la aprobación de su madre, no pudimos darle una respuesta.

Al igual que otros investigadores sobre este tema, pensamos que muchas mujeres se sienten tan presionadas para ser buenas y para vivir de acuerdo con el Código que transfieren a sus hijas sus propias expectativas perfeccionistas. La mayor parte de las madres parecen querer ayudar a sus hijas a ser mujeres buenas. Las que nosotros sentimos como expectativas imposibles de cumplir por parte de nuestras madres no son sino las expectativas incumplibles que plantea el Código mismo.

La lucha de Martha con su madre posiblemente resulte familiar a muchas de nosotras. Su madre, al menos, era directa respecto de sus expectativas y pedidos en relación con el tiempo de Martha. Muchas veces sólo nos damos cuenta de que hemos decepcionado a nuestros padres cuando nos topamos con su hostilidad o su silencio. Cuando el enojo de un padre toma esta forma indirecta, nos puede hacer sentir aun más responsables, aun cuando no sepamos bien de qué.

Las expectativas entre las madres y las hijas son complejas. Las madres de las familias más tradicionales suelen sentirse emocionalmente carenciadas. Han cuidado bien a sus familias y sienten que han recibido poca atención. A una edad avanzada, cuando disminuyen las posibilidades de conectarse con amigos y otras personas, la tendencia natural de las madres es esperar un creciente apoyo y una creciente lealtad por parte de sus hijas mujeres. Quieren equilibrar una balanza emocional: "Yo cuidé de ti, ahora tú cuidarás de mí".

Para Martha, había dos cuestiones distintas. Una era una serie de preguntas concretas: ¿Debo llevarla conmigo? ¿Debo hacerme responsable de sus sentimientos de soledad? ¿Cuál es mi responsabilidad real? La segunda cuestión era la emocional: ¿Cómo puedo hacer para no sentirme tan mal cuando mi madre se enoja conmigo porque no satisfago sus demandas? ¿Cómo puedo hacer para no conferirle tanto poder emocional?

LA CULPA DE ABANDONAR LA BONDAD

Martha se sentía culpable por dejar sola a su madre, pero también se sentía culpable porque no quería verla ese fin de semana. Se sentía culpable por querer hacer algo por ella misma. Martha se decía a sí misma que, si ella amase a su madre, si fuese una buena hija, no se habría sentido molesta por las necesidades de su madre.

Martha también sentía que su madre la había abandonado, que le hubiese podido dar más en lo emocional. Ella sentía que ocupaba un segundo plano respecto de su hermano. Se sentía resentida por tener que ser generosa ahora con su madre, cuando su madre no había sido comprensiva con ella antes. Estas reacciones reflejaban rencores muy antiguos de la relación. A esta altura cabe suponer que Martha era una candidata a querer probar su bondad sobreprotegiendo a su madre, enojándose cada vez más y sintiéndose cada vez más culpable.

Martha necesitaba encontrar nuevas premisas de bondad en la relación con su madre. Estaba enfrentando una "crisis" de bondad y decidió que deseaba cambiar. En un nivel, ella ya había dicho que no a su madre, pero necesitaba hacer el trabajo emocional que la ayudara a sentir un sentimiento de fuerza y seguridad respecto de sus decisiones. Lo que ella sabía era que no quería que la culpa y el malestar se hiciesen crónicamente parte de su vida.

Sigamos las etapas del proceso de cambio de Martha: antes de comprender totalmente su crisis, Martha necesitó observar y comprender los modelos familiares que reglaban cómo las personas de su familia enfrentaban la crisis del envejecimiento: ¿se esperaba siempre que las mujeres se comportaran como cuidadoras? ¿De qué funciones se ocupaban típicamente los hombres? ¿Qué rol había tomado la madre de Martha respecto de su madre? ¿Cuál era la cercanía que mantenían en general las personas de su familia? ¿El hecho de vivir a dos horas de viaje era típico de su familia, o acaso la norma era que los hijos viviesen más cerca de los padres o que viviesen aun más lejos? ¿El compromiso de Martha con su trabajo representaba un cambio, o había habido otras mujeres de la familia que habían dado un lugar importante a un trabajo fuera de sus casas? ¿Era frecuente en los miembros de su familia buscar ayuda exterior en los momentos de gran estrés?

Hacer este trabajo daría a Martha una cantidad de información objetiva acerca de las actitudes de su familia. ¿La tendencia en otros hijos de su familia era que sus padres ancianos se mantuviesen lo más independientes posible o era hacerse cargo de ellos? Conocer las premisas vigentes en su familia la ayudaría a comprender las reacciones de su madre y a no personalizar sus críticas. Observar los patrones por los que se regía la familia la ayudaría también a prever las posibles reacciones que suscitarían sus conductas.

Como las reglas respecto de los padres ancianos plantean especiales problemas, Martha necesitaba también tomar en cuenta otros factores. Necesitaba examinar las ideas acerca de las limitaciones y las elecciones. Tomar la responsabilidad adecuada implica hacer elecciones respecto de la propia vida. Martha se dio cuenta de que su madre tal vez necesitaba hacer otras elecciones. Tal vez necesitaba encontrar un lugar donde vivir que le permitiese establecer un mayor contacto con otras personas. Quizá necesitaba llamar más frecuentemente al hermano de Martha. Quizá necesitaba invitar a Martha y a su familia a cenar algunos domingos, en lugar de dar por sentado que la obligación de Martha era visitarla. Martha comenzó a darse cuenta de que su madre necesitaba ocuparse de su propia soledad.

Pero, tal como Martha, cuando nos enfrentamos al hecho de que nuestros padres también pueden elegir, nos encontramos con el problema de tener que abandonar la bondad. Es típico que a todos, a nosotros y a nuestros padres, nos cueste aceptar el principio de limitación.

Olvidamos que nuestra respuesta frente a la necesidad de nuestros padres debe estar limitada por nuestras obligaciones respecto de las otras personas importantes en nuestras vidas, incluyéndonos a nosotras mismas. Nuestros padres olvidan que sus decisiones están limitadas por el proceso mismo de envejecimiento. Sus capacidades físicas se encuentran disminuidas. Sus vidas están más limitadas, y a menudo les cuesta reconocer ese hecho.

Como la limitación nos recuerda las pérdidas, a menudo nos cuesta aceptar que nuestras opciones son limitadas. La madre de Martha podía estar intentando relacionarse con su familia de la misma manera que lo hacía cuando su esposo estaba vivo y sus hijos estaban más cerca de ella. Es posible que evitara hacer elecciones que le mostraran que esa parte de su vida ya había pasado. Es posible también que Martha estuviese tratando de servir a muchas personas al mismo tiempo y que, en el proceso, dejase a todos insatisfechos. Al hacer la elección de pasar un fin de semana con su familia, podía arruinarlo con la culpa que sentía hacia su madre, porque en última instancia no podía aceptar que sus recursos eran limitados y que no podía serlo todo para todos. Muchas mujeres nunca pueden aceptar que hacer cosas por ellas mismas es una elección legítima y responsable.

¿Pero qué hay de los sentimientos de Martha respecto de su madre? ¿Acaso aun cuando no la sobreproteja y reconozca sus limitaciones y las de su madre estará condenada para siempre a sentir resentimiento, distancia y culpa? Martha decidió tener una serie de extensas y directas charlas con su madre. He aquí algunas de las cosas que dijo en esas conversaciones:

"Mamá, yo sé que te molesta que no nos veamos más a menudo, pero llevo una vida muy atareada y mi tiempo es limitado. Además, a veces necesito hacer cosas sola. Yo sé que quieres que yo sea feliz y que me comprendes. Me preocupo mucho por ti y pienso verte lo más que pueda, pero quizás eso no sea tanto como tú deseas. Me sentiría mejor si a veces pudieses pensar también en mis necesidades. Me gustaría que a veces nos invitases a comer. O me gustaría que llamases para ver cómo andan las cosas cuando sabes que tenemos problemas. Sé que lo haces por mi hermano y me gustaría que te ocupases de mí de la misma manera. Creo que la abuela siempre esperó que tú fueses su colaboradora y su cuidadora, pero a mí me gustaría que la relación entre nosotras fuese distinta. Cuando realmente necesites algo, siempre estaré presente, pero me gustaría saber qué piensas respecto de algunas cosas importantes de tu vida. ¿Cuáles son tus planes para cuando seas más vieja? ¿Qué te gustaría que hiciese por ti? ¿Cómo deseas que manejemos las cosas si en algún momento estás discapacitada? ¿Qué clase de arreglos financieros has hecho para ti? ¿Te asusta pensar en envejecer y en enfermarte? ¿Qué has pensado hacer para sobrellevar tu soledad? ¿Qué sentiste tú cuando la abuela envejeció?"

De una manera afectuosa, Martha hizo saber a su madre que esperaba que ella se hiciese responsable de sí misma. Clarificó las expectativas de su madre. Reconoció las necesidades y los posibles miedos de su madre. Le mostró sus deseos de apoyarla, estar en contacto con ella y darle el tipo de ayuda que fuese adecuada. Planteó su propia posición de una manera cariñosa pero firme. No tuvo necesidad de justificar esta posición. Comenzó a sentir que lo apropiado era que ella también se hiciese cargo de las otras personas importantes en su vida, incluyéndose a sí misma.

Es necesario que, luego de expresar sus limitaciones, Martha comprenda que a su madre le llevará un tiempo aceptarlas. Al ser directa con su madre respecto de todas las cuestiones importantes, Martha violó una regla oculta que existe en la mayor parte de las famlias, y que es que las personas nunca dicen lo que pasa por sus mentes, especialmente no se lo dicen a un padre anciano, que se supone que es demasiado frágil para soportarlo. Es posible que la madre de Martha se resista al mensaje, o que ella tenga que repetírselo muchas veces. Sin embargo, ser directa era exactamente lo que Martha necesitaba para comenzar a sentirse bien. Si ella puede soportar las reacciones de su madre, las dos tendrán la chance de mantener una relación mucho menos conflictiva en adelante.

¿Cómo se sintió Martha luego de sus charlas con su madre? "Realmente sentí que recuperaba parte de mi equilibrio. Sabía que las cosas que le estaba diciendo eran buenas para mí y que por lo tanto finalmente serían buenas para ella. Ya no volví a sentirme tan enojada ni tan culpable. Sentí una especie de fuerza. También me sentí más cerca de mi madre por primera vez en mucho tiempo. Las dos lloramos un poco.

Pero yo sentí que ella sabía de dónde estaba viniendo yo y que se interesaba por mí. Lo gracioso fue que en una semana ella decidió mudarse más cerca de su hermana, y repentinamente comencé a no poder localizarla nunca cuando la llamaba por teléfono. Comenzó a hacerse amiga de algunos de sus nuevos vecinos. Ahora me siento un poco frustrada cuando no logro encontrarla."

NOTA FINAL ACERCA DE LA RESPONSABILIDAD FAMILIAR

Por más que las cuestiones referentes a la bondad son más difíciles cuando nos enfrentamos al problema de los padres ancianos y queremos comprenderlos y apoyarlos, podemos retomar como guía la nueva premisa acerca de la responsabilidad. Aun cuando la persona que nos preocupe sea un padre anciano, la regla general sigue teniendo vigencia. No hacer por ellos lo que ellos razonablemente puedan hacer por sí mismos. Ser demasiado buena nunca ayuda. En el caso de un padre anciano, el hacer demasiado puede colaborar a una discapacidad y a una dependencia prematuras, que los priven de su autovaloración y de las posibilidades de tomar decisiones importantes respecto de las etapas finales de sus vidas.

En la medida que nos liberemos del viejo Código de la Bondad, seremos más capaces de tomar decisiones respecto de nuestros padres y nuestros hijos. Estas decisiones respetarán sus necesidades y las nuestras. Hacer otra cosa es provocar enojos, resentimiento y daños en las relaciones.

13

DE LA BONDAD A LA PLENITUD

Los niveles más profundos del cambio

En la medida en que los mandatos de bondad ceden su espacio al concepto de equilibrio en las relaciones importantes, estamos preparadas para abrazar los niveles más profundos del cambio. Estamos preparadas para encarar el trabajo real de enriquecernos a nosotras mismas. Hacer el cambio de a poco elimina la posibilidad de que en algún momento sintamos un exagerado sentimiento de poder en nosotras. El hecho de ser menos responsables de los demás y de estar más centradas en nosotras mismas nos coloca en un camino que nos llevará a apreciar más el poder de la elección.

Comenzamos a comprender las palabras que decía uno de los miembros de nuestro grupo de terapia en el Capítulo 1: "Por primera vez en mi vida estoy comenzando a sentirme bien conmigo misma. Me siento más viva y más real... Me siento más dueña de mi vida y esta tiene más sentido para mí. Sé que soy yo misma y eso no lo puede modificar nadie".

Una o varias experiencias dolorosas pueden generar en nosotras el proceso de cambio, pero los resultados finales se traducen en la experiencia de nuevos niveles de fuerza e integración. Ya no somos prisioneras hipnóticas del trance de la bondad. Nuestras creencias cambian, como también cambian nuestros sentimientos y nuestros comportamientos, y adquirimos la certeza acerca de lo correcto de nuestras decisiones. Desarrollamos un nuevo aprecio por nuestro propio valor.

Podemos haber comenzado el proceso de cambio con una sola idea, con tan sólo una imagen mental acerca de la persona que deseábamos ser. Pero, en la medida en que hacemos el trabajo de expresar y afirmar el yo que tenemos en nuestras imaginaciones y en nuestros sueños, más reales nos tornamos para nosotras mismas y para los demás. Reescribimos las historias de nuestras vidas, volvemos a contar nuestras propias historias y en el proceso experimentamos el profundo proceso de dar voz a nuestros sentimientos interiores.

Una última historia de Claudia

Hace algunos años concurrí a un seminario. El laboratorio estaba destinado a enseñar a los terapeutas ciertas técnicas para que no se hicieran excesivamente responsables en su trabajo y para que este no los sobrecargase —una cosa sencilla para un terapeuta, especialmente si es mujer.

En un determinado momento, el coordinador nos pidió que nos relajásemos y dejásemos que nuestras mentes nos llevaran libremente al contexto en que más nos gustaría estar. Debíamos imaginarnos a nosotras mismas realizando una actividad que constituyese una metáfora de nuestro trabajo. En otras palabras, debíamos imaginarnos a nosotras mismas trabajando, pero de una manera lúdica y gozosa.

Yo acababa de llegar de unas vacaciones en el Caribe. Mi mente se resistía a la noción de cualquier tipo de trabajo. Finalmente el instructor había dicho: "jueguen". Convencida de que estaba haciendo mal el ejercicio, me transporté a la playa de arenas blancas en la que había estado sólo unos días antes. A medida que la atmósfera en el lugar se iba haciendo más silenciosa y el grupo se iba relajando, mientras cada uno se iba adentrando en un ligero trance, mi mente desarrolló su propia imaginación de un modo inesperado.

Comencé a reexperimentar, aun con más intensidad que cuando estaba allí, cada una de mis respuestas frente a la belleza de la playa. Sentía el calor del sol calentando la playa y las frescas brisas del agua que mecían las palmeras. Sentía que la quietud del sol —poca gente, nada de ruido, distracción— alejaba de mí las tensiones. Con una vívida sensación de añoranza, veía el cristalino color turquesa del mar que rodaba hacia las arenas.

Antes de que pudiera detenerla, mi mente me llevó hasta adentro del agua y con un estremecimiento de placer sentí que me zambullía junto al banco de corales y observaba la multitud de peces que allí había.

Durante mis vacaciones había descubierto el placer de bucear. Todo eso estaba en mi conciencia y me proveía el marco de una experiencia imaginativa muy intensa. En mi viaje imaginario, estaba debajo del agua y sentía en mi cuerpo el contraste entre la frescura del agua y la calidez del sol que se filtraba. Hasta los peces me maravillaban. Tuve la experiencia de estar en un mundo desconocido hasta entonces, enteramente nuevo para mí.

Sentí el inmenso poder y la inteligencia del universo que me rodeaba, que podía crear tantos colores, tantas formas y modelos, tanta belleza.

Había más especies de peces de los que jamás podía haber visto o reconocido. Este mundo submarino estaba tan lleno de vida que sentí que había hecho un descubrimiento mágico y que toda mi vida había cambiado de pronto por eso.

En ese momento sentí en mi fantasía la necesidad de salir de allí y de contarle a alguien lo que había visto. Salí del agua y volví a la playa. Caminé hacia un pequeño grupo de personas de rostros desconocidos. Comencé, muy excitada, a contarles sobre los peces. Pero lo que decía no era realmente sobre los peces. Estaba tratando de transmitirles esta experienica de maravillas, de magia, de haber sentido repentinamente un cambio personal porque el mundo se había abierto para mí. Les pedía que vieran la belleza que yo había visto, que miraran en profundidad y comprendieran mi experiencia. Necesitaba que entendieran que había más vida de la que ellos pensaban. En un nivel muy profundo, estaba intentando comunicarme con ellos, de compartir esa experiencia tan significativa. Estaba segura de que ellos comprenderían lo que yo quería significar.

Desafortunadamente las personas que estaban en la playa me miraron y se fueron.

En el auditorio las personas que me rodeaban comenzaron a moverse y a estirarse, como si se estuviesen despertando de un profundo sueño. El instructor nos dijo suavemente que acabáramos con nuestra fantasía. Cuando abrí los ojos, me di cuenta de que estaba llorando. Me preguntaba cómo desde el laboratorio había ido a parar a la playa de arenas blancas, y de allí a esta experiencia de dolorosa alienación.

LA BONDAD VERSUS EL AUTENTICO YO

Supe luego que no había sido yo la única cuya fantasía había sido dolorosa. Habiéndosenos dicho que fuésemos lúdicos en un lugar donde disfrutásemos de nuestro trabajo, la mayor parte de nosotros, sorprendentemente, se había dirigido a playas o al agua. Rápidamente nos habíamos puesto a hacer otra cosa que no era trabajar. Muchos vimos imágenes de placer, relajación, tranquilidad, alivio. En la privacidad de nuestras fantasías de ese día, la mayor parte de nosotros tuvo imágenes de su yo más reales y lúdicas, haciendo en su fantasía intentos de conectarse con otros de una manera profunda, y había percibido una verdadera falta de contacto en el proceso.

La mayor parte de nosotros se dio cuenta en ese laboratorio de que todos los frenéticos intentos que hacíamos en nuestro trabajo por tener determinados logros, no eran más que una necesidad de conectarnos con los demás y de expresarnos de una manera clara y potente. A partir de nuestras fantasías, conocimos un mensaje acerca de nuestras verdaderas motivaciones, y aprendimos lecciones acerca de los verdaderos deseos, que yacen, tal como los peces, bajo la superficie de nuestro trabajo. El hecho de saber que a menudo nuestra motivación para ayudar a los demás es un deseo de comunicarnos con los otros nos dio una perspectiva diferente acerca de nuestro trabajo.

Mi fantasía me hizo comprender que mi verdadera necesidad era conocer a esa gente de la playa, y que ellos me conocieran a mí. Y la verdadera lección fue que el intento de ser demasiado buena a menudo me hacía sentir frustrada y sola. Mi trabajo vital real sería encontrar mi propia voz, articular mis sentimientos internos, compartir mi experiencia con otros y escuchar la experiencia de los demás. Esto es lo que llamamos intimidad. Es lo que la mayor parte de nosotros buscamos. Es lo que más deseamos y es lo que está bloqueado por nuestros esfuerzos por ser buenas e hiperresponsables.

A medida que fui explorando con mayor profundidad los significados de mi fantasía, me di cuenta de qué era lo que me había puesto tan triste. Las personas sin rostro de la playa representaban a mi familia. A menudo mis esfuerzos eran un intento de que mi familia me valorara. Este esfuerzo a menudo había fracasado, tanto con ellos como con otras personas de mi familia. Necesitaba valorarme a mí misma.

Decidí entonces centrarme en la verdadera imagen de mi fantasía: en la persona que tenía intensos sentimientos de placer y que admiraba al universo. Esta parecía ser la voz más auténtica dentro de mí. De algún modo supe que si lograba poner esos sentimientos en mi trabajo trabajaría mejor. Me sentiría más conectada con los demás y conmigo misma.

DISTINTAS ELECCIONES

Un pequeño cambio en nuestra conducta puede establecer las bases de un cambio más profundo. Cuando identificamos los problemas y probamos nuevos comportamientos en nuestra interacción con los demás, comenzamos a pensar diferente respecto de nosotros mismos. Sabemos y vemos con mayor claridad cómo queremos cambiar los principales objetivos de nuestras vidas y cuáles son los temas que queremos transformar. Nos volvemos a mirar a nosotros mismos y durante este proceso obtenemos importante información acerca de nuestros deseos y necesidades.

Claudia, por ejemplo, decidió que en lugar de centrarse tanto en su impulso por ayudar y cuidar a la gente (su manera de ser buena), centraría su interacción con las personas en comunicarse y expresar más sus sentimientos, cosas de las que podía disfrutar mucho más. Su viaje imaginario le había aportado una importante introspección en los temas recurrentes de sus fantasías y sueños. La había puesto en contacto con los sentimientos negativos que resultaban de bloquear sus impulsos. Sabía ahora que podía lograr un contacto positivo con las personas si lograba cambiar.

Nuestras fantasías y nuestros viajes a través de las imágenes son guías hacia nuestro yo real. A menos que actuemos sobre la base de esas fantasías e imágenes, es muy posible que no nos hagamos adecuadamente responsables de nosotros mismos. Este es el sentido del antiguo dicho: "El niño es el padre del hombre (o de la mujer)". A menos que permitamos al niño que está en nosotros que dirija nuestras vidas, a menos que permitamos a los sueños y pasiones salir a la superficie, dándoles luego la forma que permitan los límites realistas de nuestras vidas, nos anularemos y seremos demasiado responsables, adultos demasiado serios. A partir de este estado solemos actuar de una manera paternalista respecto de todos los que nos rodean. En lugar de seguir nuestros sueños, nos hacemos responsables de los sueños de los demás. Generalmente eso sólo nos lleva a la frustración.

Muchas veces nos bloqueamos y no podemos tomar nuevas decisiones porque no queremos enfrentar las consecuencias de nuestras elecciones. No queremos cambiar de trabajo porque sabemos que ganaremos menos dinero. No nos mudamos a un lugar más deseable porque no queremos renunciar a una casa confortable o a un grupo de amigos. No dejamos una relación destructiva porque no tenemos garantías de que encontraremos a otra persona. Si nuestras vidas están llenas de afirmaciones tales como: "Yo haría eso si tan sólo...", lo más probable es que estemos tratando de evitar los riesgos de pérdidas que están implícitas en todo proceso de cambio.

Por otra parte, si seguimos nuestros impulsos sin meditar primero, o sin estar dispuestos a aceptar las consecuencias, seguramente acabaremos aun más confusos acerca de si nuestras decisiones han sido las correctas. Actuaremos impulsivamente y luego recogeremos los pedazos. Crearemos mayor confusión en nosotros mismos. Este es el caso de los niños que quieren pasar por sobre el poder de los adultos.

A menudo, si seguimos nuestras fantasías y sueños, podemos afectar de manera real a las personas que nos rodean. Muchas mujeres evitan hacer cambios o tomar decisiones porque sienten que herirían a alguien. Sin embargo, herir a alguien muchas veces es parte de la realidad de las relaciones. No podemos estar totalmente comprometidos con otras personas sin herirlas en ocasiones, porque los deseos y las necesidades de las personas son necesariamente diferentes y, en ocasiones, entran en conflicto. Pero sí tenemos la obligación de considerar los efectos relacionales de nuestras decisiones. Un problema humano básico es encontrar un equilibrio entre la prosecución de los propios deseos y el sostenimiento de las relaciones importantes.

Finalmente, a menos que sintamos que las decisiones que tomamos están basadas en valores que hemos aceptado para nosotras mismas, a menos que sintamos que estamos respondiendo realmente a nuestras propias necesidades y deseos, nuestras relaciones se verán resentidas. Se dañarán porque estaremos demasiado centradas en el otro y porque no estamos persiguiendo nuestros auténticos objetivos. No podemos comprometernos con otros si primero no somos responsables de nosotras mismas. No podemos enriquecer a nadie si no estamos seguras de estar siendo dirigidas por nuestros verdaderos sentimientos. Y el mayor bloqueo que nos impide actuar conforme a nuestros propios sentimientos es el temor de dejar de ser buenas.

• *Imaginemos distintas opciones*

Encuentre un lugar tranquilo en un momento tranquilo del día. Siéntese en una silla cómoda o recuéstese, relaje todos los músculos de su cuerpo, como si alguien le estuviese dando un masaje. Ahora relaje su mente, deje vagar sus pensamientos. Acepte cualquier idea que llegue a su mente sin juzgarla. Cuando se sienta tranquila, comience a imaginarse en el lugar donde más le gustaría estar. Transfórmelo en un ideal: maravilloso, confortable, atractivo. Transfórmelo en el lugar donde todas sus necesidades puedan ser satisfechas. Comience a visualizarse haciendo algo que le gustaría hacer. No hay límites ni reglas. Cualquier cosa que usted elija está bien. Mírese haciendo esa actividad. Observe qué siente al hacerla. Su único objetivo es sentirse libre, sentirse bien con usted misma.

Si lo desea, continúe con su fantasía hasta terminar. Si no, una vez que comience con la actividad, haga que se unan a usted las personas que usted desee. Relaciónese con estas personas de una manera satisfactoria, disfrutando. Mírese haciendo con ellas algo enriquecedor, interesante. Experimente con ellos todo el placer que pueda. Dígale adiós a cada uno de ellos antes de abandonar la fantasía.

Dése unos minutos para disfrutar de los buenos sentimientos que le despertó esta fantasía. Si aparece un sentimiento doloroso, apártelo por un momento y vuélvase a relajar hasta que se sienta bien nuevamente.

Cuando sienta que está preparada, formúlese algunas preguntas:

- ¿Cuál era la actividad agradable que yo estaba practicando?
- ¿Qué era lo agradable en ella?
- ¿Qué buenos sentimientos despertó en mí esta actividad?
- ¿Es algo que yo hago habitualmente? Si no, ¿por qué no lo hago?
- ¿Qué parte de mí estaba tratando de expresarse en esta fantasía?
- ¿Qué necesidad pude satisfacer en esta fantasía?
- Si sobrevinieron sentimientos tristes, ¿qué cosas fueron las que me entristecieron?
- ¿Qué personas estaban presentes en mi fantasía? ¿Cómo eran? ¿Qué cosas quería yo hacer con ellas? ¿Qué quería de ellas?
- ¿Hago estas cosas con alguien en la realidad? ¿Obtengo estas cosas de alguien? Si no, ¿por qué no?
- ¿Qué me dice esta fantasía acerca de las cosas que yo quisiera cambiar en mi vida?
- ¿Cuáles son las objeciones que yo me pongo para no hacer real esta fantasía?

Trate de anotar sus sentimientos durante esta experiencia.

A través del tiempo, en la medida que usted practique este ejercicio diferentes días, con diferentes estados de ánimo, usted irá aprendiendo cosas acerca de su yo interno. Los sentimientos pueden ser buenos y, en ocasiones, pueden ser bastante dolorosos. Pero si usted logra sentirse verdaderamente libre, serán siempre sentimientos poderosos. A menudo usted experimentará respuestas físicas reales. Su corazón puede acelerarse, puede sentir excitación sexual, puede sentir una sensación de calor en todo su cuerpo. Algunas veces se quedará dormida: preste atención a cuáles son las historias de sus imágenes y fantasías que dan lugar a estos sentimientos. Son las guías para llegar a saber quién es usted, qué desea y qué necesita. Usted deberá basar sus decisiones en esta importante información que le llega desde su yo más profundo. No hay ninguna recompensa a la "bondad" que pueda compararse con la satisfacción interna que obtenemos cuando actuamos movidas por estas poderosas corrientes de sentimientos y pensamientos.

HACIA LA COMUNIDAD

Paradójicamente, cuanto más nos adentramos en la búsqueda de la plenitud y de la autodefinición, más podemos conectarnos con los demás. Cuanto menos nos preocupa ser buenas y tener razón, más deseamos que los demás nos conozcan y nos acepten tal como somos. En la medida que nos comprometemos más con los otros, nos damos cuenta que son más los parecidos que las diferencias. Aprendemos a ser nutricias y a ser comprensivas. Aprendemos que somos únicas. Aprendemos el valor y los límites de la intimidad. Y aprendemos que no debemos tener vergüenza de ser imperfectas.

El cambio es un proceso difícil, y no es sencillo para nadie lograrlo solo. Necesitamos a otras personas que nos ayuden a superar nuestras propias objeciones al cambio. A menudo necesitamos a otros que nos ayuden a visualizar los pasos que son necesarios para concretar nuestras fantasías. Necesitamos a otras personas que nos conozcan lo suficientemente bien como para que puedan reencauzarnos cuando estamos siguiendo un impulso destructivo en lugar de seguir uno positivo. Necesitamos personas que nos enriquezcan y que nos permitan enriquecerlas. Esta manera de compartir en comunidad es una de las formas más satisfactorias de sentimientos positivos que podemos alcanzar.

Comunidad significa cosas diferentes para cada uno de nosotros. Algunos encontramos la comunidad en nuestras familias. Otros, en la iglesia; otros encuentran una comunidad informal en su vecindario. Las mujeres a menudo organizan sus propios grupos de apoyo, o tienen grupos de amigas que se encuentran espontánea o regularmente para mantener vínculos permanentes. Los programas de autoayuda de instituciones tales como AA o ALANON son formas conocidas de comunidad en nuestra cultura. El aislamiento puede matar, y la comunidad ayuda a sanar y favorece el crecimiento. Ayuda a cambiar y a afrontar las consecuencias de los cambios. En comunidad, las personas se sienten aceptadas, apoyadas, valoradas. Saben que no es necesario utilizar allí una falsa máscara de bondad para ser valorado. Pasan a formar parte de algo más grande que ellos mismos. Ser parte de una comunidad es sentirse bien.

Si usted siente la falta de un grupo de personas que la ayuden y se preocupen por usted, cree una comunidad o únase a alguna de las existentes. Los periódicos de la mayor parte de las ciudades publican listas de grupos de apoyo que se centran en los más diversos intereses. Busque una comunidad donde las personas disfruten haciendo las mismas cosas de las que usted disfruta, o que compartan la misma religión o las mismas ideas políticas que usted tiene. No hay ninguna razón válida para que alguien se mantenga aislado en un mundo que es alienante, pero que cada vez tiene más conciencia de la necesidad de comunidad. El mayor solitario necesita del apoyo de otras personas. Negar esta realidad muestra que una está aún atrapada en el ciclo de la vergüenza.

ADQUIRIR CREATIVIDAD Y EQUILIBRIO

"El problema no es simplemente la mujer y el trabajo, la mujer y el hogar, la mujer y la independencia. Es más básico: cómo ser plena en el fárrago de preocupaciones de la vida. Cómo permanecer equilibrada, sin importar las fuerzas centrífugas que la alejen a una de su centro. Cómo permanecer fuerte, pese a los choques que intentan quebrar el eje del timón."

Esta cita de Anne Morrow Lindbergh habla del siempre actual problema de cómo la mujer es a la vez empujada en muchas direcciones, ya que al mismo tiempo recibe el mandato de ser el eje de los demás y debe tratar de mantener el equilibrio de su propia autodefinición. En su libro, Lindbergh describe unas vacaciones en las que estuvo libre de las demandas de sus roles de esposa, madre de cinco hijos y persona importante para su comunidad. Se fue a una playa apartada y permaneció allí sola. Exploró entonces su conciencia del cambio y la búsqueda de su propio equilibrio a través de la escritura. Ella sugiere que, al menos para ella, una mujer encuentra la integración de todas las diversas partes de sí misma a través de la expresión creativa.

El trabajo de Lindbergh sugiere que la manera de consolidar el cambio es expresarnos de manera creativa, hacer algo nuevo que pueda surgir a partir de los distintos aspectos de nuestra experiencia. Asumir el control de lo creativo puede ser la forma última de ser responsable de sí misma: de dejar una marca en el mundo, de dar una voz al yo. No hay nada tan absorbente y poderoso como el trabajo creativo. Existen pocas cosas que nos puedan hacer sentir tan bien. La creatividad es una manera de enriquecernos a nosotras mismas y de enriquecer a los demás al mismo tiempo.

En terapia, solemos trabajar con mujeres que luchan dolorosamente con muchos conflictos. A menudo, en medio de su trabajo, como si recuperaran una memoria perdida de sí mismas, mencionan el diario que solían llevar, el poema que les rechazaron en una revista hace diez años, las pinturas que juntan polvo en el ático. Tienen poca conciencia de que, cuando dejaron de lado o ignoraron su energía creativa, se dijeron esencialmente a sí mismas que lo que tenían que decir, lo que eran en esencia, no era importante.

Cuando no damos voz a nuestro yo interior, nos alienamos de nosotras mismas y nos sentimos mal. Muchas veces buscamos razones externas para explicar nuestro descontento. Pero en el fondo lo que ha sucedido es que hemos entrado en un proceso de dejar de ser dueñas de nosotras mismas y hemos comenzado a vivir nuestras vidas apartadas de los recursos internos que nos pueden hacer sentir bien.

A menudo pedimos a las mujeres en tratamiento: "Cuénteme acerca de la parte de usted misma que ha dejado atrás: algo de lo que usted disfrutaba y que ya no hace". Descubrimos así talentos notables que simplemente han sido dejados de lado, abandonados: mujeres que han estudiado piano durante años y que no han vuelto a poner sus manos en el teclado; mujeres de quienes se ha dicho que tenían real talento para dibujar o escribir y que nunca toman un lápiz si no es para ocuparse de las cuentas; mujeres que amaban explorar lugares nuevos y que ni siquiera salen a dar una caminata.

Esas son increíbles pérdidas de nosotras mismas, pérdidas del niño creador que hay en nosotras, que es naturalmente expresivo. Pero vivimos en una sociedad que desalienta a las mujeres y les impide centrarse en sus vidas interiores. Dado el modo restringido en que se definen los roles de las mujeres, el milagro es que algunas mujeres aún logren expresar su talento creativo.

Pese a los logros de los últimos años, las mujeres que hacen trabajos creativos tienden a ser menos valoradas que los hombres. Como resultado, nuestra sociedad sufre de una definición muy estrecha de su realidad. La falta de atención que se presta a la experiencia femenina nos impide aportar todo lo que podríamos a la recreación y renovación de nuestra vida social.

La creatividad no se restringe a las artes. Las mujeres poseen todo tipo de talento creativo que se puede expresar a través de cualquier tarea o trabajo que decidan encarar. La creatividad se puede desplegar también en un hobby o en cualquier actividad que hagamos por mero placer. Se puede educar a los niños en forma creativa, se puede practicar el derecho o la medicina en forma creativa. Se pueden desarrollar ideas innovadoras en los negocios. La pregunta que todos debemos hacernos es: ¿el trabajo que yo hago es de algún modo una expresión de mí misma, de mis ideas, de mi modo de ver el mundo? ¿Puedo expresar a través de él mis sentimientos, creencias y necesidades? ¿Estoy ayudando a producir algo que me gustaría que hubiese en el mundo? ¿Permito que me estructuren completamente a partir de expectativas externas, o puedo poner algo de mí misma en lo que hago en algún aspecto de mi vida?

LAS CONDICIONES NECESARIAS PARA LA CREATIVIDAD

Si hemos de ser creativas (un aspecto esencial de la plenitud y de sentirse bien), necesitamos de cuatro cosas para hacerlo posible. Primero, tenemos que concedernos el tiempo y la soledad para ponernos en contacto con nuestros impulsos creativos. Necesitamos estar solas y tomarnos el tiempo para el juego y la recreación. Si nuestros días están saturados por interminables detalles de la vida cotidiana y por el cumplimiento de nuestras obligaciones y responsabilidades, nuestros verdaderos sentimientos nunca surgirán y nuestra sensibilidad permanecerá apagada. Perderemos contacto con los ritmos de nuestro mundo interior. Tal como lo dice Lindbergh: "Las mujeres necesitan de la soledad para volver a encontrarse con la verdadera esencia de ellas mismas".

Segundo, necesitamos recuperar los recursos y la curiosidad de nuestra infancia. Pensemos la manera en que jugábamos cuando éramos niñas. ¿Qué juegos jugábamos? ¿Cómo sobrellevábamos, a través de la imaginación, nuestras penas y nuestros miedos? ¿Cómo ocupábamos el tiempo? ¿Qué actividades teníamos? ¿Hemos olvidado o dejado de lado habilidades que habíamos adquirido? ¿Qué pasó con la niña que amaba jugar, representar, pintar cuadros, contar historias?

Cuando interrogamos a las mujeres en terapia, a menudo descubrimos que cuando niñas estaban continuamente ocupadas en actividades creativas. Creaban obras de teatro, bailaban, escribían un periódico del vecindario, construían cosas con deshechos en sus sótanos o en sus áticos y vivían en general un mundo altamente imaginativo que las ayudó a sobrevivir inclusive en situaciones traumáticas o abusivas. La creatividad en la edad adulta requiere que recapturemos esos modelos de juego que eran el centro de nuestra infancia.

Es necesario que hagamos aquello de lo cual podemos disfrutar sin juzgarlo y sin necesitar que cumpla alguna función práctica o que los demás lo acepten. En otras palabras, debemos crear el goce de hacerlo, no para colgar una pintura en una galería o para publicar nuestros poemas. Si esto sucediera, sería maravilloso. Pero, si se transforma en el objetivo principal, entonces restringiremos nuestra creatividad para tratar de forzarla a que entre en los estándares aceptados. Lo importante es gozar de la actividad, expresar el yo.

Finalmente es necesario que tomemos seriamente nuestra vida creativa. Necesitamos actuar de modo tal que nuestra creatividad sea tan importante como nuestro bienestar o nuestra salud, ya que realmente lo es. Es necesario que no nos pongamos excusas para justificar que no hemos podido escribir un poema, pintar un cuadro o bordar lo que estamos deseando bordar desde hace dos meses. Si nuestros trabajos no nos dejan espacio para ser creativas, debemos pensar en cambiar de trabajo. Si sabemos que necesitamos tiempo para desarrollar una idea, debemos hacernos de ese tiempo. Si la cuestión es si es legítimo tomarnos el tiempo para hacer un trabajo creativo o para trabajar en un proyecto que tal vez no alcanzará el éxito del de un "verdadero artista", o si es legítimo cuando otros requieren de nuestro tiempo, entonces debemos reexaminar nuestras ideas sobre esos puntos. La necesidad de ser creativas es que la creatividad nos centra en nuestra propia experiencia, nos enriquece y nos hace sentir bien.

ENCUENTRO CON LO ESPIRITUAL

Si efectivamente hacemos el trabajo de adentrarnos en nosotras mismas y de conocernos en soledad y en comunidad, naturalmente llegaremos a preguntarnos acerca del propósito último de nuestras vidas. Al aprender a valorarnos, aprendemos un nuevo respeto y una nueva consideración por el proceso mismo de la vida. Sentimos que existe un misterio en el ser, algún tipo de propósito superior o de inteligencia que conforma nuestra experiencia.

En respuesta a los esfuerzos cotidianos que les causan dolor, las mujeres suelen redefinir el significado de sus vidas. Un esfuerzo terapéutico de cambio a menudo se transforma en una búsqueda de respuestas a preguntas tales como: "¿Qué es lo que me está sucediendo? ¿Qué debo aprender de esta experiencia? ¿He aquí un punto para cambiar y crecer?"

Todos los cambios verdaderamente efectivos tienen lugar a partir de un sistema de creencias sólido. Parecería que la energía para el cambio es mayor cuando tenemos alguna fe básica en que la vida tiene una dimensión espiritual, cuando creemos que pertenecemos a algo más grande que nosotros mismos. Nos sentimos mejor cuando operamos desde un sistema de valores que dirige nuestro comportamiento. Nos sentimos aun mejor cuando este sistema de valores es propio y no es meramente una respuesta a las creencias que nos imponen los demás.

Al final de su permanencia en la playa, Anne Morrow Lindbergh emerge con un sentimiento renovado de sus propios valores. Esos valores están reafirmados y reconfigurados por su experiencia de los ritmos naturales del entorno. Ella decide que necesita mayor simplicidad para poder restaurar y mantener su conciencia de la vida. Reconoce que necesita encontrar un equilibrio entre la vida física, la espiritual y la intelectual. Decide que debe haber allí un espacio para la significación y la belleza. Un tiempo para la soledad y el compartir. "Un acercamiento con la naturaleza para aumentar la comprensión y la fe en la intermitencia de la vida."

Se tiene la sensación de que ella emerge de este tiempo en soledad habiendo luchado en todos los niveles en que las mujeres debemos vivir nuestras vidas. Ella se va sintiéndose plena y con un renovado sentimiento de ocupar un lugar en el gran flujo de la vida.

Todas buscamos algo que dé un mayor sentido a nuestras vidas. Demasiado a menudo perdemos el rastro de ese sentido o nos olvidamos de buscarlo presionadas por ganar dinero, manejar nuestras relaciones, criar nuestros hijos, llevar adelante el fárrago de nuestras vidas. Y sin embargo, a menos que tengamos ese sentimiento de significación, ese marco de principios y valores que dirigen nuestras experiencias, los acontecimientos dolorosos propios de nuestras vidas se convertirán en fuentes de sufrimiento y no en un dolor compartido. Sin creencias, nuestros conflictos parecen vacíos y alienantes. No podemos sacar cosas buenas de las experiencias negativas. No estamos motivadas para cambiar, porque el cambio mismo carece de significado.

Tal como la creatividad y la comunidad, el sentimiento de lo espiritual puede ser diferente para cada persona y se lo puede alcanzar de muy diversas maneras. Somos pocas los que abandonamos totalmente la observancia de los ritos propios de las religiones de nuestra infancia, aunque podemos modificarlos para que se adecuen a nuestras maneras adultas de concebir las creencias. Algunas nos volcamos a formas orientales de espiritualidad. Algunas adoptamos la estructura espiritual de los programas de autoayuda de doce pasos, en los cuales una conciencia de lo espiritual forma parte primordial del programa de autocuración.

Algunas adoptamos un marco espiritual específicamente feminista, a través del cual buscamos encontrar un sentido que afirme una sensibilidad centrada en lo femenino. Rechazamos las estructuras religiosas patriarcales y, en comunidad con otras mujeres, buscamos crear nuevos rituales y principios que celebren el profundo y arquetípico poder de lo femenino en nuestras vidas. En lugar de celebrar las fiestas religiosas convencionales, podemos celebrar el solsticio de invierno o el de verano, o las fases de la luna. Afirmamos nuestro profundo contacto con el mundo natural que nos rodea.

Finalmente un marco de significación puede tomar la forma de un compromiso para un cambio social o político. Se puede expresar en una vida dedicada al arte y al trabajo creativo. Algunas de nosotras podemos integrar todos estos esfuerzos para la búsqueda de un significado. Cualquiera sea su expresión, los valores espirituales que abrazamos nos ayudan a sentirnos plenas y equilibradas, porque nos proveen una experiencia de relación con el universo. Sentimos entonces que somos parte de un todo mayor, y que nuestras elecciones individuales tienen el poder de modificar ese sistema. Siendo parte de algo mayor, compartimos el significado con otros y aprendemos que no estamos solas.

CELEBRAR EL YO

La mayor afirmación de nuestra fe en la vida es la celebración. La mayor parte de nuestro ritual religioso está motivado por una necesidad de marcar los pasajes y cambios de la vida. En efecto, la mayor parte de los rituales celebran la continuidad del cambio. Cada año remarcamos los cumpleaños, los aniversarios, los cambios de estación, las adquisiciones de nuestro crecimiento. Las ocasiones son siempre las mismas, pero nos encuentran diferentes, en otro punto de nuestro desarrollo, cambiadas respecto de la celebración anterior.

Los entornos nutricios, sean nuestra casa o nuestro trabajo, estimulan la celebración. No es por error que la mayor parte de nuestras fiestas incluyan la comida, ya que se supone que la celebración está destinada simbólicamente a nutrir el espíritu, a nutrir nuestra vida en comunidad.

Si una no se toma el tiempo para celebrar, para afirmar la vida y afirmarse a sí misma, no se siente totalmente bien. La celebración festeja el cambio. Afirma nuestra elección de seguir viviendo y de cambiar. Nos junta en una comunidad de personas que comparten significados e historia. Requiere de un acto creativo, la creación de una fiesta, un ritual, un evento, y afirma algo mayor y más permanente que nosotras mismas. La celebración marca los comienzos, los finales, las llegadas y las partidas. Sin ellas sentimos el vacío y la alienación en nuestras vidas.

Si hace bastante que usted no participa de una celebración satisfactoria, planee una. Dése o dé a alguien una fiesta para conmemorar una ocasión. Celebre el primer día de la primavera o el último del verano. Planee una reunión familiar, invite a cenar a su grupo de terapia. Usted se sentirá mejor. Lo más importante: recuerde hablar con los demás acerca del estado de su vida espiritual. Hable de aquello en lo que cree y por qué. Pregúnteles a los demás y, si encuentra que comparte algunas creencias, celébrenlo juntos.

FINALMENTE SENTIRSE BIEN

Hemos sugerido que el trabajo real de sentirse bien para las mujeres no sólo requiere de un cambio en las conductas, sino que se extiende a esferas más profundas, en las que integramos nuevas elecciones, definimos valores espirituales, alcanzamos una mayor conexión con los demás, actuamos con creatividad y celebramos el cambio. Durante el proceso, nos sentimos mejor con nosotras mismas.

Cuando somos creativas y podemos vincularnos con los demás, nos tornamos nutricias. Todas nuestras tendencias a ser buenas parecen irrelevantes entonces, como si ese no fuera el punto. La plenitud y el equilibrio nos hacen sentir mucho mejor que el hecho de ser buenas. Fnalmente nos comportamos basándonos en lo que está dentro de nosotras, en lugar de quedar atrapadas en lo que es una imposición del afuera.

No hay una posición más privilegiada o más inspiradora que la de ser testigo del cambio de otro. Las fuerzas que nos mantienen desequilibradas o atrapadas en malos sentimientos son tan fuertes que lo que los terapeutas podemos ver a diario en nuestros consultorios son pequeños triunfos del alma. Dejar de lado el peso de la bondad requiere de las mujeres gran fuerza y determinación. Sin embargo, los terapeutas vemos a diario cómo ese proceso se va dando de manera sutil y dolorosa. Vemos a las personas hacer cambios pequeños pero importantes que pueden llegar a transformar literalmente sus vidas.

Sentirse bien, plena y fuerte es un estado al que sólo se llega después de haber atravesado los distintos niveles del proceso de cambio. El cambio exige trabajo. Muchas mujeres encaran este trabajo con notable valentía, energía y compromiso. Además, sentirse bien no es el punto final de un ciclo que continúa. Aunque hayamos despertado un día del trance de la bondad y la responsabilidad, otro día podemos encontrarnos a nosotras mismas hipnóticamente empujadas hacia allí nuevamente, en un nivel distinto o por razones diferentes. Cada vez que debemos enfrentar una crisis, nos comprometemos nuevamente con el proceso de cambio. Nunca cambiamos de una manera perfecta.

Esa es la principal lección que enseña el cambio. No cambiamos para ser perfectas, porque esa es una meta inalcanzable. Cambiamos para sentirnos bien, no para ser buenas, que es otra manera de decir perfectas.

El mensaje del cambio es que naturalmente buscamos la plenitud. Cuando triunfamos en un proceso de recuperación de una adicción, al liberarnos de algún tipo de abuso o cuando cambiamos las reglas inadecuadas de una relación, afirmamos el profundo poder de nuestra necesidad de autodefinición y equilibrio. Cuando dejamos de ser demasiado buenas en función de los demás adquirimos un nuevo poder.

Nuestro propio malestar es el que nos desafía a cambiar. Sentirnos mal es nuestra gran oportunidad. Sólo cuando deja de ser demasiado buena a expensas de sí misma una mujer comprende cuál es el precio de centrarse en los demás. Es un precio demasiado alto. Liberarse de la carga de la bondad femenina es el trabajo más importante que puede hacer una mujer.

PREGUNTAS QUE HACEN LAS MUJERES ACERCA DE COMO DEJAR DE SER DEMASIADO BUENAS

Una vez que hemos comenzado el proceso de cambiar los modelos de bondad, es posible sentir algunas confusiones acerca de cuáles son las conductas demasiado responsables y cuáles no lo son. Es fácil confundir el ser demasiado buena con el simple cuidado o el cariño. Es posible encontrarse adoptando conductas extremas y deseando no hacer nada por nadie.

También es posible que usted reaccione en contra de abandonar ciertas conductas de excesiva bondad que le resultaban agradables y le parecían "correctas". Esta confusión y esta incomodidad son partes inevitables del proceso de cambio. Inevitablemene usted sentirá que hay excepciones a las reglas. También puede resultarle difícil aplicar las reglas a situaciones de las que no hemos hablado específicamente.

Las preguntas que siguen son muestras de las que más frecuentemente plantean las mujeres durante el proceso de dejar de lado la bondad excesiva. Algunas reflejan la incomodidad de dejar las antiguas reglas. Otras sugieren la dificultad de comprender en distintos momentos y circunstancias cuáles serían los estándares de responsabilidad adecuados. En otros casos, las mujeres plantean preguntas que reflejan una confusión entre hacerse responsables y ser comprensivas.

323

Las preguntas no se plantean en ningún orden particular. A medida que las lea, trate de identificar cuáles son los mandatos del antiguo Código que están operando detrás de cada una de ellas. Puede también intentar dar su propia respuesta antes de leer la nuestra.

¿Si amo el trabajo que hago, cuánto trabajo es demasiado?

Cuando una ama su trabajo, este le parece un juego y es muy fácil llegar al desequilibrio. No importa cuánto le guste su trabajo, si es demasiado la agotará. El trabajo creativo debe ser alimentado por otras cosas. El hecho de que usted ame su trabajo no quiere decir que no pueda haber otras áreas de su vida que están siendo descuidadas. Una regla de oro es preguntarse si las personas que la rodean se quejan de que usted no tiene tiempo para nada, particularmente para ellos. También es importante preguntarse si el trabajar demasiado no le está quitando tiempo para sus propias necesidades personales, tales como la diversión, la intimidad o las necesidades básicas de buena dieta y ejercicio.

Mi hijo es discapacitado y no puede hacer ciertas cosas por sí mismo; ¿que es lo que yo debo hacer por él?

El hecho de tener un hijo discapacitado suele poner en juego todos nuestros impulsos de hacernos responsables. Se aplica aquí la regla habitual: nunca hagas por alguien algo que él puede hacer por sí mismo, a menos que sea en forma ocasional, te lo pida directamente y lo tomes como una elección. Un objetivo positivo es tratar de que el hijo discapacitado aprenda a vivir de la manera más independiente que sea posible. Muchas mujeres equivocan la dirección y hacen demasiado porque se sienten responsables. Trate de aumentar las expectativas acerca de su hijo y no acerca de usted misma.

Mi pareja tiene un trabajo absorbente que le exige viajar mucho. Yo también trabajo, pero me hago cargo de la mayor parte del cuidado de los detalles de la vida en común. Siento que no tengo otra opción.

Usted tiene opciones. Puede discutirlo con su pareja y pueden contratar a alguien para que haga parte de las tareas. Puede también tomar la posición de que su pareja debe limitar sus viajes, si es que esto es posible, o pedirle que él aporte la solución respecto de la parte de las tareas que le corresponde. Si, por ejemplo, llevar la ropa a la lavandería es una tarea de él, déjelo a él que se preocupe del tema y no lo haga usted. El principio más importante en una situación como esta es no suponer que las circunstancias la hacen a usted más responsable por defecto del otro. Recuerde que su pareja también tiene opciones y que ha elegido un trabajo que lo exime de la mayor parte de los detalles mundanos de la vida. Si usted sigue haciendo demasiado, en algún momento la relación se tornará insostenible. Su pareja debe asumir su parte en las responsabilidades de la relación, no importa cuánto trabaje.

Siento que si yo no las hago, las cosas quedan sin hacer.

Es posible que si usted no las hace nadie haga las cosas según su horario preestablecido, o que no se hagan a su manera. Además, algunas veces cabe preguntarse cuánta importancia tiene si las cosas no se hacen. Usted se sorprenderá al descubrir qué pocas cosas son realmente críticas en la vida. De todas maneras, si está claro que una tarea no le corresponde, usted no debe preocuparse por ella. Si se trata de algo que la afecta a usted personalmente, trate de hablar con su pareja para que comprenda las reglas.

Los niños siempre me plantean sus problemas a mí. Su padre es muy rígido y los castiga apenas levantan la voz. ¿Cómo pueden entonces relacionarse más con él?

Estimular a los niños para que sigan trayéndole a usted los problemas significa reforzar la creencia que ellos tienen de que no pueden relacionarse con su padre y reforzar también la creencia de él de que no debe aprènder a manejar los sentimientos de los niños. Dígale a sus niños: "Desde ahora, deben hablar con su padre. Creo que van a encontrar un modo de hacerlo. Yo no voy a interferir más". Dígale a su esposo: "Debes aprender a tratar a los niños sin asustarlos. Sé que para ti eso es difícil a veces. Pero confío en que encontrarás la manera de hacerlo. Yo no me pondré más del lado de ellos y en contra de ti. Sé que tu relación con ellos es importante para ti". Luego haga lo posible para dejarlos manejar solos sus cosas. Céntrese en hacer algo enriquecedor para usted misma.

El otro día me descontrolé con mi hija adolescente, que insistía en que la dejase ir a un recital de rock. Después me sentí terriblemente mal.

Si no le sucede a menudo, debe aceptar que descontrolarse alguna vez es natural. Es útil para usted y para los otros mostrar los límites emocionales, en lugar de estar continuamente protegiendo los sentimientos de los demás. Ser siempre una dama es una conducta hiperresponsable. Pero, respecto de la interacción con su hija, ¿fue usted lo suficientemente firme las primeras veces que ella se lo pidió? ¿Se sentía usted culpable por decirle que no? Los hijos captan nuestros sentimientos de culpa y se aprovechan de ellos. Sea clara respecto de su posición y comuníquela con firmeza. Eso la puede ayudar a evitar escenas que luego la hacen sentirse mal.

¿Es hiperresponsabilidad hacer trabajo voluntario para una organización comunitaria?

Si usted lo hace porque tiene tiempo y representa sus valores, está muy bien. Sólo se torna un problema cuando usted hace tanto trabajo que la organización no compromete a otras personas. Si usted hace más de lo que le corresponde, otros harán menos. Cuanto más haga, más le pedirán.

Me pidieron que ocupase un lugar en el comité profesional de una organización nacional en el momento en que se están produciendo grandes cambios. Yo tengo una experiencia que hubiese sido muy útil, pero de todas maneras me rehusé porque no convenía a mis compromisos. ¿He sido egoísta o irresponsable?

A menudo sentimos que, si tenemos conocimientos o una experiencia en algo, estamos obligadas a prestar nuestros servicios cada vez que nos lo pidan. Pero, si eso va en contra de sus propios compromisos, mantenga su decisión. Esta no es una cuestión de egoísmo, sino de ser en primer término responsable de usted misma. Recuerde la paráfrasis del viejo dicho: "Muchos son llamados, y todos están exhaustos".

Si cada uno es responsable de sí mismo, ¿por qué ayudamos a los pobres y a los que no tienen casa?

Las cuestiones de la responsabilidad social son siempre complejas. Pero, tal como ocurre en una relación entre dos personas, debemos asumir que como sociedad todos participamos en la creación de los problemas de la pobreza. Si un segmento de la sociedad está sobredimensionado mientras que otro no puede hacerse cargo de sí mismo, todos estamos haciendo algo para mantener ese desequilibrio. Ayudamos a los pobres porque es apropiado ayudar a otros cuando estos verdaderamente no tienen recursos que les permitan hacerse cargo de sí mismos. Puede ser que no tengan recursos por haber estado institucionalizados durante muchos años. Puede ser que hayamos creado sistemas que hacen a la gente más dependiente en lugar de ayudarla a tomar responsabilidades. Muchas de las personas sin casa son veteranos de guerra que no han tenido la atención adecuada para las consecuencias traumáticas de lo que allí han vivido. Sin duda, como sociedad debemos preguntarnos acerca de cuál es la responsabilidad adecuada respecto de las personas necesitadas y tratar de ver cómo estas personas han llegado hasta allí. Mientras tanto, lo mejor es tratar de ayudar a las personas de una manera que respete su necesidad sin llegar a hacerse cargo de ellas. Prestar ayuda en este nivel es una cuestión de valores personales, no necesariamente de ser "demasiado buenas".

Usted dice todo el tiempo que debo centrarme en mí misma. ¿No es acaso egoísta estar tan centrado en uno mismo?

Cuando decimos: "Manténte centrada en ti misma", queremos decir que uno debe tener claro cuáles son sus propias necesidades y sentimientos en todas las situaciones, en lugar de preocuparse fundamentalmente por hacer algo respecto de las necesidades y deseos de los otros. Ser responsable de uno mismo no es nunca una cuestión de egoísmo. A veces las mujeres pensamos esto porque nos enseñaron a ignorar nuestras propias necesidades. Cuando uno tiene claras sus necesidades y sabe lo que hará y lo que no hará, puede elegir ser enriquecedor y recíproco con otros. Esto es distinto a pensar que centrarse en los demás a expensas de uno mismo es un acto de generosidad.

Mi madre tiene una enfermedad grave y vive sola. No sé cuánto me necesita a mí y cuánto puede hacer por sí mis-

ma. Me siento culpable todo el tiempo. Ella me dice continuamente que no hago lo suficiente por ella. ¿Debo sentirme culpable?

Lo que su madre necesita y lo que desea que usted haga pueden ser dos cuestiones diferentes. Aun cuando ella pueda manejar ciertas cosas, puede ser que desee que usted lo haga por ella. La otra posibilidad es que sea su propio sentimiento de "bondad" el que la lleva a usted a pensar que ella tiene esas expectativas respecto de usted. Quizá todo lo que ella desee sea el apoyo emocional que usted puede brindarle hablando con ella. En todo caso, este es un problema que no se puede resolver sin que usted tenga una conversación directa con su madre: "Mamá, muchas veces me siento culpable por no estar más contigo. ¿Podemos hablar de eso? ¿Cuáles son las cosas en que tú piensas que necesitas mi ayuda? ¿Estás realmente resentida conmigo o es una idea mía? ¿Cuando tu madre era mayor, cómo manejaste tú la situación de cuánto tiempo estar con ella y qué cosas hacer por ella? ¿Cómo manejó esas cosas tu madre? ¿Qué es lo que verdaderamente piensas que necesitas de mí?"

La segunda parte de esta cuestión es su culpa. En nuestra experiencia, la culpa inadecuada muchas veces desaparece con sólo hablar sobre el tema con la persona en cuestión. Seguramente la conversación le demostrará que algunas de las supuestas expectativas eran suyas y no de ella. Si, por otra parte, ella admite que está enojada y resentida porque desea que usted haga más, usted deberá evaluar si las expectativas de ella son razonables, dadas sus limitaciones de tiempo y sus deseos de estar con ella. Es importante que su madre sepa claramente lo que usted hará, lo que no hará, lo que puede y lo que no puede. Recuerde que hacer por ella cosas que ella puede hacer nunca resulta útil.

*¿Qué hacer cuando mi jefe me pide que trabaje tiempo extra
o que haga un trabajo que realmente no me corresponde?*

A veces un empleo requiere esfuerzos que van más allá
de los horarios y de lo pactado. Eso es parte de la realidad.
Sin embargo, si a usted le piden continuamente que trabaje
más de lo debido o en tareas que no coinciden con la descrip-
ción de su empleo, usted debe tomar una posición firme frente a su jefe. Usted puede decirle que necesita una nueva des-
cripción de sus tareas y una compensación extra. Puede pedir
también que le paguen horas extras. La cuestión es que usted
debe reclamar sus derechos. A su jefe pueden no importarle
sus sentimientos, pero deberá respetar la posición que usted
tome. Si como resultado de su posición no logra ningún cambio, usted tendrá distintas opciones acerca de qué hacer con
su empleo.

*Soy una abogada muy ocupada. Me han pedido que haga un
trabajo para el cual realmente no tengo tiempo, pero temo
que el hecho de rechazarlo dañe mi carrera. ¿Qué hacer?*

Hable con algún consejero en quien confíe para clarificar cuáles son las posibilidades reales de que esta negativa la
perjudique en su carrera. A menudo pensamos que dañaremos
nuestra carrera si decimos que no, y finalmente el decir
que no nos convierte en más deseables y respetadas. Antes de
tomar la decisión, también busque apoyo y opinión en sus
amigos y su familia. Utilice la técnica del Brainstorm para
encontrar otras alternativas posibles. Por ejemplo, usted puede pensar en negociar la fecha de comienzo del proyecto para
más adelante. O quizás haya otras actividades en su vida que
pueda posponer para más adelante. Quizás usted pueda dele-
gar otras de sus responsabilidades contratando a alguien para
que se haga cargo de ellas.

Pero si decide decirle no al proyecto, entonces, aunque su
decisión perjudique su carrera, es probable que para usted sea

mejor reconocer los límites que trabajar de más a expensas de su salud física y emocional. Usted necesita revaluar la importancia de los logros en su vida. ¿Los logros son para usted o son algo que usted piensa que debe obtener para que la acepten?

Me he dado cuenta de que hacer dietas durante años sólo me ha hecho sentir desdichada. Siempre mantengo unas veinticinco libras de sobrepeso por más dieta y ejercicio que haga. ¿Está mal aceptar simplemente que soy así?

¿Cómo definimos el sobrepeso? Muchas mujeres, lamentablemente, aceptan las normas culturales en cuanto al peso sin evaluar cuál es el peso cómodo y saludable para ellas. Hay una extraordinaria variedad de opiniones y abordajes de las dificultades con la comida y el peso, y cada caso es individual. Sin embargo, nosotras pensamos que el control excesivo en la dieta lleva inevitablemente al descontrol, ya sea con la comida o con algún otro tipo de comportamiento. Sugerimos que deje de avergonzarse, que lea varios libros que están a la venta acerca de las ideas feministas de las mujeres y la comida y repiense su relación con la comida, pero que lo haga *para usted*, y con la ayuda de otras mujeres. Finalmente la autoaceptación, el estar cómoda con el propio cuerpo tal como es, es el primer paso en cualquier proceso de cambio.

Nunca pude decirles a mis padres que mi tío había abusado de mí, porque les hubiese hecho mucho daño y hubiese alterado todas las relaciones familiares. ¿Estoy equivocada al guardar el secreto?

Usted puede estar aún muy influida por la regla de hacer funcionar las relaciones. Olvida que no es asunto suyo ocuparse de las relaciones entre las demás personas de su familia. Lo que sí debe hacer usted es procurar su propia mejoría. Lo que la ayude a mejorar es bueno. Es posible que la ayude señalar al responsable del incesto con la ayuda de profesionales especializados. Pero, para decidir si lo hará, necesita apoyo. Si usted decide romper el secreto, la primera revelación debe hacerla a familiares o amigos que esté segura de que le brindarán apoyo. La elección entre el dolor pasajero de contar lo que sucedió y el dolor permanente de mantener el secreto debe hacerla usted con cuidado, meditadamente y con apoyo. Pero, en realidad, nosotras pensamos que los secretos en general no hacen más que mantener nuestra vergüenza y dañar a la familia.

Mi hijo de veintidós años tiene un problema de drogadicción y me ha pedido por tercera vez que le pague un programa de rehabilitación. ¿Cómo debo decirle que no?

Usted puede tomar la posición de que su hijo debe pagar él mismo su tratamiento. Si no tiene medios para hacerlo, hay programas que tienen camas para indigentes. Sabemos que esto puede parecer muy duro, pero, si usted ha pagado sus dos primeros tratamientos, es muy posible que él piense que usted siempre se los pagará. Es más posible que el programa sea efectivo si él tiene que asumir personalmente el compromiso. En general, cuando alguien invierte demasiado en la mejoría de otro, el otro no se compromete tanto como debería. Si usted le paga continuamente, le está dando un mensaje de que no hay límites, de que puede volver a las drogas, porque, cuando decida buscar ayuda, usted estará allí para pagar la factura. Pagar por el tratamiento de un hijo adulto más de una vez es asumir responsabilidades de más.

No puedo superar el sentimiento de que los hombres no me aprobarán si no acepto tener relaciones sexuales con ellos cuando ellos quieren. ¿Qué puedo hacer con este temor?

Un temor como este posiblemente esté enraizado en alguna experiencia temprana, donde usted aprendió que hacer lo que el otro desea es el precio del amor. Este es un temor muy doloroso. Usted puede haber aprendido también que las mujeres deben someterse y que no pueden decidir sobre su sexualidad. Usted debe sacar a la luz estas experiencias y discutirlas con su terapeuta, su grupo de apoyo o sus amigas. También debe hablar con las mujeres de su familia —sus hermanas, su madre, sus tías y primas— acerca de las actitudes respecto de los hombres y el sexo.

Una vez que haya identificado el origen del problema, cambiar la actitud implicará para comenzar que usted no practique el sexo con un hombre sino después de haber construido una amistad. Aprender a decir que no es ser responsable para con usted misma. Una vez que usted haya cambiado su comportamiento, sus sentimientos cambiarán. Usted también puede desear compartir estos sentimientos con el hombre que esté con usted. Verifique si lo que él desea realmente es sexo. En nuestra experiencia, muchas veces los hombres piensan que deben expresar su afecto y sus emociones a través de una conducta sexual. Su pareja puede sentirse aliviada frente a la oportunidad de hablar de las mutuas expectativas. Si un hombre es una potencial pareja igualitaria, tiene que poder compartir con usted sus ideas acerca del sexo.

Durante cuarenta años dejé de lado muchos de mis planes personales porque mi esposo no quería que viajara sola. Hace poco me di cuenta del precio que he tenido que pagar por renunciar. ¿Está mal cambiar ahora?

Parece inadecuado cambiar las reglas pasada cierta etapa de la vida. Pero usted está olvidando que el cambio finalmente también beneficiará a su esposo. Discuta con él el cambio de las reglas, reconozca que el cambio provocará temor y que será difícil para ambos, y comience por cambios pequeños. Pregúntele a él cuáles de las reglas que lo han regido durante cuarenta años quisiera cambiar.

En el ambiente empresario donde trabajo, se considera como una debilidad pedir ayuda frente a un problema de trabajo. Todos trabajan muy duro, y esa es la norma. ¿Cómo puedo yo cambiar dentro de una estructura que exige conformidad?

Aunque existe el principio de que, si una persona cambia y puede sostener su cambio este se expande a los de alrededor, sería un poco ingenuo pensar que usted puede extender el suyo a toda una empresa. Verifique sus opiniones discutiéndolas con su jefe y hágale saber que usted siente que lo que plantea es razonable. Si trabajar sin límites es la norma en esa empresa, usted tendrá algunos problemas para fijar los límites de su trabajo, pero sólo algunos.

Sin embargo, no todas las empresas son iguales. Usted tendrá que evaluar el lugar que ocupa el trabajo en su vida y tal vez tenga que renunciar a una próxima promoción, o inclusive a su actual empleo.

Me demanda tanta energía lograr que mi esposo se ocupe de los niños que prefiero hacerlo yo; ¿qué hay de malo en eso?

Lo malo es que posiblemente usted un día despierte sin energía, deseando terminar con su matrimonio, y que además se dé cuenta de que su esposo y sus hijos tienen poca relación entre sí. Mejor gaste energía ahora. También debe preguntarse si gasta la energía para que él se ocupe o para que quiera hacerlo. Usted debe lograr que él se relacione con los niños. Posiblemente al comienzo no quiera hacerlo, pero si consigue hacerlo bien posiblemente disfrutará de ese contacto adicional y se sentirá bien con él mismo.

Siempre obtuve de mi familia más atención que mi hermana. Por eso en las reuniones familiares procuro no mostrar mis

334

*logros si ella está presente. ¿Significa esto que estoy cuidan-
do sus sentimientos?*

Usted puede estar velando por sus sentimientos y también puede estar tratando de proteger su relación con ella.
Usted puede no querer aparecer como la persona de éxito por
miedo a perder su amistad. Este es un problema frecuente en
las mujeres. Tenga una charla con ella donde usted reconozca
el favoritismo de que fue objeto y los sentimientos que esto
siempre le provocó. Y comience a ser usted misma. Quizás
usted se sorprenda de ver que ella no desea cambiar de lugar
con usted y tener que vivir una vida tan absorbente como la
suya.

*Mi hermano me pide dinero continuamente. Si no se lo presto,
temo que sus niños pasen privaciones. ¿Cómo decir que no?*

Cuando hay niños de por medio, siempre es difícil fijar
límites para la bondad. Sin embargo, mantener a los hijos de
su hermano no es tarea suya, y no debe hacerlo a menos que
sea su intención continuar haciéndolo durante el resto de sus
vidas. Su sostén actual sólo le quitará a su hermano la posibilidad de hallar soluciones alternativas que darían a sus niños
lo que realmente necesitan. Al decir usted "continuamente"
parece inferirse que su hermano no está haciendo el trabajo
que necesita para mantener a los suyos. Su ayuda económica
continua puede impedirle que tome las responsabilidades necesarias respecto de su vida financiera.

*Soy una madre soltera. ¿Cómo hago para hacerme respon-
sable de todo, ya que no hay ninguna persona más para hacerlo?*

No hay soluciones ideales para el problema de las madres solteras, pero hay personas que pueden colaborar. Hay

335

amigas que pueden ayudarla si usted hace lo mismo por ellas. Se pueden contratar personas de servicio para cumplir con algunas tareas. Las agencias comunitarias ofrecen apoyo. Otros miembros de la familia pueden querer colaborar. Además, sus hijos pueden hacer muchas tareas por sí mismos. Al ayudar los niños adquieren sentimientos de independencia y se sienten satisfechos. Si satisfacemos sus necesidades físicas y emocionales básicas, no está mal que esperemos su colaboración. Es más importante que usted vea cómo satisfacer sus propias necesidades. ¿Y su ex marido está haciendo su parte de la tarea?

Hace diez años estoy tratando de escribir una novela y nunca encuentro tiempo para el trabajo creativo. ¿Qué es lo que me sucede?

Su energía creativa ha sido absorbida por la tarea de sostener los trabajos que corresponden a los demás. Le sugerimos que busque a otras mujeres que están encarando seriamente el trabajo creativo y que discuta la cuestión con ellas. Hay muchas. Además, fíjese cuáles son las pequeñas distracciones que asesinan su alma. Por ejemplo, si usted escribe por la mañana, no conteste llamadas telefónicas hasta la tarde. Y no haga excepciones.

Mi esposo invitó a su familia a visitarnos, pero él trabaja durante parte del fin de semana. Me siento mal porque voy a tener que hacer todo el trabajo. ¿Qué me sugieren?

Hable con su esposo y pregúntele qué piensa con respecto a la comida, el entretenimiento de su familia y demás. Acuerde con él de qué responsabilidades se hará cargo cada uno. Probablemente no se le ocurrió que, tratándose de su familia, era su responsabilidad planear la visita. Probablemente no se le ocurrió a ninguno de los dos.

Cada vez que digo que no, me atacan y me dicen que soy mala. A veces, entonces, es más fácil acceder. ¿Cómo puedo manejar las reacciones negativas de los demás? No me gusta que me digan que es malo querer hacer otra cosa.

Sólo en el corto plazo es más sencillo acceder. En primer término, es necesario que tome una posición que no permita que la critiquen cada vez que diga que no. Necesita además el apoyo de sus amigas, para que la ayuden a creer que tiene el derecho de decir que no. Finalmente ¿está usted diciendo que no de una manera clara, firme y directa? ¿O tal vez dice que no de un modo que es una crítica a quien le está pidiendo algo? Si usted está segura de que tiene derecho a decir que no, puede decirlo amablemente.

No quiero ser una mala madre. Siento que debo satisfacer todas las necesidades de mis hijos porque si no acabarán siendo unos neuróticos y teniendo que hacer terapia igual que yo. ¿Qué piensa usted?

Satisfacer todas las necesidades de sus hijos es prácticamente la garantía de que tendrán problemas, ya que no estarán preparados para enfrentar la realidad. La mitología que rodea a la maternidad ha sido muy dañina para las mujeres. Las buenas madres también deben satisfacer la necesidad que tienen sus hijos de aprender a manejar la frustración cuando alguien dice que no.

Algunas veces creo que soy egoísta y, para ser sincera, siento que nunca deseo lo mismo que mi pareja. ¿Qué significa esto?

Probablemente usted está enojada por haber sido demasiado buena y generosa durante mucho tiempo. Sus intereses, prioridades y necesidades pueden haber cambiado. A veces, cuando dejamos de ser demasiado buenas, llegamos al extremo de no querer aceptar ningún compromiso. Esto es normal durante un período. Pero si luego de ese tiempo —y quizá mediante terapia o un grupo de apoyo— usted sigue sintiendo que realmente no quiere responder para nada a las necesidades de los demás, aun cuando su esposo haya comenzado a enriquecerla y a comprenderla, entonces quizás usted necesite dar fin a la relación. Es triste, pero algunas relaciones están tan deterioradas que no es posible renegociar las reglas.

Soy una alcohólica recuperada. Siento vergüenza de los efectos de mi alcoholismo en mis amigos y en mi familia. ¿Cómo puedo compensarlos sin ser demasiado buena?

El alcoholismo era un síntoma de que su vida estaba desequilibrada. Continuar desequilibrada siendo demasiado buena no acabará con su culpa. Recuerde que enmendarse significa hacer cambios (paso 9 del programa de AA). Si usted hace los cambios necesarios para llegar al equilibrio, eso será bueno para todos.

¿Es la codependencia lo mismo que ser demasiado buena?

Sí y no. Tanto los hombres como las mujeres que son demasiado buenos pueden identificarse con el comportamiento codependiente. Codependencia es el nombre del comportamiento propio de quienes están demasiado centrados en los demás y se dejan llevar por sus expectativas. Pero la codependencia sugiere enfermedad y nosotras no pensamos que la mayor parte de las mujeres sean enfermas. La mayor parte de nosotras somos demasiado buenas porque estamos influidas por las reglas de la bondad, por nuestros sentimientos desequilibrados acerca de quién es responsable. La codependencia sugiere un desequilibrio extremo. Todas las mujeres codependientes son seguramente demasiado buenas, pero no todas las mujeres demasiado buenas pueden ser consideradas codependientes.

Mi temor es que, si comienzo a expresar lo que deseo o a decir que no a los planes de mi pareja, no seguiremos juntos. ¿Cómo puedo superar este miedo?

Usted sólo puede superar ese miedo si comienza por ser sincera respecto de sus propias necesidades emocionales. También debe comprometerse. La reacción inicial del otro no necesariamente será su reacción final. Recuerde que el cambio es un proceso de muchos pasos. Las relaciones se crean y se sostienen a partir de las dos personas y, en la medida que en el transcurso de la vida las personas necesiten cambios, se deben hacer ajustes.

La mayoría de las personas que están cerca (familiares y amigos) no terminarán su relación porque usted quiera hacerla más igualitaria y más sincera. Pueden amenazar con hacerlo, lo cual es una reacción inicial frente al cambio. Usted puede ser comprensiva con la ansiedad inicial de su pareja y con su propia ansiedad. La mayor parte de las relaciones pueden seguir funcionando.

Seguramente ustedes tendrán muchas otras preguntas para formular a partir de la lectura de este libro. Les sugerimos que se formen el hábito de hablar con otras mujeres acerca de estas ideas. Cuando llegue una situación que plantee una "crisis de bondad", puede usted basarse en estas preguntas para clarificar su lugar:

- ¿Cuál es la regla de bondad que está siendo desafiada en esta situación?
- ¿Cuál es la responsabilidad que yo debo tomar?
- ¿De qué cosas del otro debo responsabilizarme?

- "Ser buena", de acuerdo con las antiguas reglas, ¿me llevará a sentirme bien en esta situación, o sólo me llevará al resentimiento?
- ¿Qué le diría yo a otra persona que hiciese eso en esta situación?
- Si me hago cargo de la responsabilidad de otro, ¿qué cosa de mi propia vida estoy dejando de lado?
- ¿Cuáles son mis necesidades emocionales en esta situación?
- ¿Qué puedo hacer para sentirme bien?